창의 융합 수업에 날개를 달다

현실 문제 해결을 목표로
전 세계 100만 명이 참여하는
글로벌 프로그램

Play IT!

FLL 챌린지

FIRST® LEGO® League CHALLENGE

저자 심재국 이우진 온영범 이미영 이슬비 박성현
유준희 조호근 심지현 서한별 소한나 송민규

목차

서문		4
I.	시작하며: 더 나은 다음 세대를 꿈꾸게 하는 FLL	10
II.	대회 준비하기	20
III.	로봇 디자인과 로봇 게임	32
IV.	혁신 프로젝트 마스터하기: 발견에서 의사소통까지	161
V.	핵심 가치: 미래 인재의 윤리적 나침반	196
VI.	대회 가이드: 성공을 위한 준비	201
VII.	대회 우승팀 사례 나눔과 성공 전략	213

기획 및 편집:
- 총괄 기획: 심재국
- 기획 및 제작: 남이준
- 편집 책임: 최소라

집필
- 총괄: 이우진, 온영범
- FLL 개요 및 준비: 이미영, 이슬비
- 로봇 디자인 및 로봇 게임: 온영범, 박성현, 유준희, 조호근, 심지현, 이우진
- 드라이빙 베이스 제작 및 모듈 제작: 이우진, 온영범, 박성현, 유준희, 조호근
- 혁신 프로젝트 및 핵심 가치: 서한별, 소한나, 이우진
- 사례 및 성공전략: 송민규, 심재국

기술 지원:
- 조립도 편집: 이영준

책을 펴내며

우리는 오늘, 미래를 향한 열정과 혁신의 씨앗을 품은 책을 여러분께 선보입니다. "Play IT! FLL(FIRST® LEGO® League) 챌린지: 창의 융합 수업에 날개를 달다(현실 문제 해결을 목표로 전 세계 100만 명이 참여하는 글로벌 프로그램)"는 단순한 안내서가 아닌, 꿈과 도전의 여정을 함께 나누는 동반자입니다.

전북특별자치도교육청 로봇STEAM교육연구회 로보훈은 2014년부터 전북특별자치도교육청과 전북미래교육원의 주관 아래 매년 FLL 예선대회를 주최해 왔습니다. 우리 연구회는 이러한 활동을 통해 전북특별자치도교육청의 AI, SW 교육과 STEAM 교육 발전에 기여하고자 노력해 왔습니다.

대회를 거듭할수록 우리는 중요한 깨달음을 얻었습니다. 참가 학생들의 눈빛에서 미래의 가능성을, 그리고 교사들의 헌신에서 교육의 희망을 발견한 것입니다. FLL 챌린지는 단순한 로봇 대회가 아니라, 우리 아이들이 미래를 준비하는 종합적인 학습의 장이었습니다. 이에 우리는 생각했습니다. "어떻게 하면 더 많은 학생들이 이 값진 경험을 할 수 있을까? 어떻게 하면 교사들이 더 효과적으로 학생들을 지도할 수 있을까?"

이 질문들에 대한 답을 찾는 과정에서 이 책이 탄생했습니다. 우리 연구회의 열정 넘치는 교사들이 집필진으로 모여, 그간의 경험과 노하우, 그리고 FLL에 대한 깊은 이해를 이 한 권의 책에 담아냈습니다.

이 책은 FLL 챌린지에 대한 관심을 높이고, 참가를 준비하는 팀들에게 실질적인 도움을 주기 위해 만들어졌습니다. 로봇 디자인부터 혁신 프로젝트, 핵심 가치에 이르기까지, FLL의 모든 측면을 아우르는 종합 가이드북입니다. 특히, 창의 융합 수업에 날개를 달아주는 실제적인 방법들과 전 세계 100만 명이 참여하는 이 글로벌 프로그램의 특성을 상세히 다루고 있습니다.

우리는 이 책이 단순히 정보를 전달하는 데 그치지 않기를 바랍니다. 이 책을 통해 더 많은 학생들이 AI, SW뿐만 아니라 과학 기술 전반에 흥미를 갖고, 창의적 문제 해결 능력을 기르며, 협동과 존중의 가치를 배우길 희망합니다. 나아가 이 책이 우리 지역을 넘어, 전국의 FLL 참가자들에게도 유용한 자료가 되기를 기대합니다.

"Play IT! FLL 챌린지'는 단순한 책 제목이 아닙니다. 그것은 우리 다음 세대에게 보내는 응원의 메시지입니다. 이 책과 함께 여러분의 FLL 여정이 즐겁고 의미 있기를, 그리고 여러분 모두가 그 과정에서 자신의 무한한 가능성을 발견하기를 진심으로 바랍니다.

함께 미래를 향해 나아갑시다. Play IT! FLL 챌린지!

전북로봇STEAM교육연구회 로보훈

총괄 기획　**심재국**(전북특별자치도교육청미래교육연구원 교육연구사)

"Play IT! FLL(FIRST® LEGO® League) 챌린지: 다음 세대의 시간을 가치 있게 만들자"는 우리 청소년들에게 미래를 준비할 수 있는 훌륭한 기회를 제공하고자 하는 열정에서 시작되었습니다. FLL은 단순한 로봇 대회가 아닙니다. 이는 과학, 기술, 공학, 수학을 실제 세계의 문제 해결에 적용하는 방법을 배우는 종합적인 학습 경험입니다. 이 책을 통해 많은 학생들이 FLL의 가치를 깨닫고, 미래를 향한 첫 걸음을 내딛기를 희망합니다.

총괄 집필　**이우진**(청완초등학교 교사)

FLL 챌린지는 학생들에게 실제 세계의 문제를 해결할 수 있는 특별한 학습 경험을 제공합니다. 처음 FLL 챌린지에 학생들과 함께 참여했을 때, 저희 팀 역시 많은 어려움을 겪었습니다. 팀 구성, 지도 방법, 로봇 제작과 프로그래밍 등 모든 것이 도전이었습니다. 저의 이러한 경험을 바탕으로, 연구회 회원들과 함께 이 책을 준비했습니다. FLL 챌린지를 준비하는 과정 여정에 따라 실질적인 조언과 팁을 담았습니다. FLL 대회 준비 과정에서 겪는 어려움들을 함께 해결하고, 모든 참가자들의 FLL 챌린지 여정이 즐겁고 의미 있기를 바라는 마음에서입니다.

"Play IT! FLL 챌린지"와 함께 여러분의 FLL 챌린지 여정이 더 즐겁고 의미 있기를 진심으로 바랍니다.

총괄 집필　**온영범**(청완초등학교 교사)

모든 아이들은 무궁무진한 잠재력을 갖고 있습니다. 교사라면 그 잠재력을 어떻게 이끌어낼지 늘 고민하게 됩니다. 이 책을 쓰며 저는 FLL이 그 잠재력을 이끌어낼 수 있는 강력한 도구라고 확신했습니다. 아이들이 FLL 대회를 경험하게 된다면, 여러분은 아이들의 반짝이는 눈을 보게 될 것입니다. 이 책에는 FLL의 모든 것이 담겨있습니다. 이 책이 FLL에 참가하려는 많은 교사들에게 도움이 되어, 더 많은 학교에서 FLL이 보편화되기를 바랍니다. FLL이 학생들과 학교에 가져올 놀라운 변화를 기대해 봅니다.

FLL 소개 및 준비하기　**이미영**(장계초등학교 교사)

Play IT! 시리즈의 세 번째 책을 선보이게 되어 기쁩니다. 이번 책은 특별히 FLL(FIRST® LEGO® League)에 초점을 맞추고 있습니다. 앞서 출간된 두 권의 책이 SPIKE 시리즈를 활용해 사고력과 창의력을 다양한 방식으로 키우는 데 중점을 두었다면, 이번 책은 그동안 여러분이 길러온 생각의 힘을 꽃피울 수 있는 기회를 제공하고자 했습니다. 단순한 대회 매뉴얼을 넘어서 FLL에 참가하는 학생들과 지도 교사들에게 실질적인 도움이 되도록, FLL 여정의 모든 측면을 아우르는 종합적인 가이드를 만들기 위해 많은 선생님들이 힘을 모았습니다. 이 책이 FLL을 준비하는 모든 분들에게 든든한 나침반이 되기를 바랍니다. 마지막으로, 이 책의 집필에 함께 해주신 모든 선생님들께 깊은 감사의 말씀을 전합니다.

FLL 소개 및 준비하기   이슬비(전주홍산초등학교 교사)

작년에 처음 FLL를 봤을 때가 잊혀지지 않습니다. 아이들의 초롱초롱한 눈빛, 문제를 해결하려는 의지, 자신감 있는 목소리.. 교실에서는 쉽게 볼 수 없었던 아이들의 모습들을 FLL에서 보았습니다. FLL은 단순 로봇 경기를 넘어선 아이들의 꿈을 향한 프로젝트입니다. 이 책을 통해 FLL에 도전해 보시고 아이들에게 꿈을 선물하세요!

로봇 디자인 및 로봇 게임   박성현(영전초등학교 교사)

로봇, 코딩, 뭔가 현실성과는 먼 이야기 같은 것을 학생들은 실제로 만들어보고 테스트해 보고 유용성을 발견하고 배움의 효용성을 경험하게 됩니다. FLL에서 학생들은 실제 문제를 해결하기 위한 로봇을 디자인하고, 프로그램하며, 협력과 소통을 통해 최고의 성과를 이끌어냅니다. FLL의 로봇 디자인과 로봇 게임 부문은 이러한 과정의 핵심이며, 참가자들에게 실질적인 경험과 배움을 제공합니다. 로봇과 코딩을 소재로 주변 사물과 움직임에 관심과 소중함을 갖게 하고, 논리적 사고력과 문제해결력, 협력을 배울 수 있게 해주는 FLL의 매력을 여러분도 경험해 보시길 바랍니다.

로봇 디자인 및 로봇 게임   유준희(전주완산초등학교 교사)

스파이크 프라임으로 새로운 도전에 나서고 싶다면, FLL 대회가 더 넓은 세상으로 안내해 줄 것입니다. FLL 대회는 학생들에게는 꿈을, 교사들에게는 열정을 선사합니다. 이 대회가 추구하는 가치와 각 과정에서 참가자들이 경험할 변화는 그 무엇보다도 소중할 것입니다. 이 책은 FLL에 참가하는 교사와 학생이 함께 성장할 수 있는 훌륭한 길잡이가 될 것입니다. 이 책을 통해 FLL 대회의 즐거움과 배움의 기쁨을 마음껏 누리시길 바랍니다.

로봇 디자인 및 로봇 게임   조호근(봉동초등학교 교사)

FLL 챌린지를 준비하며 수많은 고민과 시행착오 끝에 문제를 해결했을 때, 누구보다 기뻐하던 학생들의 모습과 반짝이는 눈이 기억납니다. FLL 챌린지를 통해 학생들이 문제를 해결하며 성장하는 모습을 지켜보는 것은 정말 보람찬 경험입니다. 학생들이 로봇을 통해 도전 과제를 극복하고, 그 과정에서 느끼는 기쁨과 성공의 경험은 그들의 미래를 준비하는 데 소중한 밑거름이 될 것입니다. 앞으로 더 많은 학생들이 배움과 축제의 장인 FLL의 여정에 함께하길 바라며, 이 책이 FLL에 도전하려는 학생과 선생님에게 자신감과 즐거움을 더해줄 수 있길 기대합니다.

로봇 디자인 및 로봇 게임　　심지현(전주교육대학교 전주부설초등학교 교사)

FLL 챌린지에 도전했던 경험은 저와 학생들 모두에게 잊을 수 없는 소중한 추억으로 남아 있습니다. 처음에는 막막했던 문제들을 하나씩 해결해 나가면서 느끼는 성취감은 말로 표현하기 어려울 정도입니다. 아이디어를 떠올리고, 구현하고, 수정하며 마침내 목표를 이루는 과정을 통해 학생들은 지식 정보 처리, 창의적 사고, 협력적 소통, 그리고 공동체 역량을 자연스럽게 키워갑니다. 이 책은 FLL 챌린지에 참여했던 선생님들이 그 과정에서 쌓은 노하우를 쉽게 풀어내려는 노력이 담겨 있습니다. 처음 FLL에 도전하는 분들에게 큰 도움이 되기를 바랍니다.

혁신 프로젝트 및 핵심 가치　　서한별(부안교육지원청 발명교육센터 파견교사)

학생들에게 새로운 도전은 꿈과 성장을 가져다줍니다. FLL 챌린지는 이러한 도전의 지평을 넓혀줄 것입니다. 학생들이 스스로 문제를 해결해 나가는 과정에서 발견, 혁신, 영향, 포용, 협력, 재미라는 여섯 가지 가치가 학생들의 내면에 자리 잡게 될 것이라 믿습니다. 또한, 혁신 프로젝트를 통해 실생활의 문제를 알고, 이를 해결하기 위한 노력을 통해 학생들이 더 나은 세상을 만드는 작은 경험들을 쌓아가길 바랍니다.

혁신 프로젝트 및 핵심 가치　　소한나(전주진북초등학교 교사)

FLL 대회를 처음 접했을 때, 무엇을 어떻게 준비해야 할지 몰라 막막했던 기억이 있습니다. 정보를 어떻게 모을지, 어디에서부터 시작해야 할지 크고 작은 질문들로 가득했습니다. 그때의 마음을 떠올리며, 작은 도움이 되었으면 하는 바람을 담아 첫 걸음을 내딛는 초심자의 눈높이에 맞춰 준비사항과 전략을 준비해 보았습니다. 필수 정보부터 상황별 예시까지 단계별로 함께 해보신다면, 어려움 없이 FLL의 여정에 참여하실 수 있을 것입니다. 막 출발선에 선 여러분들의 성공적인 첫걸음을 응원합니다.

성공 사례 및 전략　　송민규(삼례초등학교 교사)

레고 블록으로 로봇을 만들고 코딩하며 문제를 해결하는 짜릿한 경험, FLL 대회! 여러분도 한 번쯤 꿈꿔봤을 거예요. 하지만 처음 FLL을 시작할 때, 어디서부터 어떻게 준비해야 할지 막막했던 기억이 아직도 생생합니다. 그래서 저처럼 FLL에 관심 있는 친구들에게 조금이나마 도움이 되고 싶은 마음에 이 책을 쓰게 되었습니다. FLL 대회는 단순한 로봇 대회를 넘어, 학생들이 문제 해결 능력, 창의력, 팀워크를 키워 미래 사회를 이끌어갈 인재로 성장하는 데 큰 도움을 줍니다. 이 책에서는 FLL 대회 준비부터 발표까지, 필요한 모든 과정을 단계별로 알려드립니다. 로봇 설계부터 코딩, 그리고 창의적인 아이디어를 발전시키는 방법까지, 실제 대회 경험을 바탕으로 상세하게 설명하고 있습니다. 이 책을 통해 여러분은 FLL 대회를 성공적으로 준비하고, 더 나아가 미래의 문제를 해결하는 핵심 역량을 키울 수 있을 것입니다. FLL의 세계로 함께 떠나볼까요?

기획 및 제작   남이준(퓨너스 대표이사)

최고의 글로벌 STEM 프로그램인 FIRST® LEGO® League에 입문하는 교사와 학생들을 위한 참으로 멋진 가이드입니다. 전 세계적으로 유래가 없는, 학교 선생님들이 현장에서 고민하면서 만든 창의융합 활동가이드로 더 많은 학생들이 미래기술을 경험하고 꿈꾸며 성장하기를 바랍니다.

편집 책임   최소라(퓨너스 이사)

교육 현장에서 FLL 대회를 누구보다 잘 이해하고 계시는 선생님들의 열정과 노하우가 가득 담긴 이 한 권의 책에 편집으로 힘을 보탤 수 있게 되어 영광입니다. 이 책을 통해 FLL 대회가 모두에게 도전할 만한 가치가 있는, 정말 참여해 볼만한 대회라는 인식이 널리 퍼지고, 나아가 더 많은 선생님과 학생들이 FLL 대회를 만나게 되길 소망합니다.

조립도 편집   이영준(퓨너스 책임)

바쁜 교육 현장에서 결정과 동유의 선한 마음으로 이렇게 멋진 책을 완성해 내신 전북로봇STEAM교육연구회 선생님들께 힘찬 박수를 보내드립니다. 부족하나마 조립도 제작을 통해 작은 도움을 드릴 수 있어 너무 기쁩니다. 이 책의 내용은 특별히 FLL 대회를 처음 접하는 분들께 꼭 필요한 내용이라 생각됩니다. 대회를 준비하는 많은 분들이 이 책을 읽고 도움을 얻으시길 바랍니다.

Ⅰ 더 나은 다음 세대를 꿈꾸게 하는 FLL

1. FLL(FIRST® LEGO® League)의 개요

FLL은 미국의 FIRST 재단과 덴마크의 LEGO® Education사가 협력하여 개최하는 로봇대회이자 글로벌 축제입니다. FLL에 참가하는 학생들은 연계된 문제를 발견하고, 더 나은 미래를 위한 해결책을 생각하는 프로그램 과정을 통해 로봇 공학, 비판적 사고, 의사소통역량, 협력 등 미래 역량을 함양할 수 있으며 자신의 진로에 대해 생각할 기회를 갖게 됩니다.

대회는 참가자의 연령에 따라 다음의 세 부문으로 구분되며, 연령에 맞게 참가할 수 있습니다.

FIRST LEGO LEAGUE DISCOVER
- 4~7세까지 참여 가능
- 2~4인을 한 팀으로 구성
- LEGO® DUPLO®를 사용
- 자연스러운 호기심을 자극, 체험활동을 통해 학습 습관을 형성

FIRST LEGO LEAGUE EXPLORE
- 6~10세 참여 가능
- 2~6인을 한 팀으로 구성
- LEGO® SPIKE Essential 또는 WeDo 2.0 사용
- 실제 문제를 탐구하고, 설계 및 코딩을 통해 엔지니어링의 기초에 중점을 둠

FIRST LEGO LEAGUE CHALLENGE
- 8세~16세 참여 가능 (연령은 국가마다 다름)

  *2024/2025 SUBMERGED℠ 시즌 Challenge 부문은 2024년 1월 1일 기준 만 16세까지, 즉, 2007년 1월 1일 이후 출생자에 한하여 참여할 수 있음을 꼭 확인하여 주세요

- 2~10인을 한 팀으로 구성
- LEGO® SPIKE Prime 또는 EV3 등 사용
- 연구, 문제해결, 코딩 및 엔지니어링에 참여하여 로봇 게임의 임무를 해결하는 LEGO 로봇 제작 및 프로그래밍

이 책에서는 FIRST® LEGO® League Challenge를 중심으로 소개합니다.
FIRST® LEGO® League Challenge 대회는 총 **4개 분야**로 나누어져 있습니다.

<출처: 사단법인 상상의 FLL KOREA 홈페이지(www.firstlegoleague.or.kr)>

- **로봇 디자인**, **로봇 게임**, **핵심 가치**, **혁신 프로젝트**로 구성되어 있습니다.
- 핵심 가치는 로봇 디자인 및 혁신 프로젝트 부분에서 산출물을 선보일 때 함께 보여줘야 합니다. 이 세 부분은 심사 분야에서 평가가 됩니다.
- 로봇 게임은 미션 수행 정도에 따라 평가가 됩니다.
- 이 네 가지 부분은 FIRST® LEGO® League Challenge에서 동일한 가중치가 부여되며, 대회 성적의 각 25%씩을 차지합니다.

4개 분야를 구체적으로 살펴보면 다음과 같습니다.

로봇 게임	로봇 디자인	프로세스	혁신 프로젝트
2분 30초 안에 팀이 제작한 로봇을 활용해 13~16개의 미션을 해결하는 종목입니다.	로봇 게임을 위해 팀원들이 설계한 로봇의 디자인 프로그램 및 전략을 발표합니다.	엔지니어링 디자인 프로세스	대회 주제에 맞춰 혁신적인 해결책을 제안하는 프로젝트를 수행합니다. 문제를 조사, 해결책을 개발, 해결책의 실현 가능성 등을 평가받습니다.
	로봇 게임 미션 전략을 파악합니다.	발견	해결해야 할 문제를 파악하고 조사합니다.
	로봇과 프로그램을 디자인하고 효과적인 계획을 수립합니다.	설계	선택한 아이디어, 브레인스토밍, 계획을 바탕으로 새로운 해결책을 설계하거나 기존 해결책을 개선합니다.
	팀만의 로봇과 프로그램을 창작합니다.	창작	모형, 그림 또는 해결책의 프로토타입을 창작합니다.
	로봇과 프로그램을 반복적으로 테스트하고 수정해서 개선합니다.	테스트와 개선	다른 사람들과 해결책을 공유하고 피드백을 수집함으로써 해결책을 반복적으로 개선해나갑니다.
	로봇 디자인 과정과 모든 팀원들의 참여도를 효과적으로 전달하기 위해 준비합니다.	의사소통	해결책의 영향력을 효과적으로 전달하기 위해 준비합니다.

핵심 가치

모든 활동에서 FIRST®의 핵심 가치를 어떻게 구현했는지 평가받습니다.

- 도전 과제를 분석하기 위해 팀워크 와 발견 을 적용해야 합니다.
- 로봇과 프로젝트에 대한 새로운 아이디어로 혁신 을 만들어내야 합니다.
- 팀이 대회에서 어떤 방식으로 긍정적인 영향 을 미쳤는지 그리고 해결책이 문제해결에 어떤 영향을 주고 포용력 을 발휘할 수 있는지 보여줘야 합니다.
- 모든 일을 즐기면서 축하할 것입니다.

 팀워크 — 우리는 함께할 때 더 강해집니다.

 포용 — 우리는 서로를 존중하며 서로의 다름을 받아들입니다.

 임팩트 — 우리는 세상을 개선하기 위해 배운 것을 적용합니다.

 즐거움 — 우리는 우리가 하는 일을 즐기고 축하합니다!

 발견 — 우리는 새로운 기술과 아이디어를 탐구합니다.

 혁신 — 우리는 창의력과 끈기를 발휘하여 문제를 해결합니다.

<출처: 사단법인 상상의 FLL KOREA 홈페이지(www.firstlegoleague.or.kr)>

*코퍼티션 (Coopertition)

Cooperation (협력)과 competition (경쟁)의 합성어로 협력과 경쟁을 같이하는 것을 의미합니다.

팀은 아름답고 소중한 프로정신과 코퍼티션(Coopertition)*을 통해 핵심 가치를 표현하고, 이 방식은 대회 중에 평가될 것입니다. 아름답고 소중한 프로정신(Gracious Professionalism®)은 높은 수준의 결과물을 장려하고 타인의 가치를 강조하며 개인과 공동체를 존중하는 방식입니다. 코퍼티션은 이기는 것보다 배우는 것이 더 중요하다는 것을 보여줍니다. 팀들은 경쟁하는 동안에도 서로를 도울 수 있습니다.

2. 역대 FLL 주제

매 시즌 주제는 학생들이 관심과 흥미를 가지고 스스로의 미래를 준비하는 데 도움을 줄 수 있는 인류의 공통문제를 선정하여 제시합니다. 학생들에게 현실 세계의 문제를 다룰 기회를 제공함으로써, 학생들은 다양한 분야를 통합적으로 학습할 수 있습니다.

2024/2025 시즌을 포함한 최근 6년간 FLL 주제는 다음과 같습니다.

2024/2025
- 창의적 사고와 기술을 사용하여 바다의 층을 탐험

2023/2024
- 예술과 기술의 융합을 통해 표현하는 방법을 찾는 과정

2022/2023
- 에너지 생산, 분배, 사용 과정을 탐색하고 더 나은 방법을 탐색

2021/2022
- 현대화된 물류 시스템 개선

2020/2021
- 운동과 게임을 통해 사회적, 정신적, 육체적 건강 실현

2019/2020
- 도시 문제를 해결 및 개선

<출처: 사단법인 상상의 FLL KOREA 홈페이지(www.firstlegoleague.or.kr)>

3. FLL Challenge의 교육적 효과

FLL Challenge의 교육적 효과는 4가지 측면으로 언급할 수 있습니다.

1 역량 개발 효과

- STEM 관련 기술(로봇 설계, 프로그래밍 등) 향상
- 21세기 핵심 역량(팀워크, 의사소통, 문제 해결 능력 등) 개발
- 창의적 사고와 혁신 능력 증진
- 커뮤니케이션, 시간 관리, 갈등 해결력, 문제해결력 향상

2 미래 인재 양성

- STEM 분야 진로 관심도 증가
- 공학 또는 컴퓨터 공학 전공에 관심
- 글로벌 시야와 적응력을 갖춘 인재 육성
- 리더십과 기업가 정신 함양
- 평생학습 능력과 혁신적 사고 개발

3 혁신적 솔루션 제품화 가능성

- 실제 문제 해결에 초점을 맞춘 프로젝트 경험
- 산업계와의 연계를 통한 아이디어 실현 기회
- 지적 재산권 인식과 기업가 정신 함양
- 사회적 영향력 있는 아이디어 개발

4 PBV와 SDV 개념 연계를 통한 미래 자동차 산업 이해

- PBV(Purpose-Built Vehicle) 개념을 로봇 설계를 통해 체험
- SDV(Software-Defined Vehicle) 원리를 프로그래밍을 통해 학습
- 실제 산업 트렌드와 연결된 실용적 경험 제공
- 미래 모빌리티 산업에 대한 이해도 증진

더 자세한 내용은 사단법인 상상의 FLL KOREA 홈페이지(www.firstlegoleague.or.kr)에서 확인할 수 있으며 PBV과 SDV에 대해 좀 더 알아보도록 하겠습니다.

<FLL과 함께 꿈을 키워요>

PBV와 SDV를 알아봅시다.

1 PBV란?

PBV(Purpose-Built Vehicle)는 특정 목적을 위해 설계되고 제작된 차량을 의미합니다. 이는 주로 특정 업무나 기능을 수행하기 위해 특별히 만들어진 차량입니다. 초기의 PBV는 주로 구급차, 소방차, 경찰차, 학교 버스 등 한 가지 용도에 맞추어 설계되었으며 주로 기계적 구조와 하드웨어 중심의 기능을 활용하여 특정 업무를 수행했습니다. 주로 특정 업무를 수행하는 사람들을 위한 기능적 요소에 집중되어 있어 기능의 변경이 어렵고 유연성이 부족했습니다.

<초기의 목적 기반 차량(Purpose-Built Vehicle)>

최근의 PBV는 다양한 사용자의 요구를 반영하여 맞춤형 설계를 통해 다양한 변화를 꾀하고 있습니다. 특히 SDV(Software-Defined Vehicle) 개념을 적용하여 기능을 확장하고 변경할 수 있습니다. 이는 소프트웨어 업데이트를 통해 가능하며, 차량의 각 부분을 분리하고 용도에 맞게 조정할 수 있는 유연성을 가지고 있습니다.

CES 2024에서 기아가 선보인 콘셉트카 PV는 이러한 PBV의 좋은 예입니다. 이 차량은 레고처럼 각 부분을 분리하여 용도에 따라 따로 활용할 수 있으며, 외부 데이터와의 연결성을 강화하여 다양한 사용자들에게 맞춤형 차량을 제공합니다.

라이프 모듈을 교체해 사용하거나 차체 크기나 높이 등을 사용자의 선호도에 맞게 조정할 수 있는 기술 등을 통해 사용자 중심의 맞춤 차량을 개발하는 등 다양한 기술을 생각, 개발하여 사용자 중심의 차량을 만들고자 노력하고 있습니다.

> - 로봇 게임을 위해 내가 만든 다양한 모듈의 기능 중 **PBV**로 발전시킬 수 있는 부분을 생각해 봅시다.
>   (예) 들어 올리는 기능의 모듈을 탈부착하게 하여 혼자 힘으로 자동차에 타기 어려운 사람들을 쉽게 차에 탈 수 있도록 하고 차에 다 타면 모듈은 떼어 내고 좁은 길도 다닐 수 있게 하여 집 앞까지 이용할 수 있도록 하고 싶다.

<FLL과 함께 꿈을 키워요>
PBV와 SDV를 알아봅시다.

2 SDV란?

SDV(Software-Defined Vehicle)는 소프트웨어로 하드웨어를 제어하고 관리하는 자동차를 말합니다. 자동차의 소프트웨어가 주행 성능, 편의 기능과 안전 기능, 차량의 감성 품질을 결정할 수 있습니다. 이러한 SDV의 대표적인 기능을 살펴보면 무선 인터넷을 통해 차량의 소프트웨어를 실시간으로 업데이트할 수 있는 OTA(Over-The-Air)가 있습니다. 이를 통해 새로운 기능을 추가하거나 기존 기능을 개선할 수 있습니다.

또한 센서나 인공지능 기술을 활용해 실시간으로 운전 상황을 인식하고 분석하여 자율적으로 운전할 수 있는 자율주행 기능을 통해 자동차의 안전성을 높이고 운전자가 편리하게 운전할 수 있도록 돕습니다. 인터넷에 연결되어 있어 다양한 데이터를 주고받아 교통상황을 실시간으로 파악하고 최적의 경로를 추천하거나 차량을 관리하는 기능 역시 가질 수 있습니다.

이렇게 SDV는 자동차가 스마트폰처럼 소프트웨어를 통해 새로운 기능을 추가하고, 실시간으로 업데이트할 수 있게 만드는 기술입니다.

3 PBV와 SDV를 통해 그려질 우리의 삶

위에서 살펴본 PBV와 SDV를 통해 앞으로 우리의 삶은 어떻게 바뀌게 될까요? 다양한 운전자와 탑승자에 맞추어 만들어진 모습의 자동차를 거리에서 만날 수 있을 것입니다. 또한 스스로 운전 상황을 인식하여 안전하게 운전하는 자동차를 통해 지금보다 좀 더 안전한 생활을 할 수 있을 것입니다.

여러분은 어떤 기술을 통해 미래를 그리고 싶나요? FLL을 준비하며 배우고 경험하게 될 내용들을 바탕으로 함께 다양한 기술이 그려내는 안전하고 멋있는 미래를 생각해 봅시다.

- 로봇 게임을 위해 내가 만든 다양한 모듈의 기능 중 SDV로 발전시킬 수 있는 부분을 생각해 봅시다.

    (예) 로봇에 부착한 센서를 활용하여 주행 환경을 파악해 안전하게 주행할 수 있는 프로그램을 계속 수정 보완하여 운전자를 돕고 싶다.

4. 대회 일정

1 예선대회부터 세계대회까지

FIRST® LEGO® League는 다양한 유형의 예선대회와 전국대회 및 세계대회로 구성됩니다.

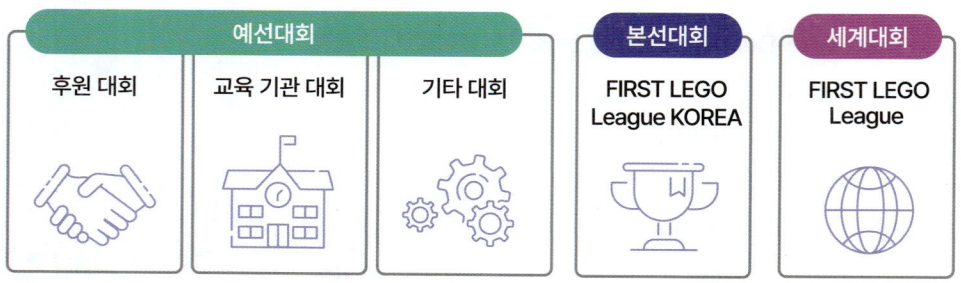

<출처: 사단법인 상상의 FLL KOREA 홈페이지(www.firstlegoleague.or.kr)>

예선대회는 개최지에 따라 일정이 다르므로 사단법인 상상의 FLL KOREA 홈페이지 공지사항을 참고하여 지원해야 합니다. 대략적인 흐름은 다음과 같습니다.

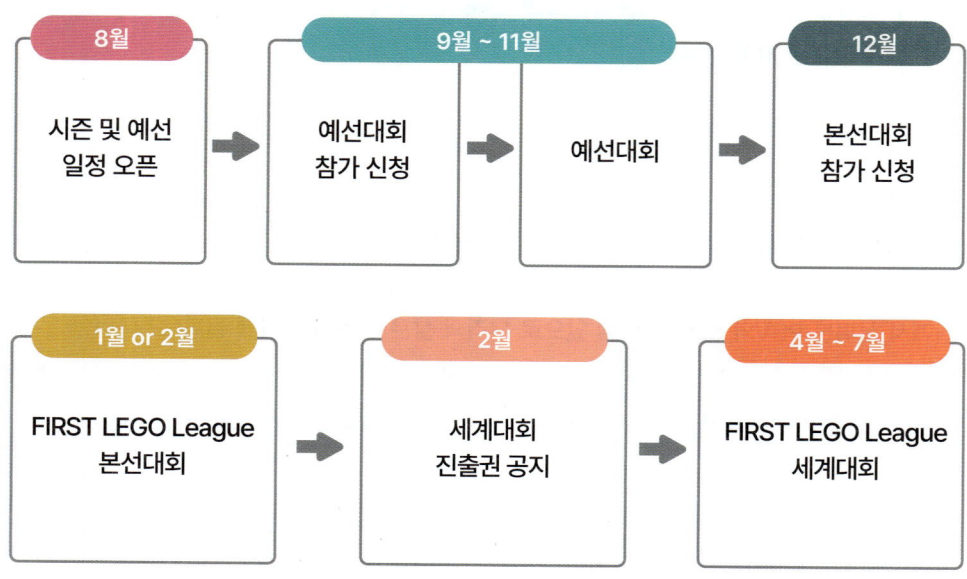

<출처: 사단법인 상상의 FLL KOREA 홈페이지(www.firstlegoleague.or.kr)>

2 대회 운영 흐름

● 대회장 구성

대회마다 약간씩은 다를 수 있으나 대회장 구성은 다음과 같습니다.

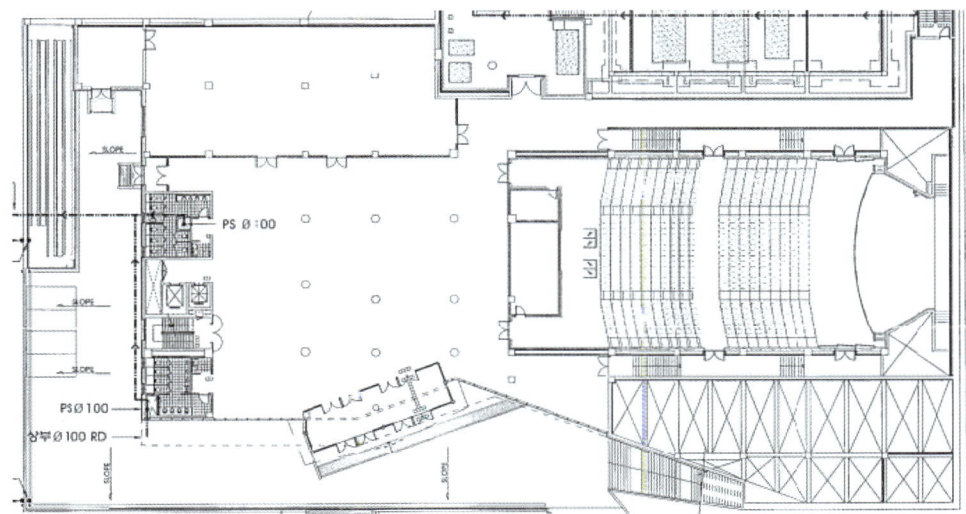

2023/2024 FLL Challenge 한국 본선 대회장

<출처: 사단법인 상상이 FLL KOREA 홈페이지(www.firstlegoleague.or.kr)>

● 로봇 게임 경기장 모습

- **대회 [흐름도]**

  FLL(FIRST® LEGO® League) 대회 당일의 일반적인 흐름은 다음과 같습니다.

  <출처: 사단법인 상상의 FLL KOREA 홈페이지(www.firstlegoleague.or.kr)>

팀 등록
- 대회장에 도착하여 팀 등록을 합니다.
- 대회장에 입장하고 팀 부스 세팅을 합니다.
- 대회 당일 규정을 최종적으로 확인합니다.
- 참가팀 유의 사항을 확인합니다.

코치 미팅

개회식

준비 시간
- 분야별 참여 시간을 확인하고 대회에 참가할 준비를 합니다.

로봇 게임
- 로봇 게임*은 각 팀이 2~3번 참여합니다.
- 다른 종목은 각 팀이 한 번 참여합니다.
- 팀별 타임 테이블을 잘 보고 시간에 맞추어 참여합니다.

로봇 디자인

혁신 프로젝트

핵심 가치

* 글로벌 기준은 3회로 되어있으나 운영기관마다 다르게 운영될 수 있습니다.

심사집계 & 장기자랑
- 장기자랑을 준비한 팀들이 준비한 공연을 관람합니다.
- 열심히 준비한 팀들을 격려하고 함께 즐기는 시간입니다.

시상식
- 상장, 수상품보드, 트로피 전달
- 세계대회 진출 팀은 개별 연락 및 홈페이지 공지

메달리언
- 시상식 이후 진행합니다.
- 축제에 참여한 시간을 서로 격려합니다.

II. 대회 준비하기

1. 활동 로드맵 [살펴보기]

FLL 대회에 참여하기 위해서는 다양한 활동을 준비해야 합니다. 다음의 활동 예시 로드맵을 참고해, 팀 상황에 맞게 재구성하여 FLL 대회에 참여해 봅시다.

팀 구성하기

각자의 성격과 장점을 고려하여 역할을 맡아 활동에 참여하도록 합니다. 다음의 예시를 참고하여 팀원의 역할을 부여하면 좋습니다. 한 팀원이 여러 역할, 한 역할을 여러 팀원이 맡아도 됩니다.

역할 예시

로봇 게임 / 로봇 디자인

- **팀장**: 필요한 자료를 수집, 로봇 관리
- **디자이너**: 미션 모델 및 미션 수행 로봇 제작
- **플레이어**: 게임 룰북 분석, 팀 전략 계획, 공유, 시도
- **프로그래머**: 미션 해결을 위한 프로그램 제작

혁신 프로젝트

- **팀장**: 팀 진행 상황을 팀 코치와 공유, 세션 작업이 완료되었는지 확인
- **디자이너**: 팀원과 이야기 나눌 해결책에 대한 혁신적인 디자인 제작
- **연구원**: 팀의 의사결정을 위해 아이디어 조사 및 다양한 출처의 관련 연구 탐색
- **발표자**: 팀 소개 방법에 집중, 프레젠테이션 준비
- **매니저**: 팀의 시간 관리 및 혁신 프로젝트 전체 준비

예 : 6명의 팀원

로봇 게임 / 로봇 디자인	팀장	디자이너	디자이너	플레이어	플레이어	프로그래머
혁신 프로젝트	디자이너	팀장 발표자	연구원	연구원	디자이너 발표자	매니저

> ● **코치는 이렇게**
>
> **안내자로서의 코치**
> 팀원 공고를 통해 팀원을 모집, 팀 구성 및 활동 안내, 대회 참가 안내 등을 합니다.

활동하기

FLL Challenge에서 심사하는 분야를 준비하기 위한 필요 활동의 예시입니다.

활동 계획은 팀원들이 모두 함께 목표를 설정, 세부 계획을 수립합니다.

[준비하기] 각 영역 목표설정 및 계획 수립

로봇 게임	프로세스	혁신 프로젝트
로봇 디자인		
-미션 전략 파악	발견	-해결 문제 파악, 조사
-로봇과 프로그램을 디자인하고 효과적인 계획을 수립	설계	-선택한 아이디어, 브레인스토밍, 계획을 바탕으로 새로운 해결책을 설계하거나 기존 해결책을 개선
-로봇과 코딩 해결책 창작 -로봇경로 전략 세우기	창작	-모형, 그림 또는 프로토타입을 창작
-로봇과 프로그램을 반복적으로 테스트하고 수정해서 개선	테스트와 개선	-해결책을 공유하고 피드백을 수집함으로써 해결책을 반복적으로 개선
-로봇 디자인 과정과 도든 팀원들의 참여도를 전달	소통	-해결책의 영향력을 전달

활동 과정 전체에 **핵심 가치**가 반영되도록 해야 함

대회 참여하기 ← **최종 점검 및 대회 준비**

● **코치는 이렇게**

조력자, 평가자로서의 코치

- 목표 달성을 위한 학습 자료 출처 제공, 학습 방향을 제시합니다.
- 경기장, 챌린지 매트 등 필요한 준비물을 미리 준비합니다.
- 팀의 진행 상황을 지속적으로 모니터링, 피드백을 제공합니다.
- 심사 기준에 맞춰 팀의 성과 평가 및 개선점을 제시하며, 대회 참가에 필요한 서류와 자료를 준비합니다.

2. 로봇 준비하기

FLL에서는 LEGO® Education SPIKE™ Prime 외 LEGO® Education SPIKE™ Essential, MINDSTORM EV3, MINDSTORM Robot Inventor 및 NXT, RCX를 활용한 로봇 및 모듈을 사용할 수 있습니다.

LEGO® Education SPIKE™ Prime   LEGO® Education SPIKE™ Essential

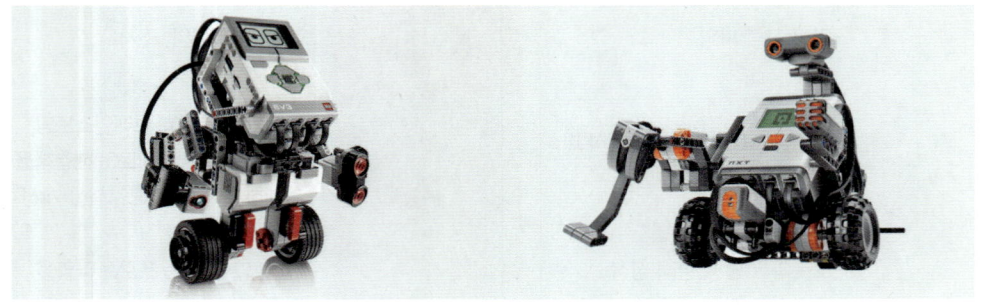

MINDSTORM EV3   NXT

이 책에서는 LEGO® Education SPIKE™ Prime 세트를 중심으로 내용을 구성하였습니다. 참고로 LEGO® Education SPIKE™ Prime 코어세트(AI Pro) 및 확장세트는 퓨너스 홈페이지(https://funers.com/)에서 구매할 수 있습니다.

FLL 로봇 게임에 참여하는 로봇은 12인치(305mm)의 높이 제한이 있으며 사용 부품에 대한 규정은 다음과 같습니다.

컨트롤러 (허브)	모터	센서
한 경기에 한 개만 사용할 수 있습니다.	종류와 상관없이 한 경기에 최대 4개까지 사용할 수 있습니다.	터치(힘)센서, 컬러, 거리(초음파), 자이로센서만 사용이 가능하며 개수에는 제한이 없습니다.

3. 학습 튜토리얼 연습하기

FLL 로봇 게임 및 로봇 디자인을 준비하기 위해 LEGO® Education에서 제공하는 학습 튜토리얼을 연습해 보는 것은 매우 도움이 됩니다. 이 학습 튜토리얼은 LEGO® Education SPIKE™ Prime 소프트웨어인 SPIKE™ 앱에 포함되어 있습니다. 로봇 게임의 미션 해결을 위한 프로그래밍을 위해 소프트웨어가 필요하므로 노트북이나 태블릿 등 로봇과 호환되는 기기에 설치해야 합니다. 원활한 코딩을 위하여 노트북에 설치, 사용하는 것을 추천합니다.

LEGO® Education 홈페이지(https://education.lego.com/ko-kr/)에 접속하여 '자원' 중 **'모든 자원'**을 클릭합니다.

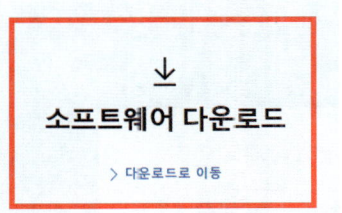 

'소프트웨어 다운로드'를 클릭한 뒤 **'레고에듀케이션 스파이크™ 프라임'**을 클릭합니다.

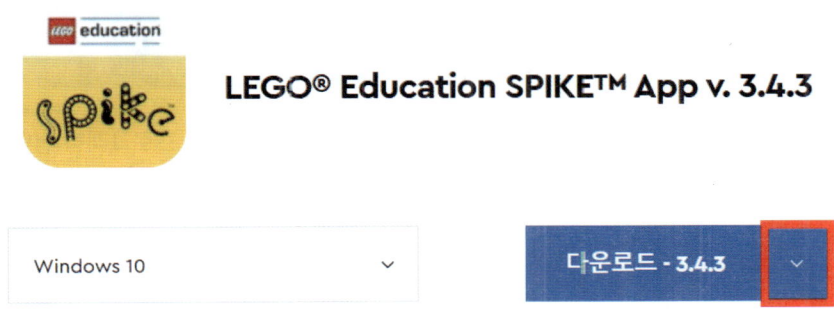

다운로드 옆 **버튼(⌵)을 클릭**하여 다운로드(기기에 설치) 또는 웹 앱 실행(설치 없이 바로 사용)을 선택합니다.

앱을 설치하거나 웹 앱 실행을 했다면 프로그래밍을 할 준비가 되었습니다. SPIKE™ 앱을 실행한 후 스파이크™ 프라임을 선택해 화면을 살펴봅시다.

<홈>에서는 **'새 프로젝트'**를 통해 프로그램을 실행할 수 있습니다. 저장된 프로그램은 **'프로젝트 열기'**를 통해 열어볼 수 있습니다.

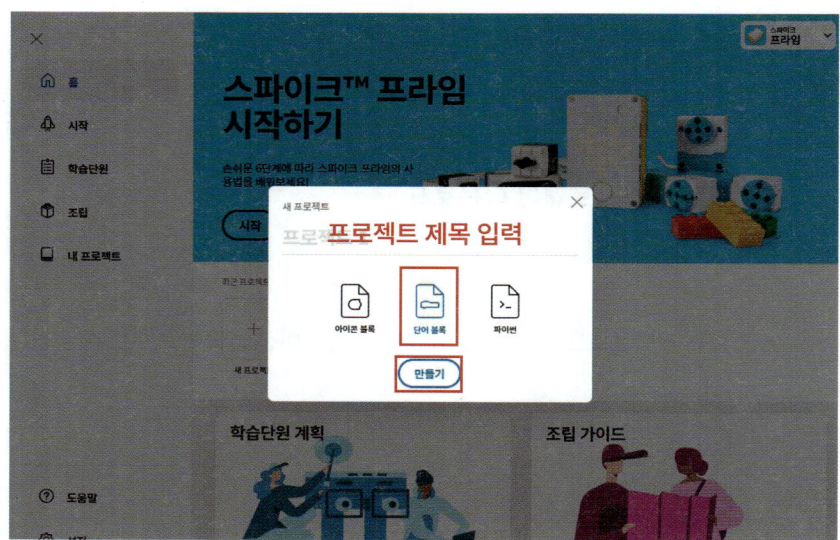

'새 프로젝트'를 클릭하면 위와 같이 제목을 입력하고 사용할 프로그래밍 언어를 선택할 수 있습니다. 학습자의 수준에 맞는 언어를 선택하도록 합니다. 이 책에서는 **'단어 블록'**으로 프로그래밍을 안내합니다.

시작

<시작>에서는 다음과 같이 구성품의 특성을 이해하기 쉽도록 총 여섯 가지의 자습서 활동을 제공합니다. 구성품들을 연결하고 어떻게 활용할 수 있는지 안내하므로 FLL 시작 전에 학생이 미리 학습할 수 있도록 안내하는 것도 좋습니다.

학습단원

<학습단원>에서는 여섯 개의 주제를 통해 다양한 모델의 조립과 프로그래밍 학습을 제공합니다. FLL 미션이 포함된 '경진대회 준비' 주제 학습을 통해 FLL을 준비할 수 있습니다.

조립

<조립>에서는 <학습단원>에서 제공하는 학습 콘텐츠에 포함된 로봇의 조립도를 제공합니다. 다양한 로봇의 조립을 통해 FLL 미션에서 사용할 모듈*의 아이디어를 얻을 수 있습니다.

*모듈이란?
로봇의 본체인 드라이빙 베이스에 장착하여 사용하고, 교체도 용이한 별도의 탈부착이 가능한 장치

한 번 해볼까요?

LEGO® Education SPIKE™ Prime과 소프트웨어를 연결하고 프로그래밍을 한 후 저장해 봅시다.

'시작'에서 '모터'를 선택하고, 허브의 포트 A에 모터를 연결합니다.

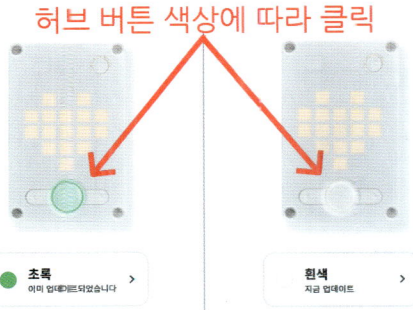

기기 연결을 위해 노란색 버튼을 누르고, 허브의 전원을 켭니다. 허브 전원 버튼의 색상에 따라 다르게 클릭합니다.

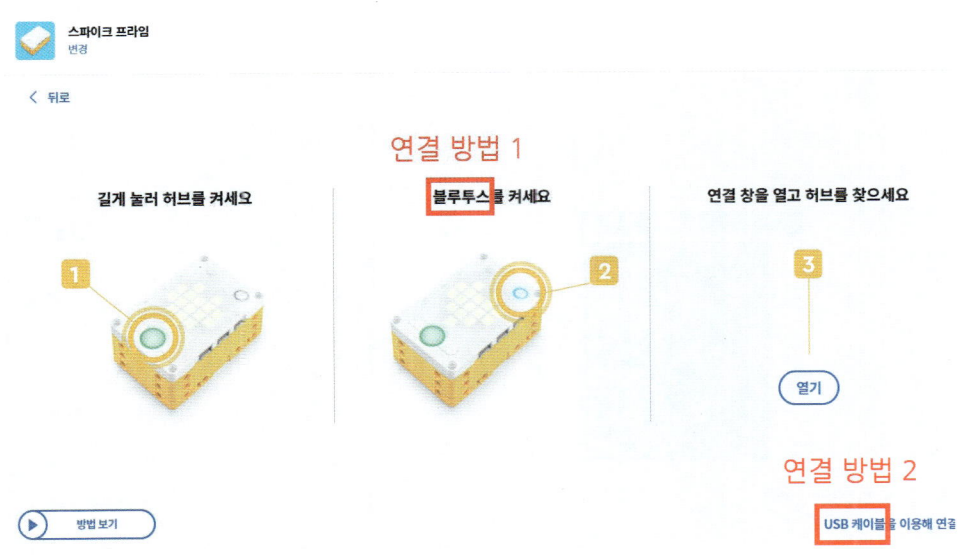

LEGO® Education SFIKE™ Prime 과 SPIKE™ 앱을 연결하는 방법은 두 가지입니다.
첫째, 블루투스로 연결합니다. USB 케이블로 연결하지 않아도 된다는 장점이 있습니다.
둘째, USB 케이블로 연결합니다. 여러 개의 기기가 있을 때 혼선을 주지 않는다는 장점이 있습니다.

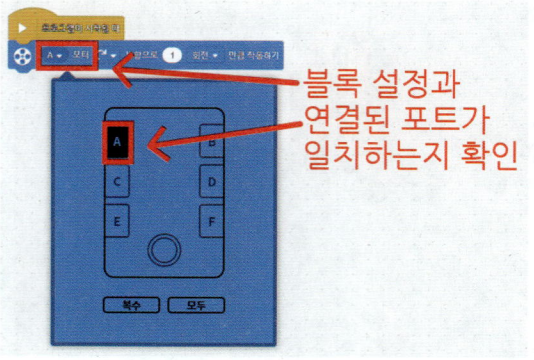

연결한 포트를 잘 확인한 후 프로그래밍을 합니다.

TIP

허브의 0~19번 각 번호에 어떤 프로그래밍을 저장했는지 잘 기억하도록 합니다.

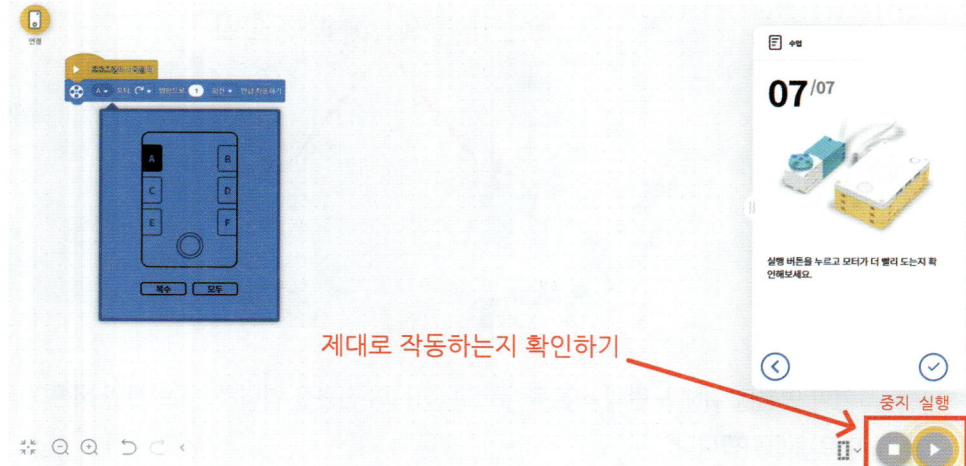

이제 제대로 작동되는지 확인합니다.

▶ **버튼**을 눌러 실행하고 ■ **버튼**을 눌러 중지합니다.

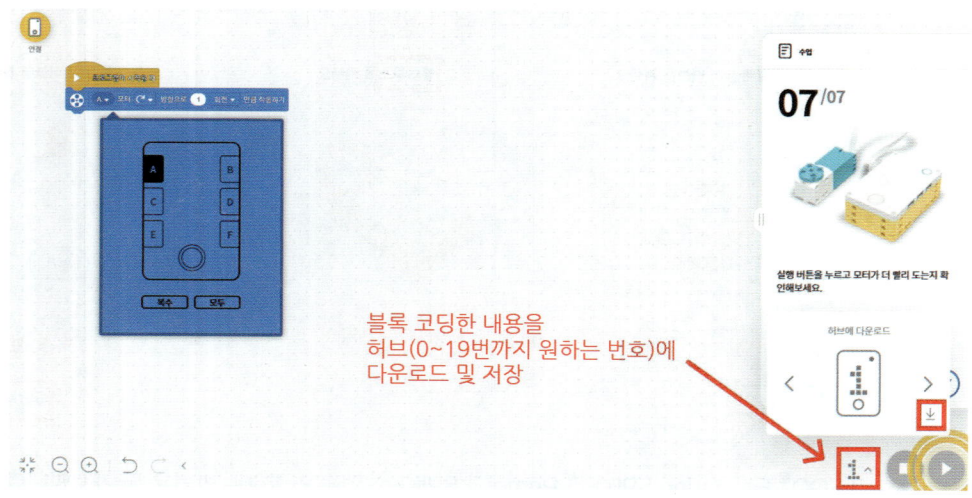

프로그래밍한 것을 허브에 **0부터 19번의 번호에 저장**할 수 있습니다. 숫자를 누른 후 **다운로드** 버튼을 클릭합니다. 다운로드 및 저장이 된 후에는 USB 또는 블루투스 연결이 되어있지 않더라도 허브에서 바로 실행할 수 있습니다.

4. 로봇 게임 준비하기

로봇을 준비하고 학습 튜토리얼을 연습했다면, 로봇 게임을 위해서 Challenge set와 경기장을 준비해야 합니다.

Challenge set는 대회 매트와 미션 모형으로 구성되어 있으며, Challenge set를 설치하고 로봇 게임 연습을 위해서는 경기장이 필요합니다. Challenge set와 경기장의 모습과 규격은 아래와 같습니다.

	Challenge set	경기장
모습	(매트 그림)	연습용 설치 / 토너먼트용 설치
규격	외경사이즈: 2400*1200 (mm) 내경사이즈: 2352*1154 (mm) 높이: 77±13 (mm)	
구매처	퓨너스 홈페이지 (https://funers.com/)	

- 『Challenge set와 경기장』 구매 방법

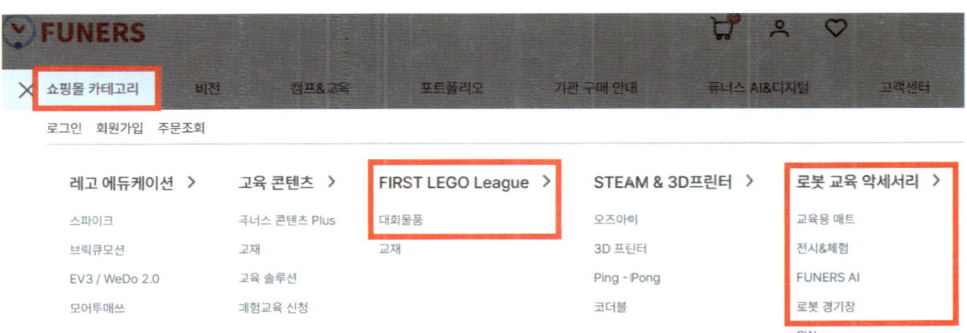

퓨너스 홈페이지(https://funers.com/)에 접속하여 쇼핑몰 카테고리를 클릭합니다. **'FIRST® LEGO® League'** 에서 **'대회물품'** 을 클릭하면 Challenge set를 구매할 수 있습니다. **'로봇 교육 악세서리'** 에서 **'로봇 경기장'** 을 클릭하면 경기장을 구매할 수 있습니다.

- 『Challenge set와 경기장』 설치 예시

FLL 준비 참고 사이트

사단법인 상상의 FLL KOREA 홈페이지	https://firstlegoleague.or.kr https://www.youtubecom/@user-lx6qt7ib9r/featured	- FLL 한국대회 전반적 안내 - 한글판 자료 제공 - 유튜브 채널의 '라이브' 탭에서 대회 영상 공유
퓨너스 학습지원 커뮤니티	https://cafe.naver.com/robotsteam	- 교사 및 학생 학습지원 - FLL 관련 조립도 및 기타 정보 공유
퓨너스 콘텐츠 플러스	https://contentsplus.co.kr	- FLL 드라이빙 베이스 제작 및 모듈 제작, 시즌별 미션 해결과 관련된 교육 콘텐츠 제공
전북미래교육 연구원	https://www.youtube.com/@user-jbsoeferi3825	- 로봇의 원리 및 메커니즘 등 기초 배경 지식을 얻을 수 있음. - EV3를 중심으로 하는 영상이 많음
FLL Tutorials	https://flltutorials.com	- 종합적인 가이드 제공 - 최선의 방법론과 지식을 공유 받을 수 있음
PrimeLessons	https://primelessons.org/en	- 기초부터 고급까지 다양한 수준의 학습자료 제공 - 최선의 방법론과 지식을 공유 받을 수 있음
BrickWise	https://youtube.com/@brickwise8624	- FLL 참가 팀들이 대회에서 직면하는 다양한 기술적 문제를 다룸
6006tech warriors	https://youtube.com/@6006techwarriors?si=5EBGxQcJ9rfcwqBt	- FLL 대회에 관한 교육 영상 제공 - 각 시즌별 미션을 효과적으로 해결할 수 있는 방법 공유
조이코딩	https://www.youtube.com/@user-Joy_coding/video	- 모듈과 프로젝트에 대한 가이드 제공 - 필요 부품 및 조립 방법을 상세하게 안내

5. 대회 참가 신청하기

1 FLL Challenge 예선대회 참가하기

FLL 대회에 참가를 희망하는 팀은 시즌 및 예선 일정이 공개된 후에 참가를 원하는 예선대회에 신청할 수 있습니다.

사단법인 상상의 FLL KOREA 홈페이지(https://firstlegoleague.or.kr/)에 접속하여 '대회 안내'의 '예선대회 안내'를 클릭하여 예선 기관 및 대회 일정, 모집 방법, 장소 등을 확인한 뒤 기한 내에 신청합니다.

2 FLL Challenge 본선대회 참가하기

- 참가 자격: 예선대회 참가 후 본선 진출권을 획득한 팀
- 참가비: 1팀당 50만원(2023/2024 FLL challenge 기준)
- 본선 진출권 획득 팀 모집 기간 및 참가신청: 매년 12월 중으로 예상
- 참가 신청 방법: www.firstlegoleague.or.kr / 대회 안내 / 본선대회 안내

3 FLL Challenge 세계대회 참가하기

- 참가 자격: 본선대회에 참가하여 세계 대회 진출권을 획득한 팀
- 참가비: 개최 국가에 따라 상이
- 참가 방법: 각 개최국 일정에 맞춰 참가

III 로봇 디자인과 로봇 게임

로봇 디자인과 로봇 게임을 시작하며

FLL의 핵심 요소인 로봇 게임과 로봇 디자인은 서로 밀접하게 연관되어 있습니다. 이 두 요소를 통합적으로 이해하는 것이 FLL 참가자들에게 매우 중요합니다.

로봇 게임은 대회 당일 2분 30초라는 제한된 시간 내에 주어진 미션을 수행하는 것입니다. 로봇 디자인은 팀이 이 로봇 게임을 위해 로봇을 준비한 전 과정을 설명하는 발표입니다. 로봇 디자인 발표는 단순히 로봇의 물리적 구조만을 설명하는 것이 아닙니다. 이는 팀이 로봇 게임을 준비하면서 겪는 모든 과정을 포함합니다. 전략 수립부터 로봇 설계, 프로그래밍, 테스트, 그리고 개선 과정까지 모든 단계가 로봇 디자인의 일부입니다.

따라서 로봇 게임과 로봇 디자인을 별개의 과정으로 준비하는 것보다는, 하나의 연속된 과정으로 접근하는 것이 더 효과적입니다. 이러한 통합적 접근 방식을 통해 참가자들은 로봇 게임의 요구사항을 더 깊이 이해하고, 그에 맞는 최적의 로봇을 개발할 수 있습니다.

이어지는 내용에서는 로봇 게임을 준비하는 전체 과정을 상세히 살펴보겠습니다. 전략 수립부터 최종 테스트까지의 각 단계를 설명하면서, 동시에 이 과정이 어떻게 로봇 디자인 발표의 핵심 내용이 되는지 이해할 수 있을 것입니다. 이를 통해 독자 여러분은 로봇 게임과 로봇 디자인의 유기적 관계를 종합적으로 파악할 수 있을 것입니다.

로봇 디자인

로봇 디자인은 크게 5단계로 나눠집니다. 앞으로는 5단계의 흐름에 맞춰 살펴보도록 하겠습니다.

1 발견

1. 로봇 게임 미션 동영상 시청

로봇 게임을 준비하기 위해선, 이건 주제는 어떤 내용인지, 어떤 미션으로 로봇 게임이 진행될 것인지에 대한 자료조사가 선행되어야 합니다.

2024/2025 주제인 SUBMERGED^{SM}과 2023/2024 주제인 MASTERPIECE^{SM}에 대한 내용을 알아보고, 공식 홈페이지에 올라온 대회 소개 영상을 살펴봅시다.

2024/2025 SUBMERGED^{sm}

영상 살펴보기

2024년 8월 6일에 시작된 SUBMERGED^{SM} 챌린지에서 FIRST® LEGO® League 팀은 창의적인 사고와 LEGO® 기술을 사용하여 바다의 층을 탐험하고 미래를 향해 "바다"를 항해하면서, 지역 사회를 강화하고 건강한 바다가 있는 더 나은 세상을 위해 혁신할 수 있는 우리 각자의 잠재력을 발견할 것입니다. 우리와 미래를 탐험해 보세요!

2023/2024 MASTERPIECE^{sm}

영상 살펴보기

지금은 자기 표현의 시대, 예술과 기술이 융합되는 시대. 자기를 표현하는 최고의 방법을 찾는 멋진 여정! 이야기, 춤, 노래, 그림 등 표현을 위한 다양한 방법들에 테크니컬한 기술을 더해, 나만의 masterpiece를 만들어 보세요! 이번 시즌에는 창의적인 쇼를 디자인하고 직접 전문가가 되어 다양한 장소에 방문하며 예술적인 요소들을 경험합니다. 참가하는 모든 청소년들이 예술과 과학, 기술, 미래에 대해 더 나은 방법에 대해 고민하고 함께 나누는 활동을 해봅시다.

2. 미션 모형을 만들고 미션 전략에 대해 이야기하기

대회 준비를 위해 로봇 게임 챌린지 세트를 구매했다면, 이제 **미션 모형***을 조립해야 합니다. 사단법인 상상의 FLL KOREA 홈페이지에 접속하면 미션 모형의 조립도를 확인할 수 있습니다. 부품을 잘 살펴보며 미션 모형을 조립하여 봅시다.

> ***미션 모형 (임무 모형)**
> 로봇 게임 세트의 각 미션을 구성하는 구성품으로, 매트에 부착된 모형을 말합니다.

<챌린지 세트 구입 후 FLL Korea 홈페이지>>Challenge 소개 페이지 접속>

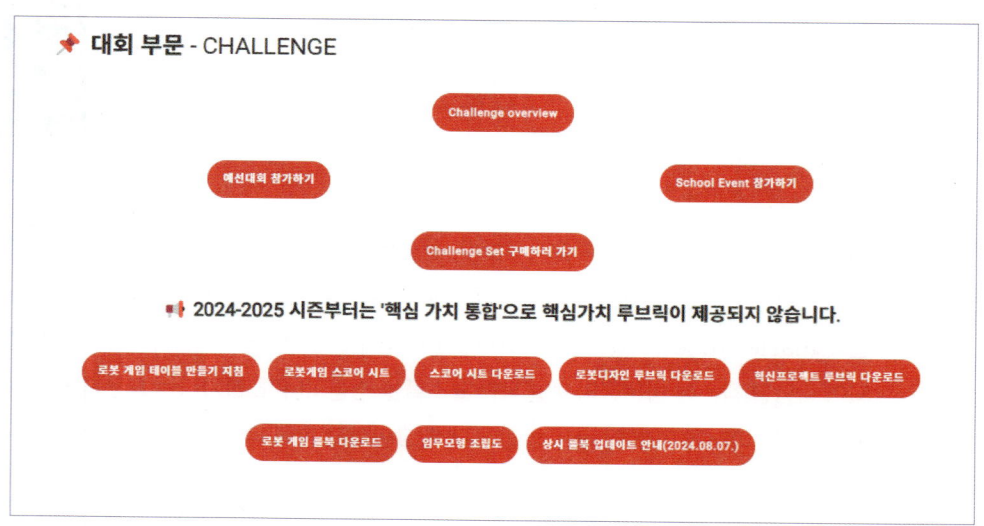

<출처: 사단법인 상상의 FLL Korea 홈페이지(www.firstlegoleague.or.kr)>

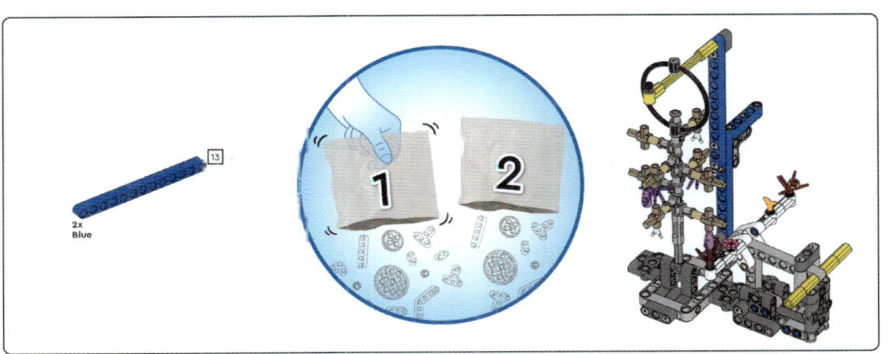

45826

<2024/2025 SUBMERGED[SM] 미션 1번 조립도의 일부>

공식 홈페이지에는 미션 모형 조립도 뿐만 아니라, 로봇 게임 룰북, 로봇 게임 점수지(스코어 시트), 점수 계산 프로그램, 로봇 디자인 루브릭 등 대회를 준비하는 팀에게 유용한 내용이 많이 있으니 대회 참가 전에 꼭 확인하시기 바랍니다.

3. 로봇 게임 규정 알아보기

1 로봇 게임의 주요한 원칙

1. 로봇 게임에서 팀은 이번 시즌 주제와 관련 있는 다양한 미션을 해결하기 위해서 로봇을 설계하고 제작해야 합니다. 또한 주어진 2분 30초의 시간 동안 로봇이 경기장에서 미션을 해결하도록 프로그래밍합니다.

2. 경기가 시작하면 2개의 **출발 구역** 중 하나에서 로봇을 출발시키고, 로봇은 팀이 설계한 순서대로 미션을 완주하기 위해 경기장에서 이동합니다. 로봇은 팀의 계획에 따라 다시 **홈 구역**으로 돌아가도록 프로그래밍해야 합니다.(로봇이 반드시 **출발 구역**으로 돌아와야 하는 것은 아닙니다.)

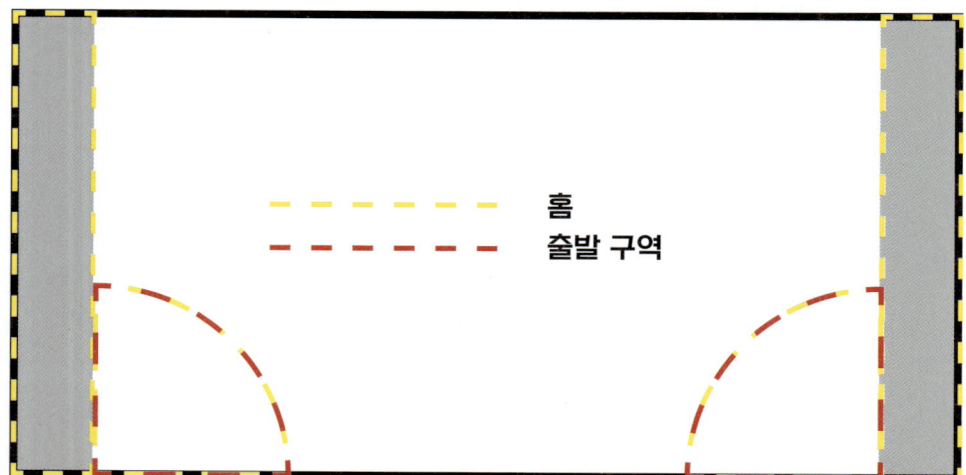

3. 팀은 총 6개의 정밀 토큰을 가지고 로봇 게임을 시작합니다. 만약 로봇이 경기장 내에서 동작을 멈추거나, 그 외의 이유로 로봇을 수거해야 한다면 팀은 손으로 로봇을 **홈 구역**으로 다시 가져올 수 있습니다. 하지만 이러한 개입이 있을 때마다 팀은 정밀 토큰 1개를 잃게 됩니다. 경기 종료 후 남은 정밀 토큰 개수만큼 점수를 얻기 때문에, 이를 고려하여 경기를 운영해야 합니다.

<6개의 정밀 토큰>

| 발견 | 설계 | 창작 | 테스트와 개선 | 의사소통 |

4️⃣ 경기 중에는 로봇만이 한 **홈 구역**에서 다른 **홈 구역**으로 물체를 이동할 수 있습니다. **테크니션***끼리 물체를 주고받는 것은 허용되지 않습니다. 만약 3️⃣번의 경우처럼, 팀이 로봇을 수거해야 한다면 그땐 어느 **홈 구역**으로 옮기든지 상관없습니다.

*테크니션
로봇을 출발시키는 사람을 지칭하는 FLL의 공식 용어입니다.

5️⃣ 미션 완료 여부는 경기가 끝났을 때 미션 모형의 최종 상태를 눈으로 확인하여 정확히 판단하게 됩니다. 이에 따라 미션 점수를 얻습니다.

6️⃣ 팀은 2~3회의 공식 경기를 치르며, 그중 가장 높은 점수가 팀의 점수로 반영됩니다.

7️⃣ 팀은 경기가 진행되는 동안, 아름답고 소중한 프로정신®을 통해 핵심 가치를 표현할 수 있습니다. 심판은 모든 경기에서 각 팀의 프로정신을 평가하여 추가 점수를 제공할 수 있습니다.

4. 각 미션 전략을 파악하고 로봇 동작으로 구분하기

1 로봇 게임 룰북을 통해 규칙을 읽고 차트에 정보를 입력하기

로봇 게임에는 다양한 미션이 있고, 팀은 미션의 해결 정도에 따라 점수를 받습니다. 공정한 과정에서 점수를 얻기 위해서, 로봇 게임에는 기본적인 규칙이 있습니다. 팀은 이 규칙을 준수하며 로봇 게임을 진행해야 합니다. 로봇 게임의 규칙은 시즌이 지나더라도 큰 변화가 없지만, 종종 새로워진 규정들이 있곤 합니다. 반드시 이러한 규정을 확인하고 로봇 게임을 준비하도록 합니다.

시작하기 | 유용한 링크

미션 모형 조립 설명서를 이용해 미션 모형을 조립하세요. 미션 모형은 로봇이 게임의 일부로 상호작용하는 공식적인 오브젝트입니다.

경기장 매트를 테이블 위에 놓을지 바닥에 놓을지 결정하세요. **선택 사항인 테이블 만들기** 지침을 사용하여 나만의 테이블을 만들 수 있습니다.

경기장 설치 동영상에 따라 경기장을 설치합니다.

다음 페이지에 있는 이 가이드의 미션 및 규칙 섹션을 읽고 **로봇 게임 미션 동영상을** 시청하세요.

미션 섹션에서는 각 미션 모형과 게임 중에 팀원들이 이들과 상호작용하여 점수를 획득하는 방법을 설명합니다.

규칙 섹션에서는 경기 운영 방식, 팀이 할 수 있는 것과 할 수 없는 것, 득점 방법 등 경기 방법을 설명합니다!

업데이트 확인하세요. 공식 규칙, 설명 및 수정 사항이 지속적으로 추가되는 목록입니다. 업데이트를 자주 그리고 주의 깊게 확인하세요.

공식 점수 계산기를 사용하여 시즌 내내 점수를 확인하세요.

대회 준비 영상, 로봇 이동 경로 다이어그램, 점수표 등 유용한 자료도 확인해 보세요!

로봇을 조립하고 코딩하는 데 도움이 더 필요하면 LEGO® Education 페이지를 확인하세요. SPIKE™ 앱 내에서 가이드 미션이 제공되며, 미션 10: '잠수정 보내기'를 프로그래밍하고 완료하는 방법을 배울 수 있습니다.

<출처: 2024/2025 SUBMERGED[SM] 로봇 게임 룰북 8페이지 시작하기>

<출처: 2024/2025 SUBMERGED[SM] 로봇 게임 룰북 10페이지 규정 설명>

2 미션 해결 로봇 동작 구분 짓기

　로봇 게임 룰북을 살펴보며, 미션 점수와 미션의 동작 구조에 대해 살펴보았을 것입니다. 이제 미션을 해결하기 위해 로봇은 어떤 식으로 동작해야 하는지를 구분지어 봅시다. 최근 3년의 로봇 게임 미션을 살펴보면 어느 정도 비슷한 움직임으로 미션을 해결할 수 있음을 알 수 있습니다.

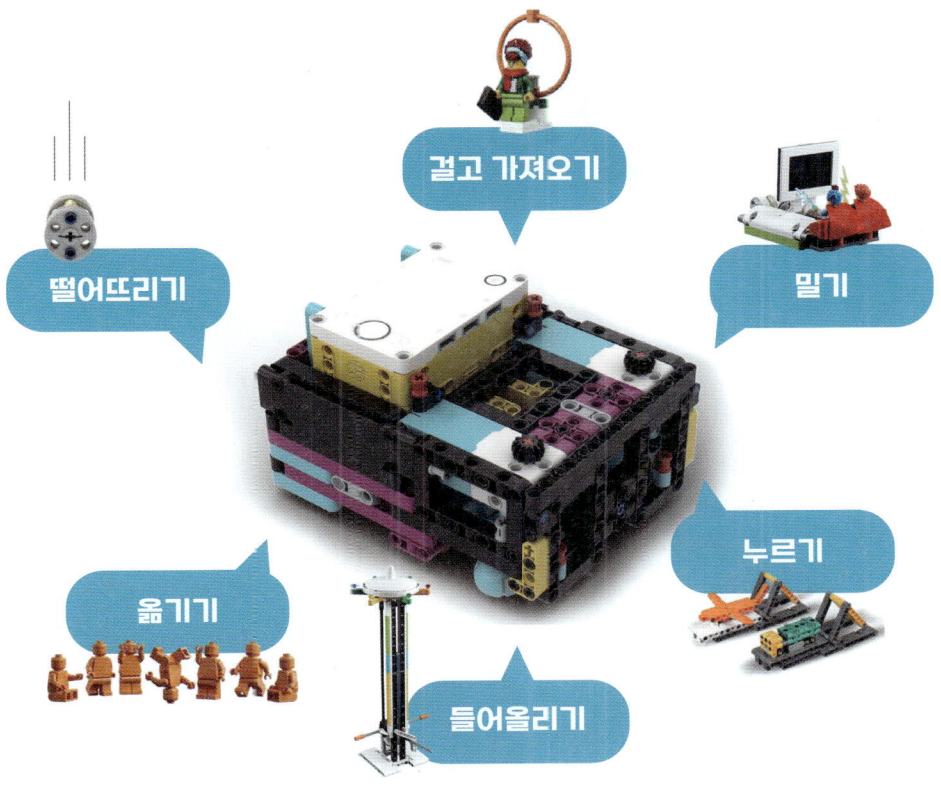

　로봇이 동작하는 움직임의 구조를 메커니즘이라고 합니다. 위와 같은 6가지 메커니즘으로 이전 대회 미션을 알아보도록 하겠습니다.

떨어뜨리기 메커니즘

<2022/2023 SUPERPOWERED[SM] 미션 3번>

<2022/2023 SUPERPOWERED[SM] 미션 14번>

떨어뜨리기 메커니즘은 농구 골대에 골을 넣는 것과 같이 미션으로 이동 후 위에 있는 목표 지점에 목표물을 떨어뜨려 점수를 획득하는 방식입니다. 미션을 해결하기 위해서는 미션 모형으로 이동할 때 목표물을 담을 공간과 정확히 목표지점에 떨어뜨릴 수 있는 구조를 갖추어야 합니다.

2022/2023 SUPERPOWERED[SM] 미션 3번과 미션 14번은 대표적인 떨어뜨리기 메커니즘을 활용하는 미션입니다. 미션 3번은 에너지 용기에 에너지 유닛을 넣어야 하고, 미션 14번은 빨간색 호퍼에 에너지 유닛을 넣어야 합니다.

걸고 가져오기 `메커니즘`

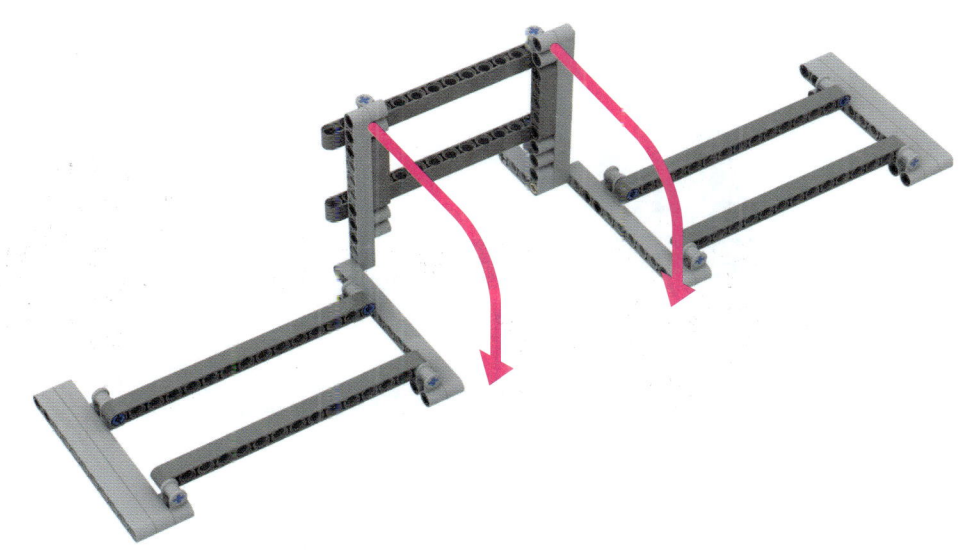

<2021/2022 CARGO CONNECT^{SM} 미션 9번>

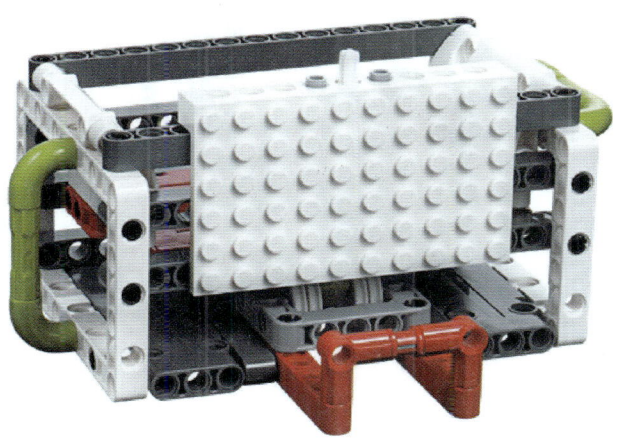

<2022/2023 SUPERPOWERED^{SM} 미션 3번>

걸고 가져오기 메커니즘은 미션 모형에 모듈을 걸고 당겨 점수를 획득할 수 있는 미션입니다.

2021/2022 CARGO CONNECT^{SM} 미션 9번에서는 분리된 선로에 모듈을 걸고 가져와 선로가 연결된 상태로 수리한 경우 점수를 획득할 수 있습니다. 2022/2023 SUPERPOWERED^{SM} 미션 3번에서는 에너지 저장 용기 아래의 트레이를 걸고 가져와 분리한 경우 점수를 획득할 수 있습니다.

밀기 `메커니즘`

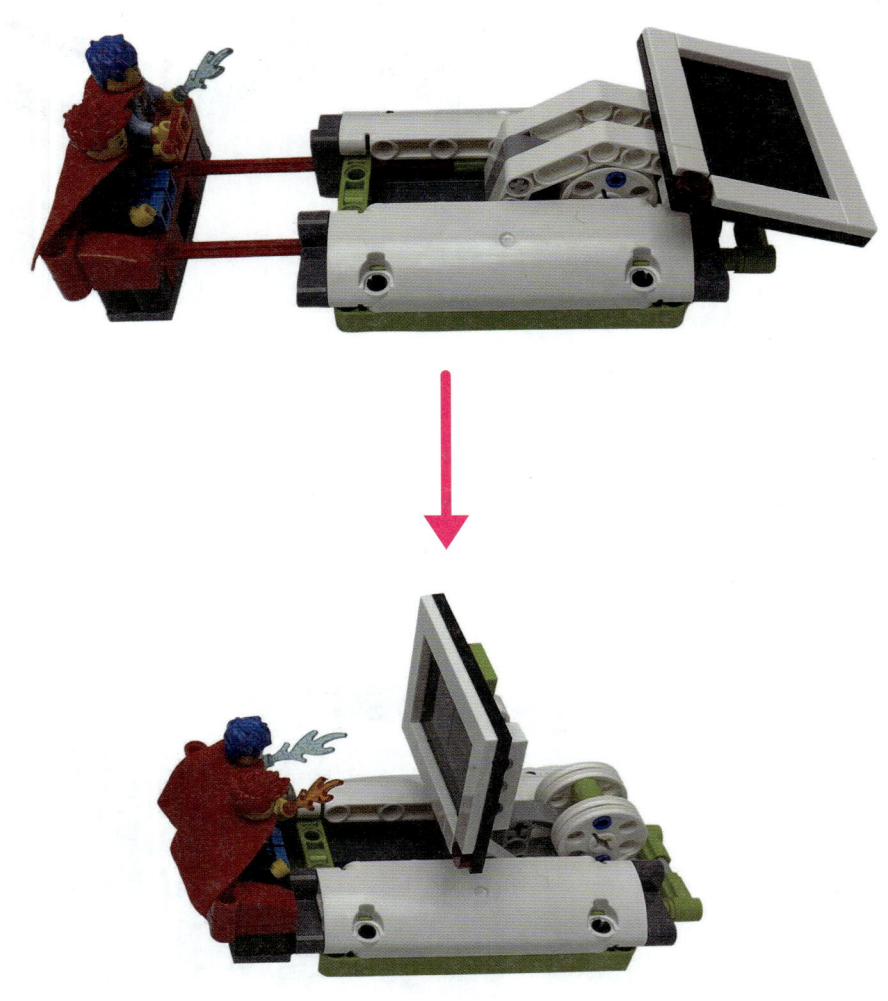

<2022/2023 SUPERPOWERED^{SM} 미션 8번>

*드라이빙 베이스
로봇 게임에서 미션을 해결하기 위해 매트 위를 주행하는 로봇을 지칭하는 용어입니다.

밀기 메커니즘은 드라이빙 베이스*의 단순한 구동으로 미션 모형을 밀어서 해결하는 방식입니다.

2022/2023 SUPERPOWERED^{SM} 미션 8번은 밀기 메커니즘을 활용해 아주 간단하게 성공할 수 있는 미션입니다. 드라이빙 베이스로 빨간색 소파 뒷부분을 밀면 텔레비전이 올라오고 텔레비전 뒤쪽에 있던 에너지 유닛이 녹색 텔레비전 슬롯에 완전히 들어가게 됩니다. 오른쪽 출발 구역과 가까이 있어 드라이빙 베이스의 전진과 후진만으로도 해결할 수 있는 미션입니다.

옮기기 　메커니즘

<2024/2025 SUBMERGED^SM 미션 14번 일부>

<2024/2025 SUBMERGED^SM 미션 9번 일부>

옮기기 메커니즘은 두 가지로 나눠집니다. 경기장에서 홈 또는 특정 영역으로 미션 모형이나 장치를 옮겨야 하는 미션과 홈에서 경기장으로 미션 모형이나 장치를 옮겨야 하는 미션입니다. 단순한 주행으로 점수를 획득할 수 있을 뿐만 아니라, 경기장에서 획득한 미션 모형을 다른 미션에 활용할 수 있기 때문에 높은 점수를 위해서 반드시 필요한 메커니즘입니다.

2024/2025 SUBMERGED^SM 미션 14번과 미션 9번은 옮기기 메커니즘을 활용할 수 있는 미션입니다. 미션 14번은 샘플이나 유물들을 수집하여야 하며, 미션 9번은 미지의 생명체를 냉용수 영역으로 옮겨야 합니다.

들어올리기 메커니즘

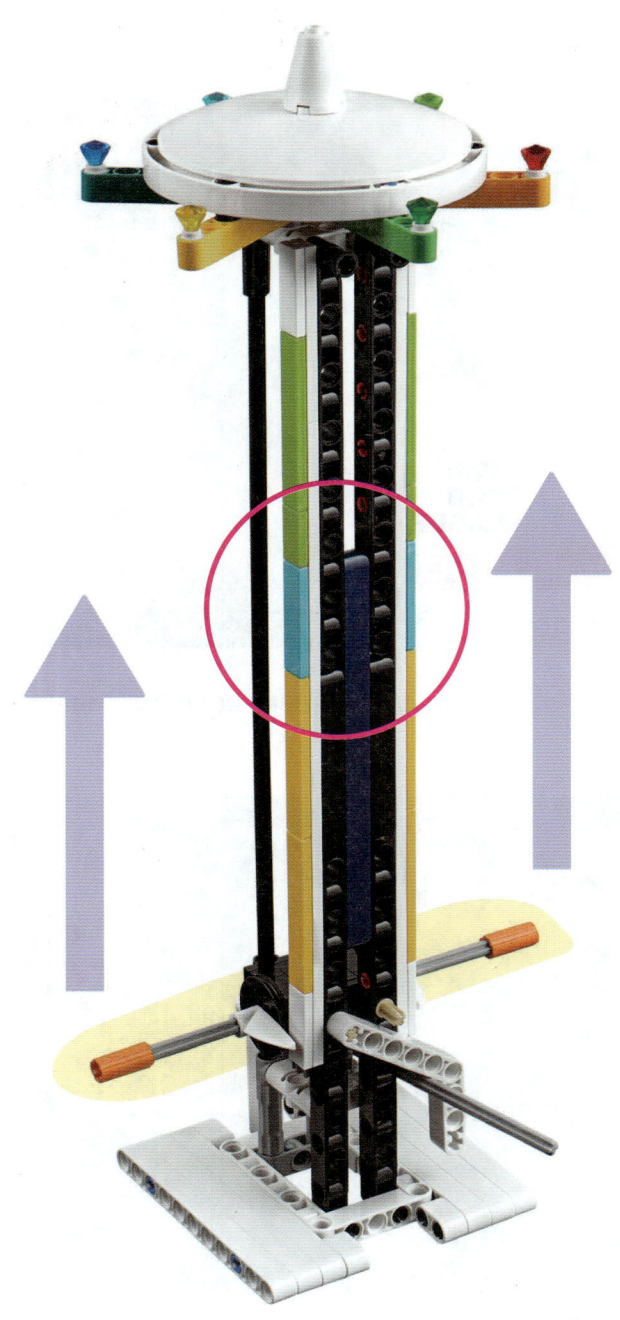

<2023/2024 MASTERPIECE^SM 미션 11번>

들어올리기 메커니즘은 미션 모형의 특정 장치를 들어 올림으로써 점수를 획득할 수 있는 미션입니다. 2023/2024 MASTERPIECE^SM 미션 11번에서는 양쪽의 엑슬을 위로 올려 노란색, 파란색, 초록색 브릭 부분에 위치하게 되면 각각 다른 점수를 획득할 수 있습니다.

누르기 메커니즘 `메커니즘`

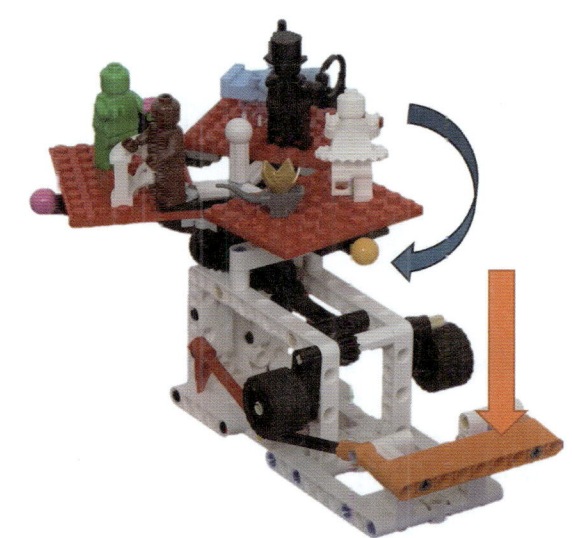

<2023/2024 MASTERPIECE^{SM} 미션 2번>

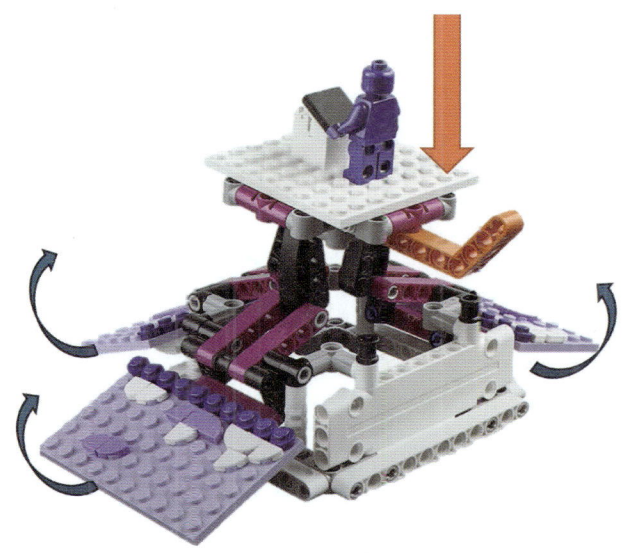

<2023/2024 MASTERPIECE^{SM} 미션 3번>

누르기 메커니즘은 주로 미션 모형의 레버를 아래 방향으로 눌러서 점수를 획득하는데 쓰입니다. 주로 레버를 누르지만 규정에 어긋나지 않는다면 레버가 아닌 미션 모형 자체를 누를 수도 있습니다.

위의 미션은 2023/2024 MASTERPIECE^{SM} 미션 2번과 3번입니다. 미션 2번에서는 레버를 눌러 장면을 회전시키면 점수를 획득할 수 있습니다. 미션 3번에서는 미션 모형을 눌러서 미션 모형이 아래로 고정이 되면 점수를 획득할 수 있습니다.

2 설계

1. 미션 해결을 위한 이동 경로 전략 세우기

미션 해결을 위한 메커니즘을 살펴보았다면, 이제 2분 30초 동안 미션을 어떤 식으로 해결해 나갈 것인지 전략을 세워야 합니다. FLL에서는 로봇 경기 지도를 아래와 같이 제공하고 있기 때문에, 이 지도를 활용하여 팀원들과 함께 로봇의 이동 경로를 구상하며 전략을 세워봅시다.

이동 경로 전략을 세울 때에는 다음 사항을 고려해봅시다!

메커니즘 분류에 따라
효율적으로 이동하는 방법?

위치적으로 가까운
미션을 묶어서
해결할 수 없을까?

라인을 활용할 수 있는 방법은?

출발 구역의 위치와 도착 구역의
위치는 동일하게 할 것인지,
다르게 할 것인지 정하기

2022/2023 SUPERPOWERED℠ 이동 경로 전략 예시

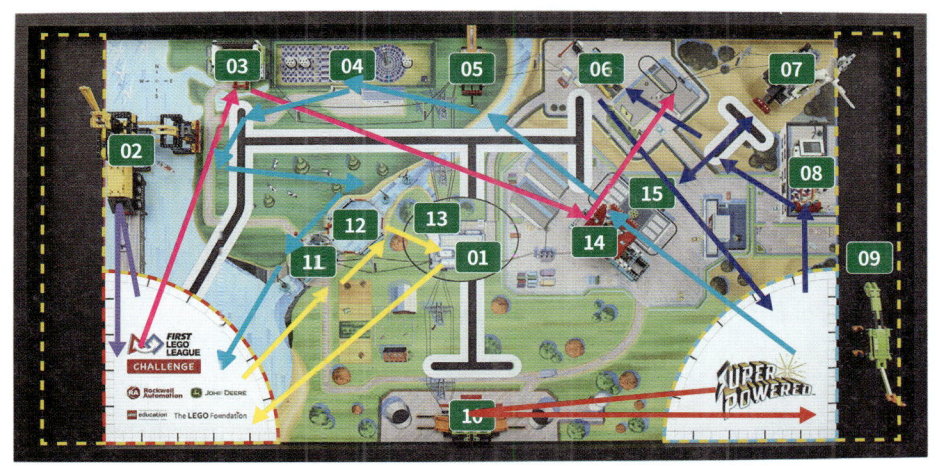

Try	이동 경로	경로 설명
1	🟥	**오른쪽 출발 구역** → **미션 10** : 에너지 유닛 3개 얻기(1개는 왼쪽 출발 구역으로 굴러감) → **오른쪽 출발 구역**
2	🟦	**오른쪽 출발 구역** → **미션 8** → **미션 7** : 에너지 유닛 3개 얻기 → (후진 이동) **미션 14** : 미션 10에서 얻은 에너지 유닛 2개 넣기 + 충전식 배터리 가져오기 → **미션 6** → **오른쪽 출발 구역**
3	🟦	**미션 9** : 공룡 장난감(충전식 배터리 결합), Try 1·2에서 얻은 에너지 유닛 드라이빙 베이스에 싣기, 오른쪽 출발 구역 → **미션 14** : 미션 7에서 얻은 에너지 유닛 사용 → **미션 5** → **미션 4** : 에너지 유닛 3개 얻기 → **미션 3** : 에너지 저장 트레이 가져오기 → **미션 2** : 연료 트럭에 연료 유닛 넣기 → **미션 11, 12** 물 유닛 챙겨오기 → **왼쪽 출발 구역**
4	🟨	**왼쪽 출발 구역** → **미션 11, 12** 해결 → **미션 1, 13** 해결 → **왼쪽 출발 구역**
5	🟪	**왼쪽 출발 구역** → **미션2** : 연료 트럭 가져오기 → **왼쪽 출발 구역**
6	🟥	연료 트럭 싣기, **왼쪽 출발 구역** → **미션 3** : 에너지 저장 용기에 에너지 유닛 넣기 → **미션 15** : 충전식 배터리 영역에 에너지 유닛 갖다 놓기, **미션 14** : 에너지 유닛 1개 더 갖다 놓기 → **연료 트럭과 함께 연료 보급소에서 종료**

2. 우리 팀만의 차별화되고 혁신적인 드라이빙 베이스+모듈 설계하기

드라이빙 베이스 설계하기

 이동 경로 전략을 세웠다면, 이제 미션 해결을 위해 우리 팀만의 드라이빙 베이스를 제작해야 합니다. 드라이빙 베이스란, 로봇 게임에서 미션을 해결하기 위해 매트 위를 주행하는 로봇을 지칭합니다. 이 드라이빙 베이스에 어떤 모터와 어떤 센서를 사용할 것인지, 모터의 배치는 어떻게 할 것인지 등 여러 가지 요소를 고려해야 합니다.

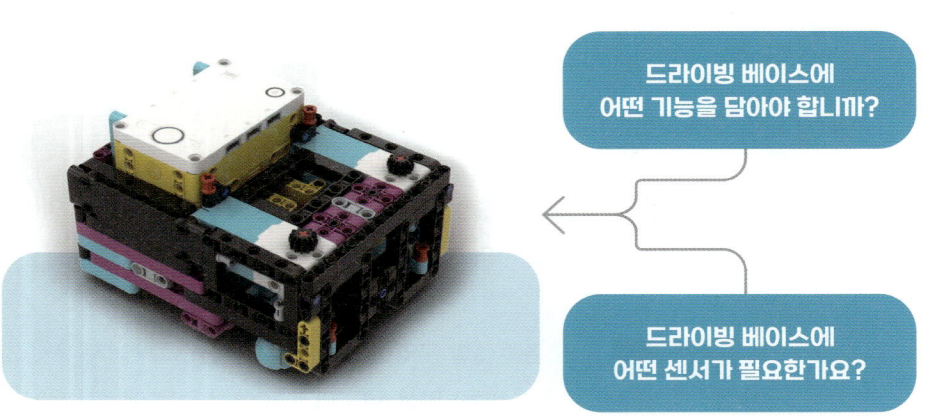

드라이빙 베이스를 만들 때 다음 사항을 고려해 봅시다!

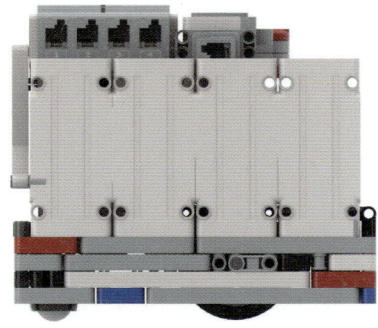

드라이빙 베이스의 높이는 최대한 낮게 설계되었는가?

 드라이빙 베이스 높이가 높은 로봇은 무게 중심이 높아져서 불안정해질 수 있습니다. 이로 인해 로봇이 쉽게 공중으로 뜨거나 튀어 오를 수 있고, 이는 미션 수행에 실패하거나 로봇 자체에 손상을 줄 수 있습니다. 따라서 로봇을 설계할 때는 높이와 무게 중심을 적절하게 조절하여 로봇의 안전성을 확보하는 것이 중요합니다. 또한, 로봇의 높이는 미션의 요구 사항에 따라 달라질 수 있으므로, 특정 미션을 수행하기 위해 필요한 최소한의 높이를 유지하는 것이 좋습니다.

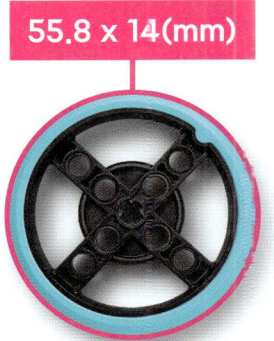

55.8 x 14(mm)

한 바퀴 굴러갈 때 이동 거리
5.58cm X 3.14 = 약 17.5cm

드라이빙 베이스에 어떤 바퀴를 사용할 것인가?

스파이크 프라임에는 2가지 바퀴가 있습니다. 바퀴 선택 시 가장 중요한 고려 사항은 드라이빙 베이스의 높이와 이동 효율성입니다.

작은 바퀴(직경 약 55.8mm)를 사용할 경우 드라이빙 베이스의 높이를 낮출 수 있어 안정성이 증가합니다. 한 바퀴 회전 시 이동 거리가 약 17.5cm로, 같은 거리를 이동하기 위해 모터가 더 많이 회전해야 합니다. 큰 바퀴를 사용할 경우 한 번의 회전으로 더 긴 거리를 이동할 수 있어 모터의 회전 수를 줄일 수 있습니다. 그러나 드라이빙 베이스의 높이가 높아져 안정성이 다소 떨어질 수 있습니다.

바퀴 선택 시에는 미션의 특성, 로봇의 안정성, 이동 거리, 그리고 모터의 효율성을 종합적으로 고려해야 합니다-. 팀의 전략과 미션 요구사항에 따라 최적의 바퀴를 선택하는 것이 중요합니다.

추천 드라이빙 베이스

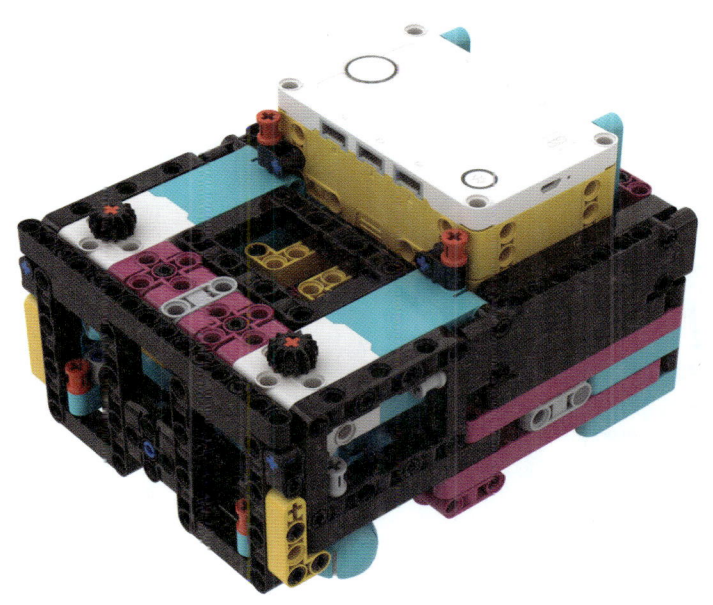

드라이빙 베이스 구성 및 특징 이해하기

드라이빙 베이스를 설계할 때 가장 중요하게 생각한 부분은 다음과 같습니다.

1. 자유로운 움직임을 위해 크기를 작게 만들지만, 다양한 기능 수행도 가능한가?
2. 무게중심이 낮게, 그리고 중앙에 위치하도록 하여 주행에 이상이 없는가?
3. 모터 외의 다른 센서를 활용하여 주행에 활용할 수 있는가?

위의 여러 가지 내용을 고민하여 다음과 같은 드라이빙 베이스를 제작하였습니다. 총 4개의 모터와 2개의 센서가 사용되었습니다.

1 2개의 라지 모터

라지 모터에 바퀴를 연결한 모습

드라이빙 베이스를 구동해 주는 역할로 라지 모터를 연결하였습니다. 나중에 드라이빙 베이스에 모듈을 추가하게 되면 무게가 무거워질 텐데, 그때 주행에 이상이 없도록 하기 위해서 높은 출력이 가능한 라지 모터를 장착하였습니다. 추가적으로 라지모터가 무게중심을 잡아주는데 중요한 역할을 합니다.

2 2개의 미디움 모터

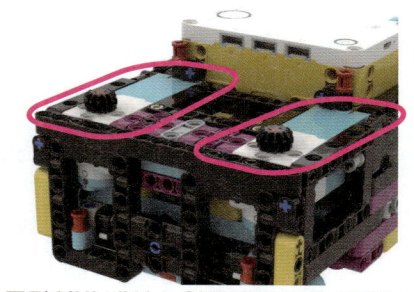

드라이빙 베이스 위쪽에 미디움 모터가 위치한 모습

바퀴의 역할을 하는 라지 모터 외에, 다양한 미션을 수행하기 위해서 미디움 모터를 드라이빙 베이스 위쪽에 장착하였습니다. 모듈을 작동시키기 위해서 그렇게 큰 힘이 필요하지 않기 때문에, 드라이빙 베이스의 크기를 줄이기 위해서 미디움 모터를 사용하였습니다.

3 2개의 컬러 센서

드라이빙 베이스 하단에 부착한 컬러 센서와 스티어링 볼

스파이크 프라임에 있는 센서들 중, FLL에 활용하기에 적합한 센서는 컬러 센서라고 생각합니다. 경기장 중간에도 검은 선을 배치하여 팀이 컬러 센서를 활용한 라인트레이싱과 라인 정렬을 할 수 있습니다. 컬러 센서는 최대한 빛이 들어오지 않게끔 주변부를 꼼꼼하게 채워서 부착하였습니다. 또한 드라이빙 베이스의 앞바퀴 역할을 하는 스티어링 볼을 양쪽에 장착하여 안정감 있는 주행이 되도록 설계하였습니다.

드라이빙 베이스 조립도

드라이빙 베이스 조립을 위해서는 **스파이크 프라임 코어세트(AI Pro)와 확장세트가 필요**합니다.

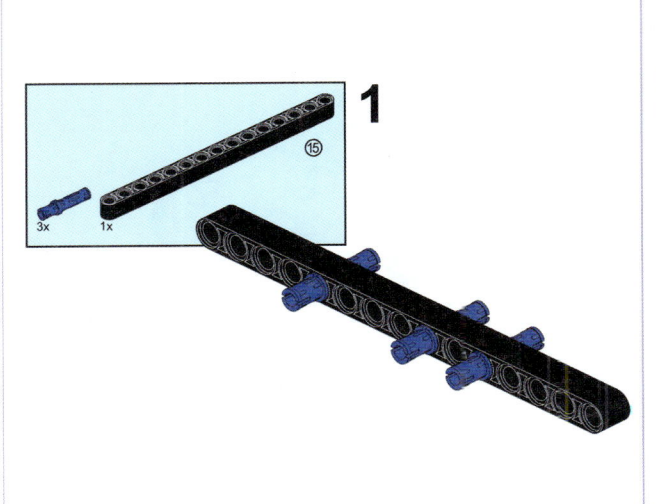

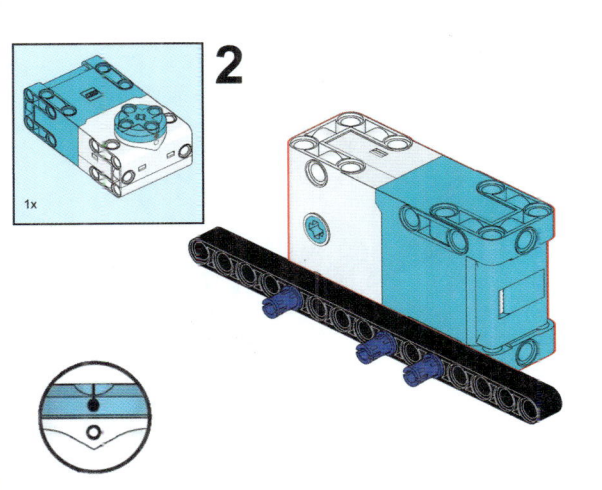

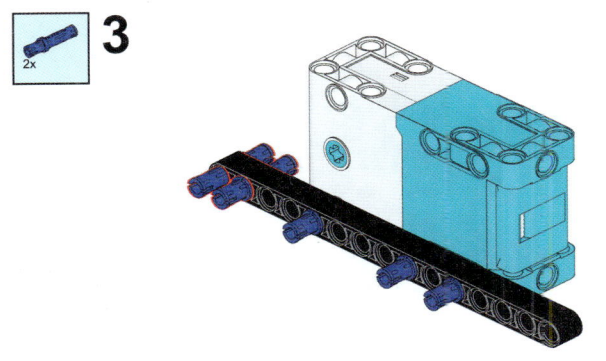

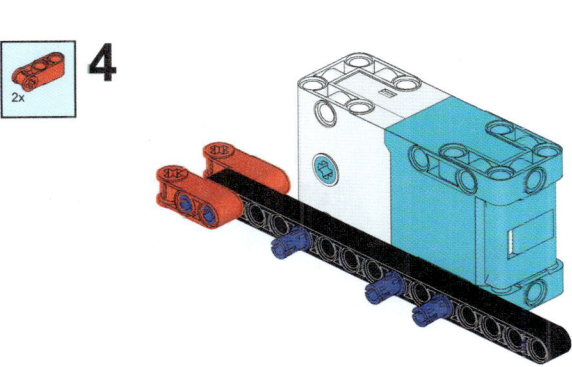

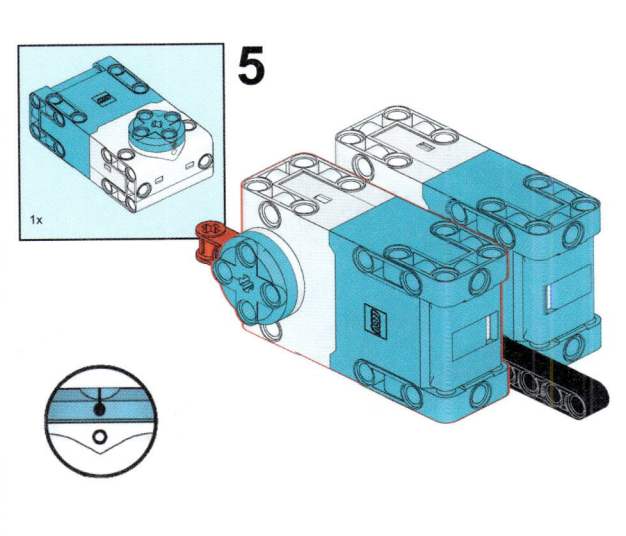

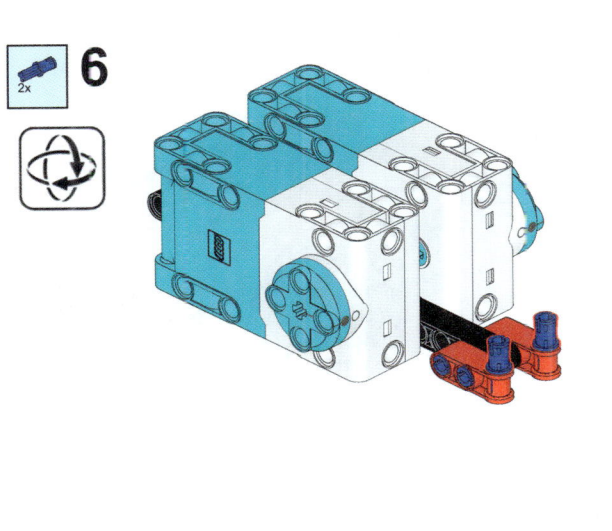

드라이빙 베이스 조립도

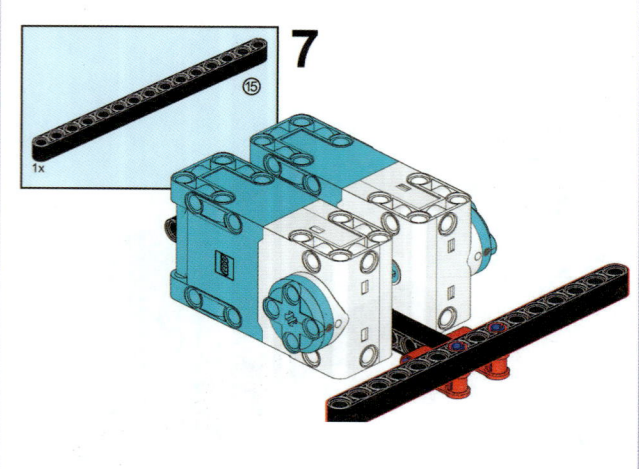

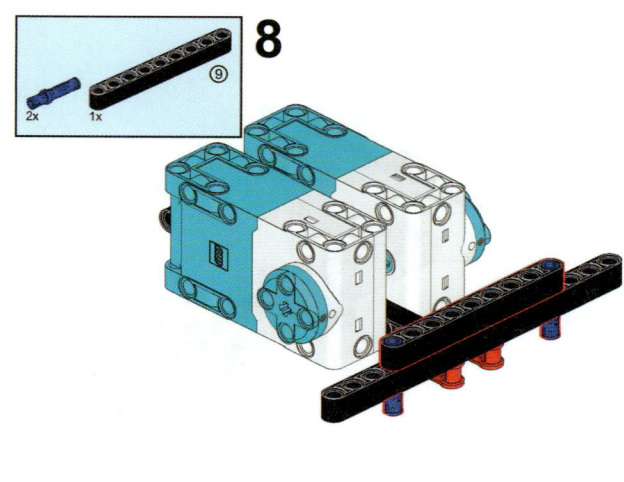

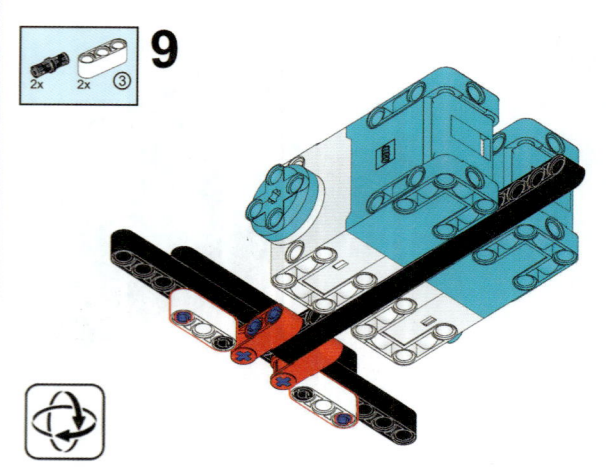

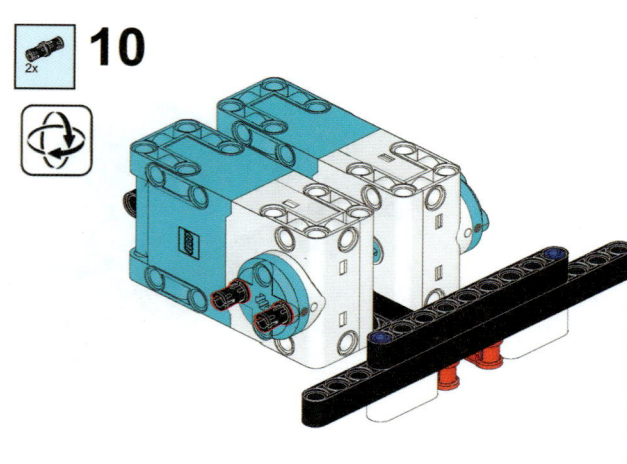

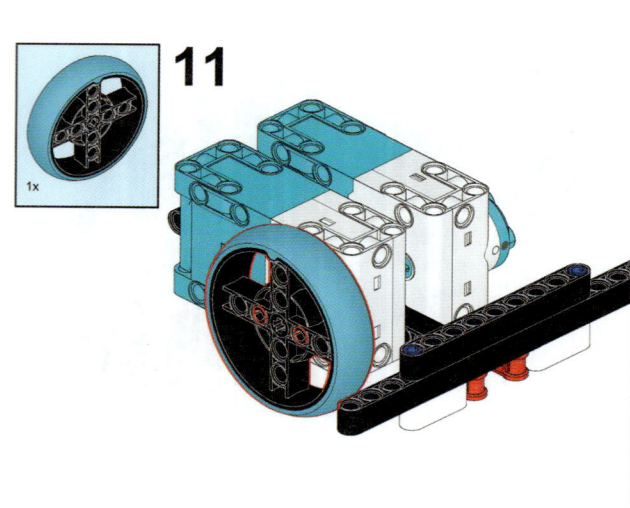

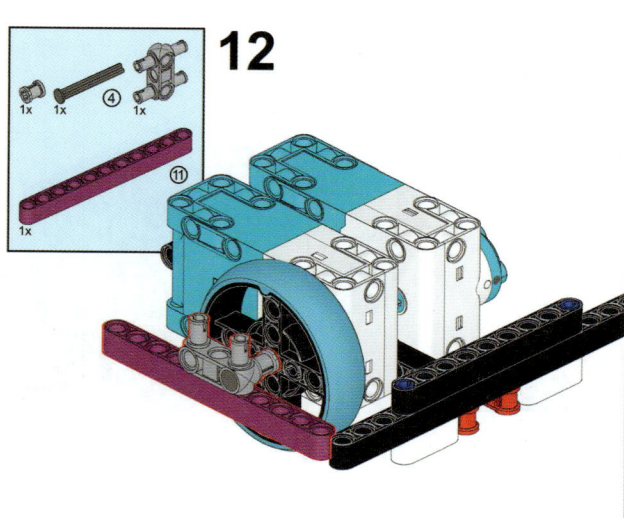

드라이빙 베이스 조립도

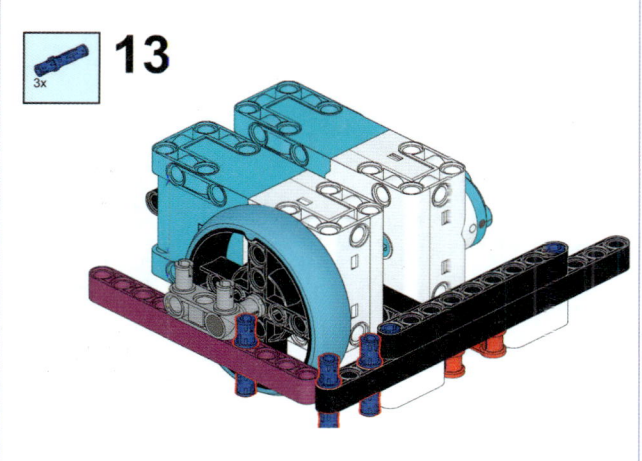

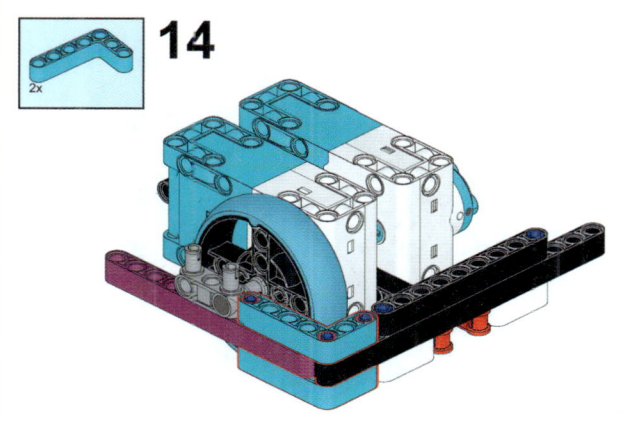

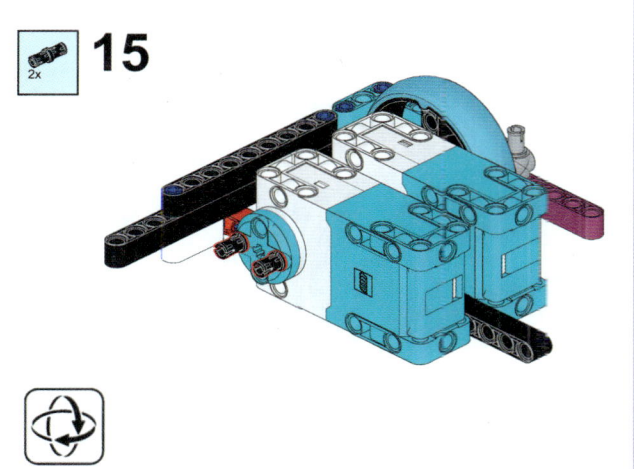

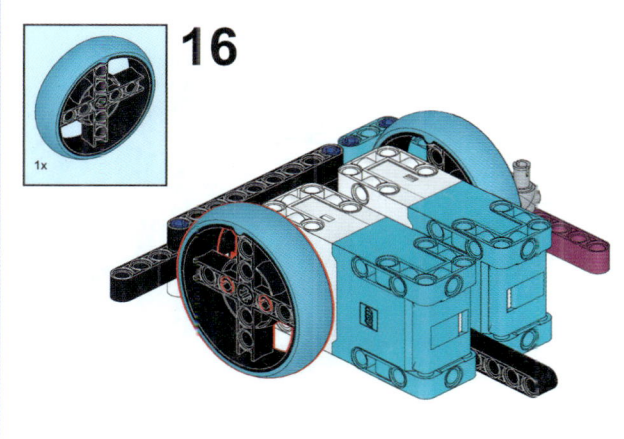

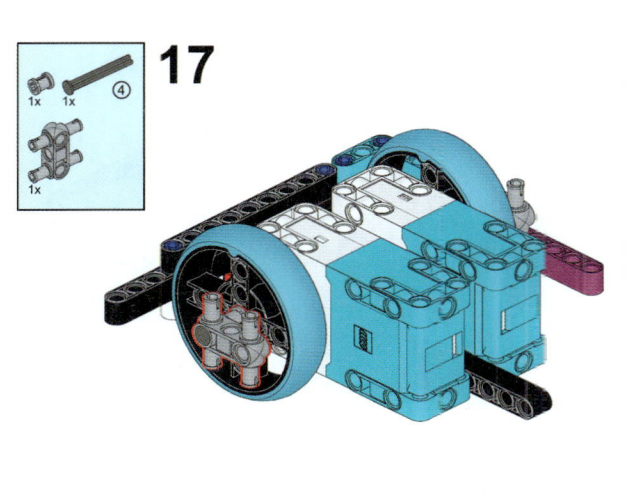

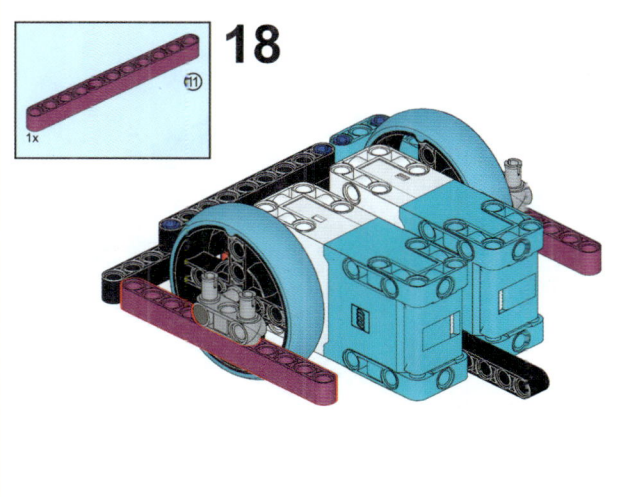

드라이빙 베이스 조립도

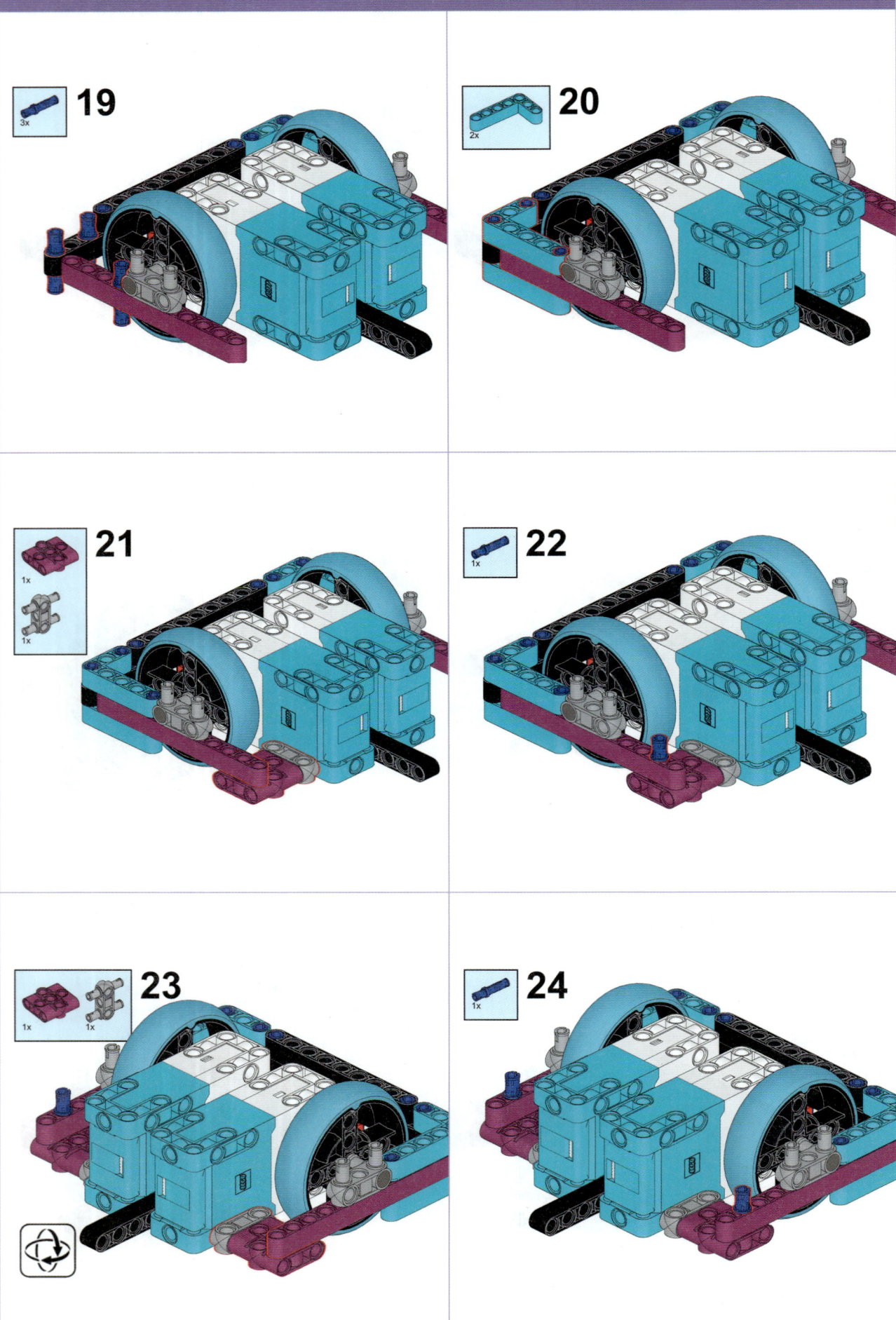

드라이빙 베이스 조립도

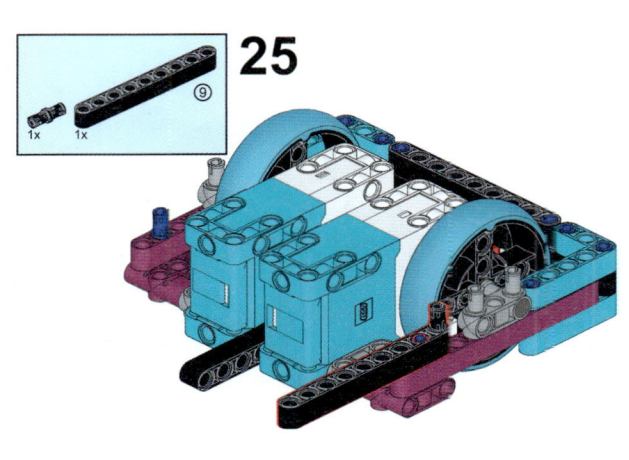

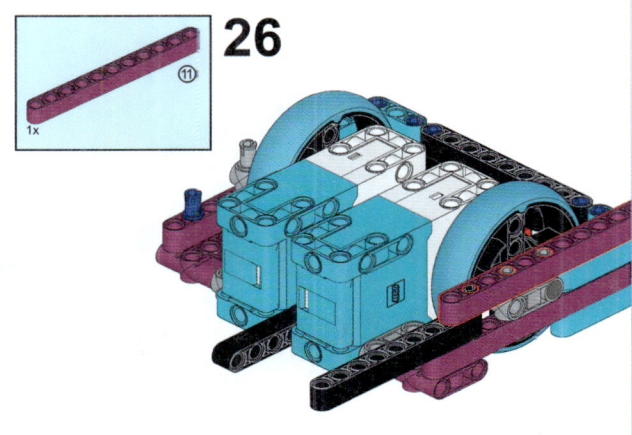

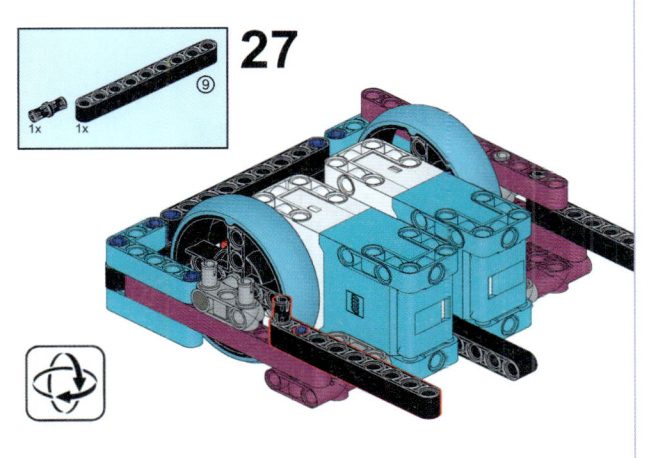

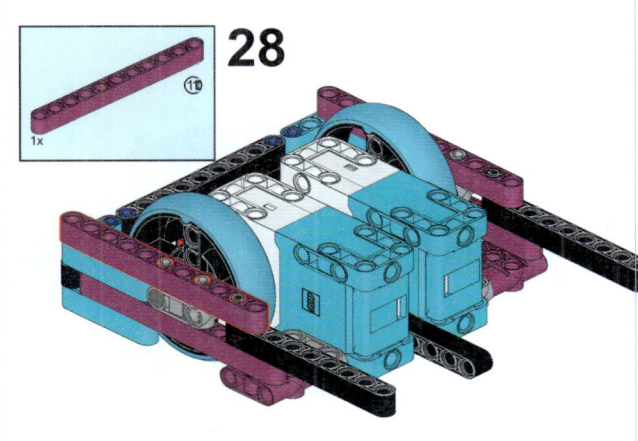

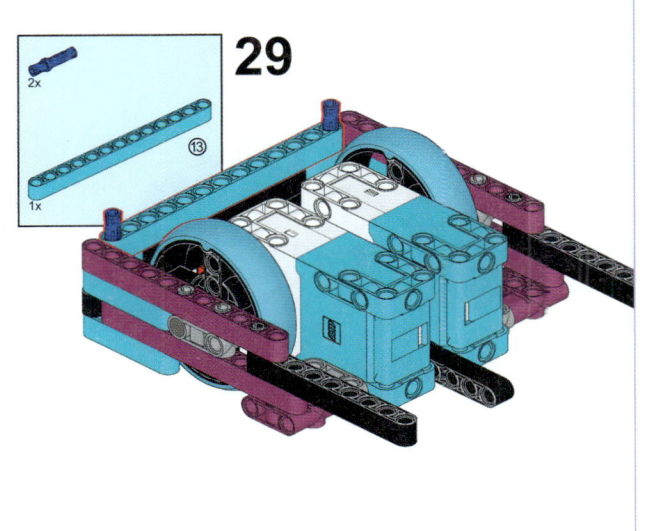

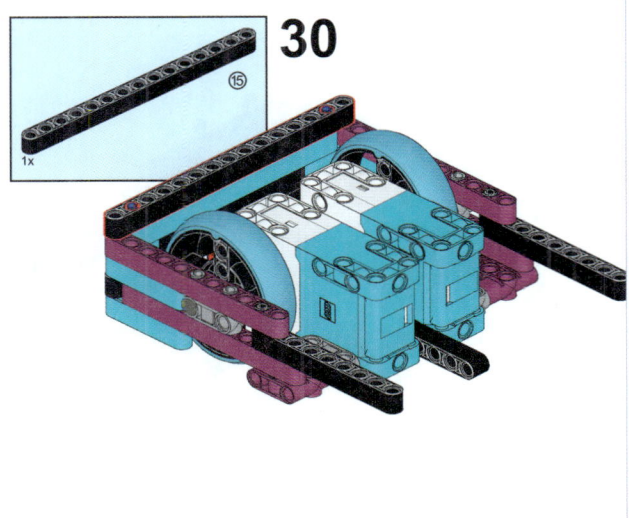

드라이빙 베이스 조립도

드라이빙 베이스 조립도

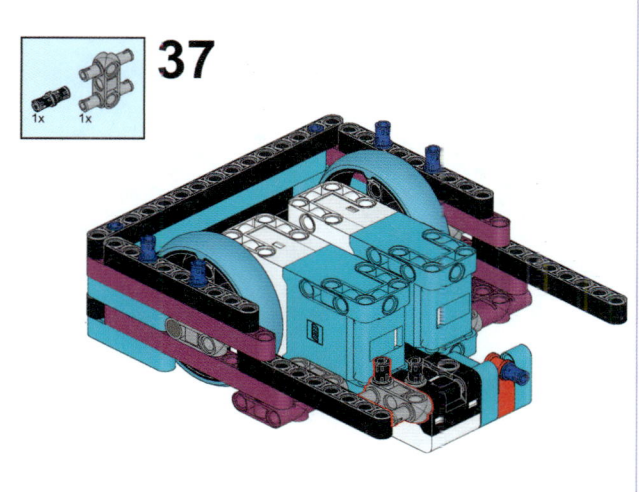
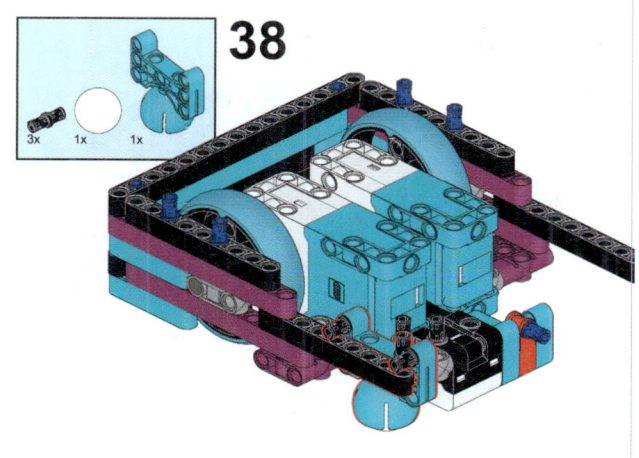
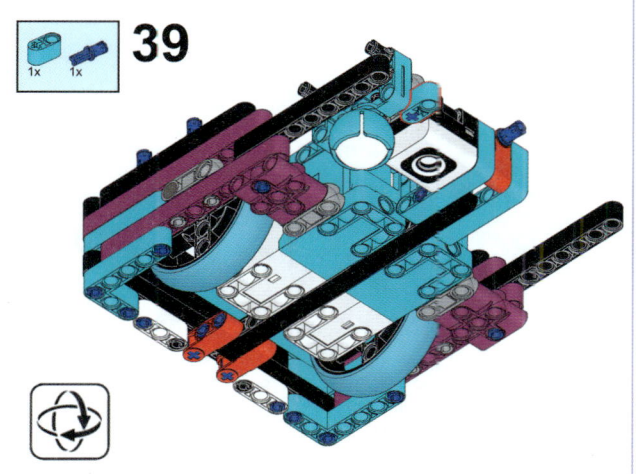
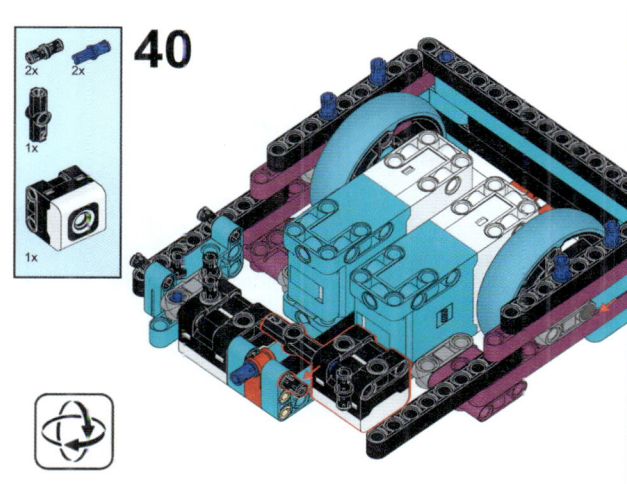
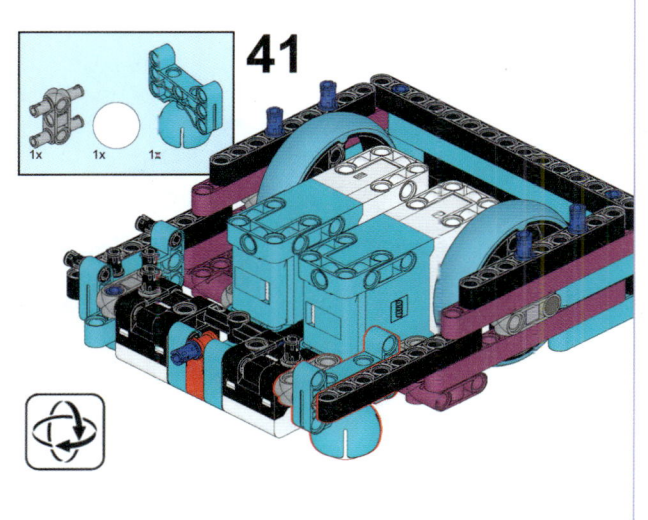
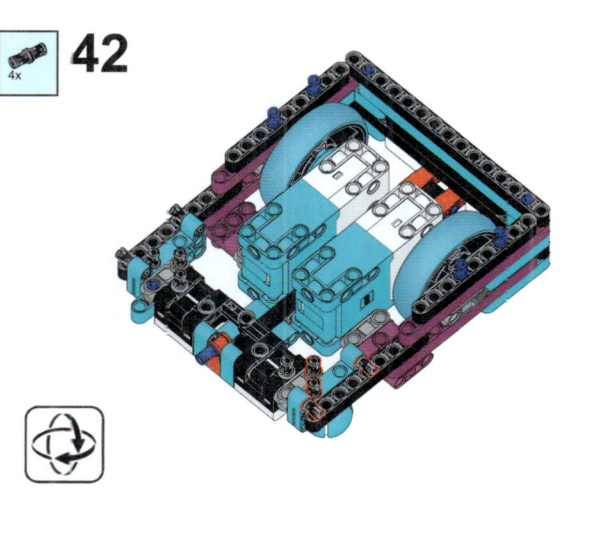

드라이빙 베이스 조립도

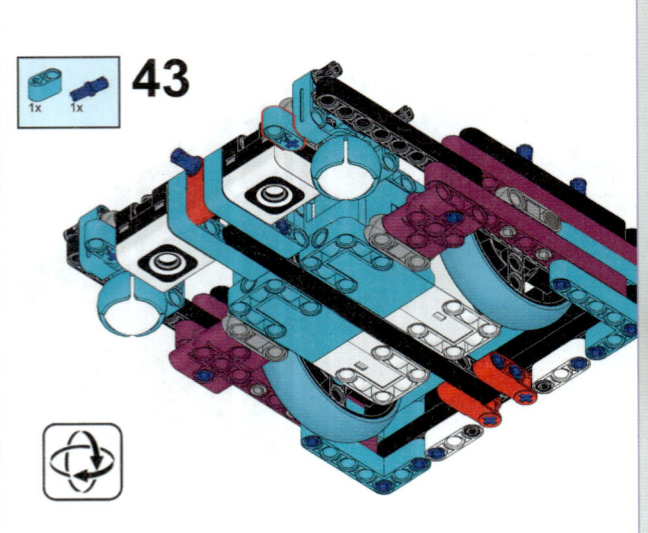

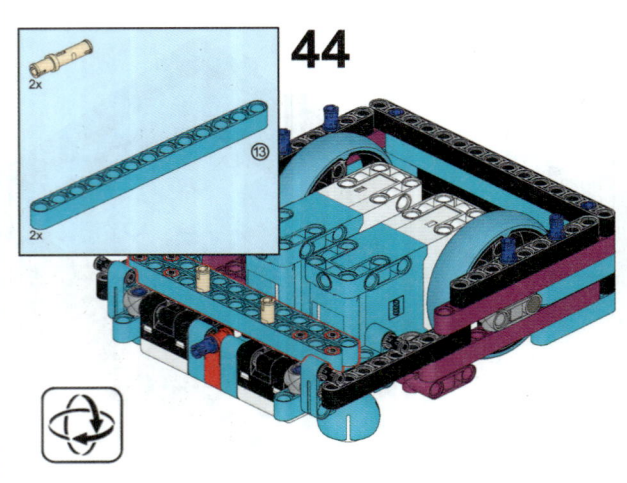

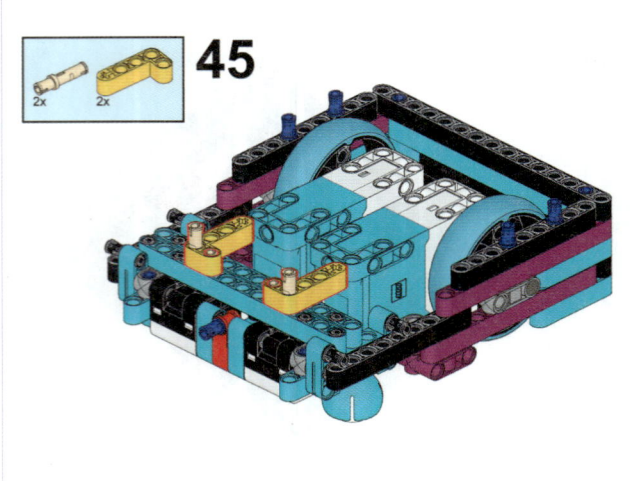

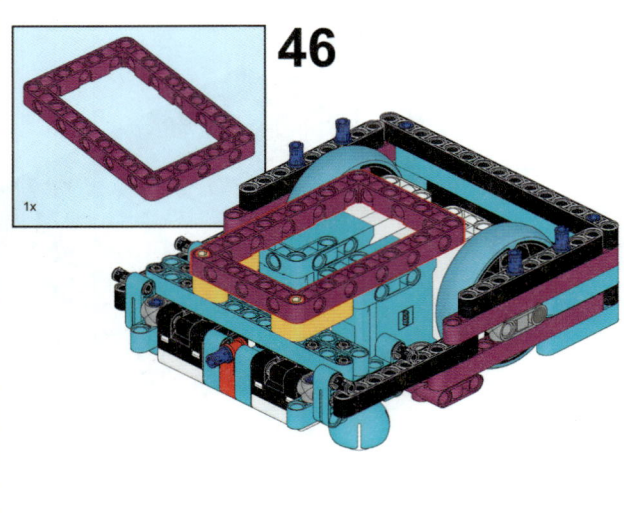

드라이빙 베이스 조립도

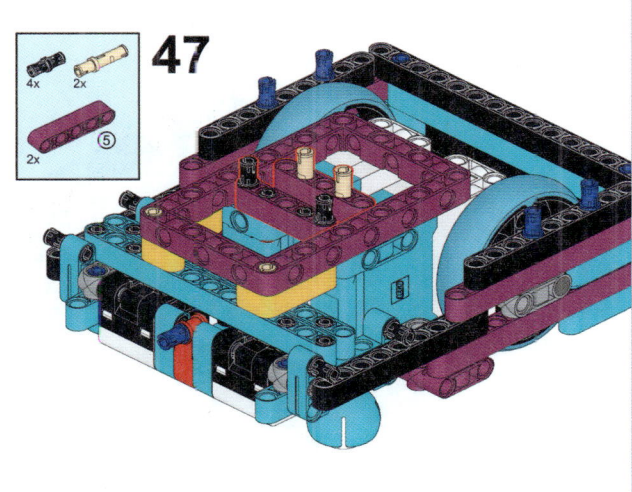
47

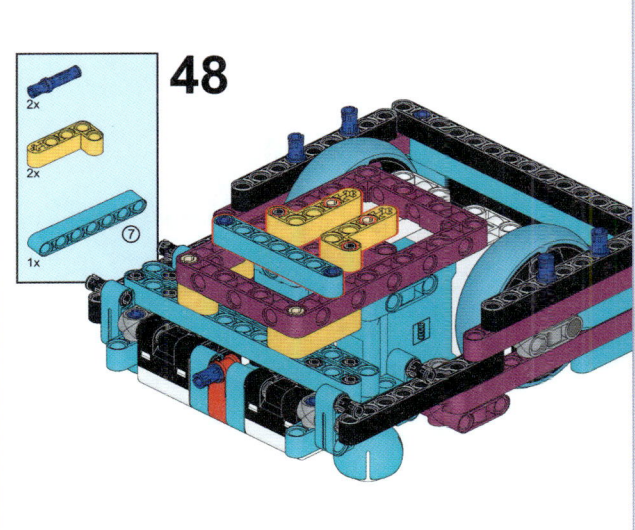
48

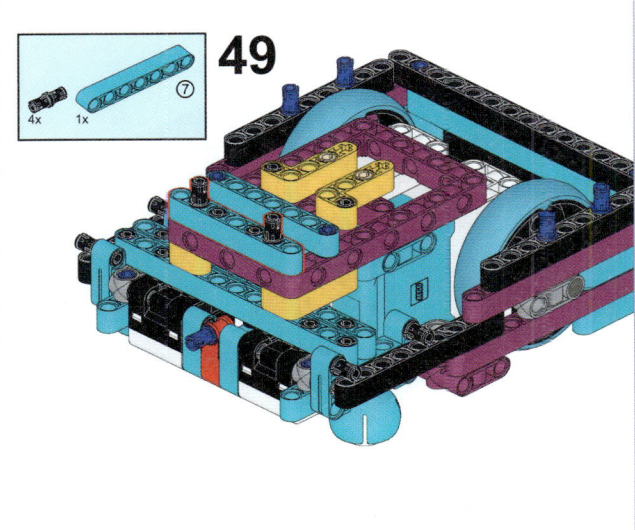
49

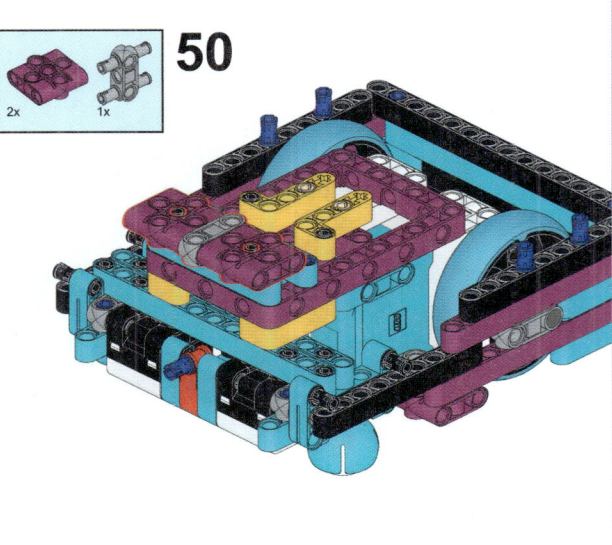
50

드라이빙 베이스 조립도

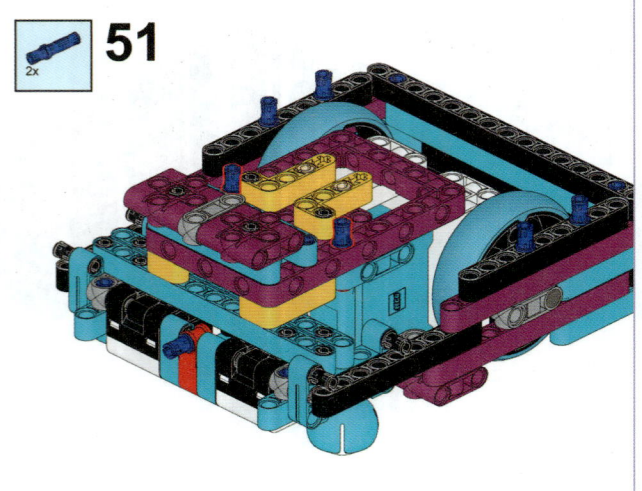

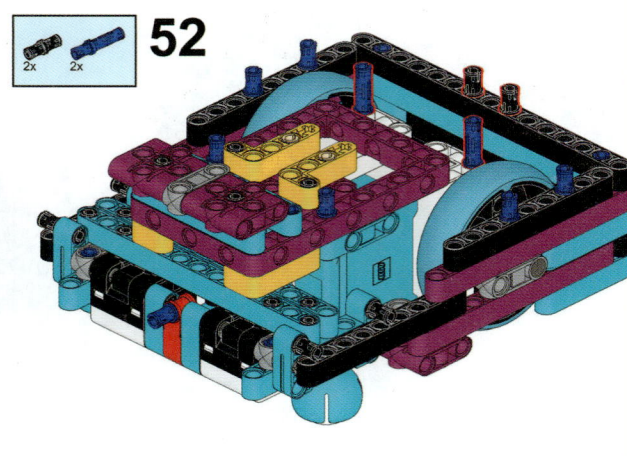

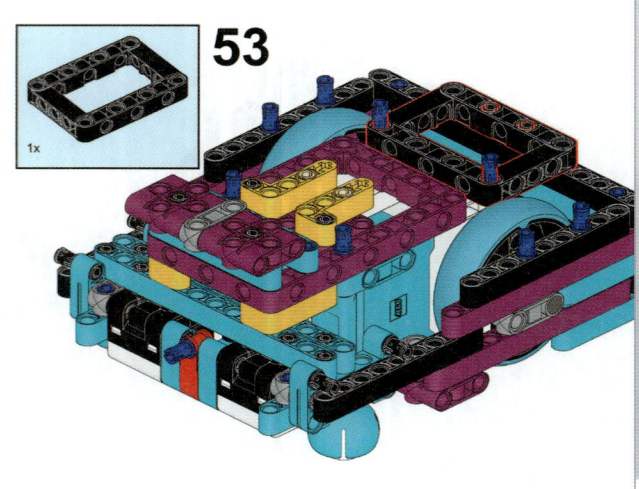

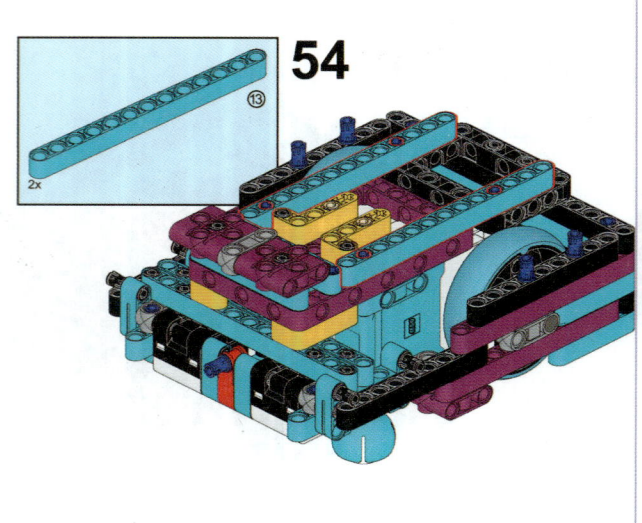

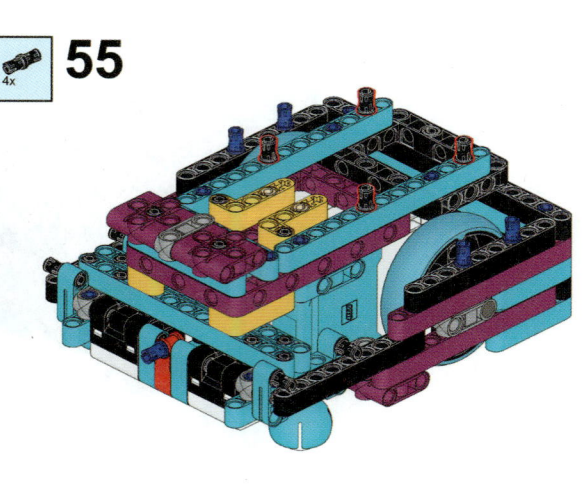

드라이빙 베이스 조립도

56
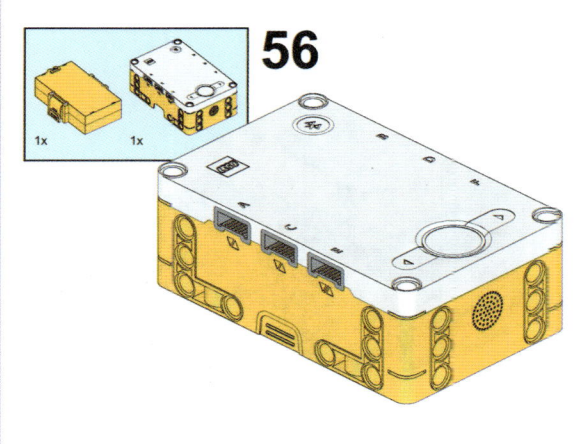

57
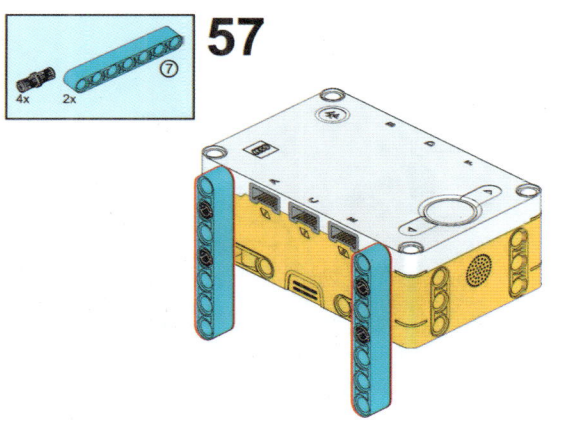

58
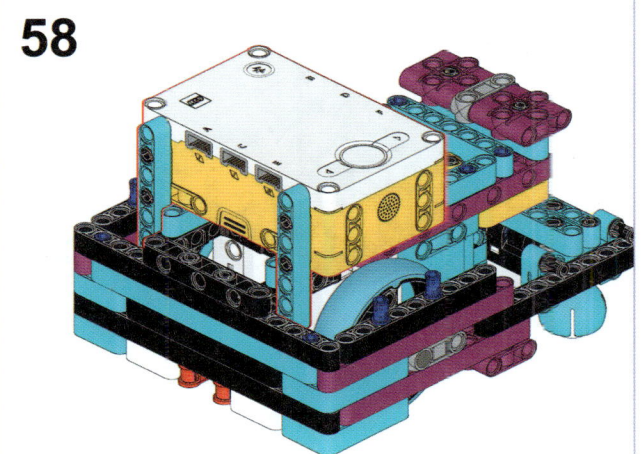

C: 왼쪽 컬러센서.
D: 오른쪽 컬러센서.
E: 왼쪽 바퀴.
F: 오른쪽 바퀴.

59
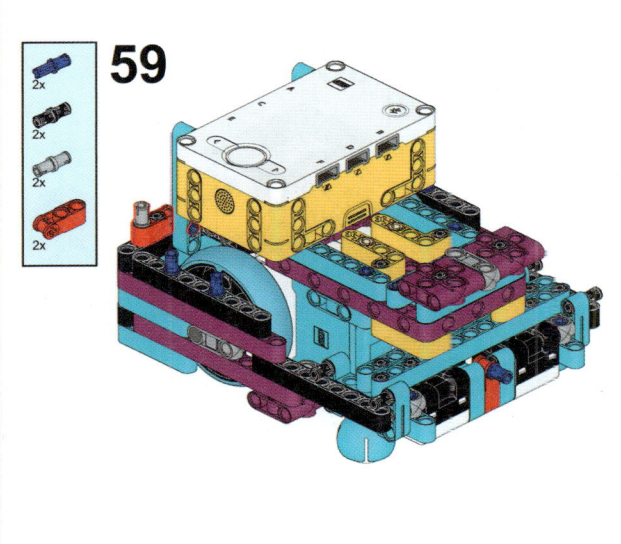

60
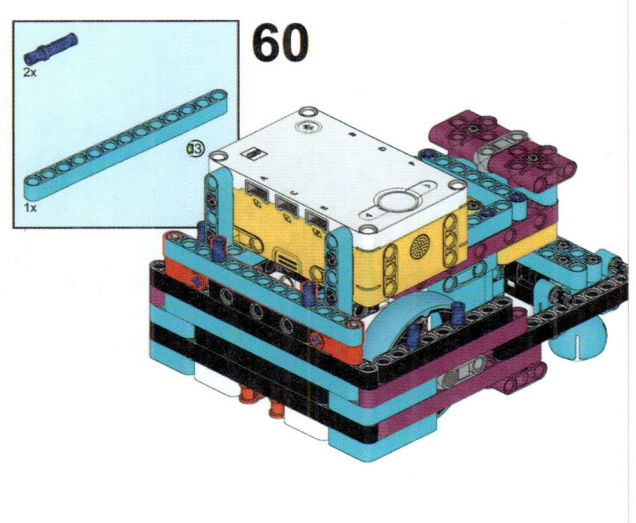

드라이빙 베이스 조립도

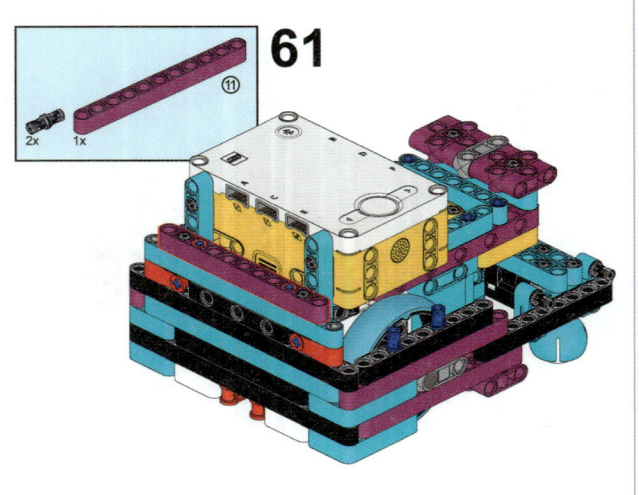

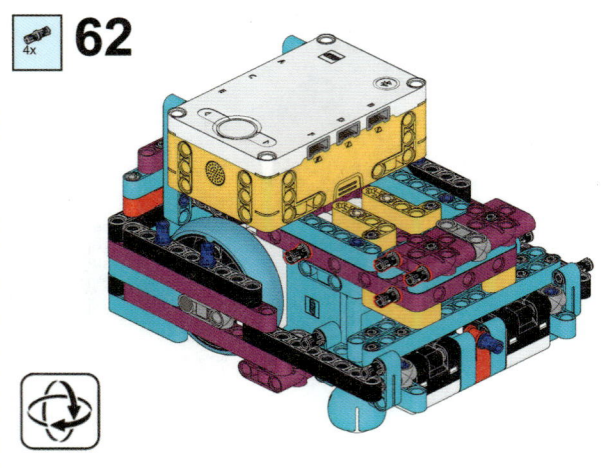

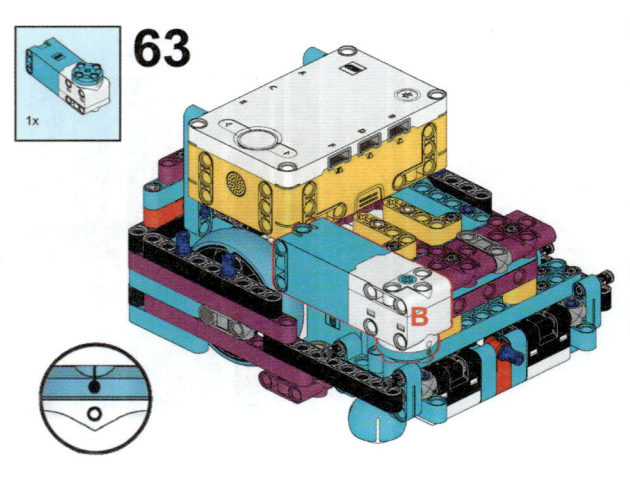

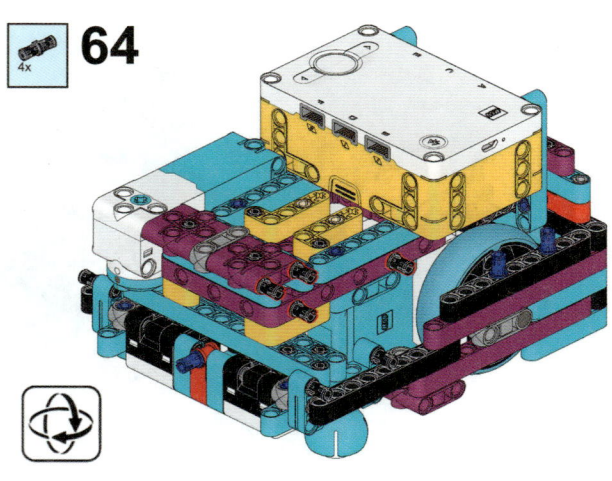

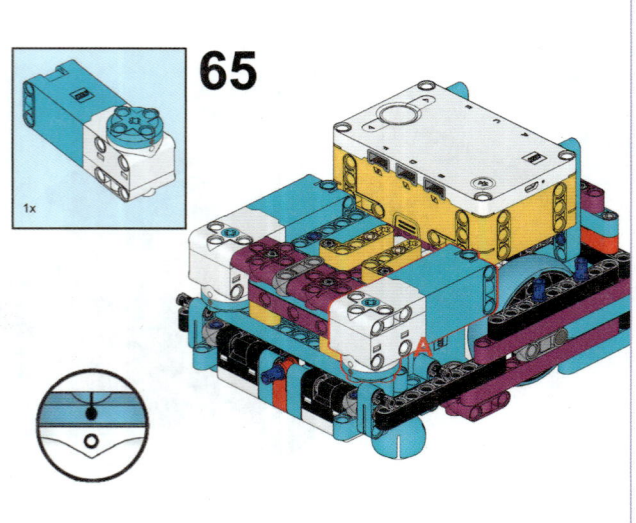

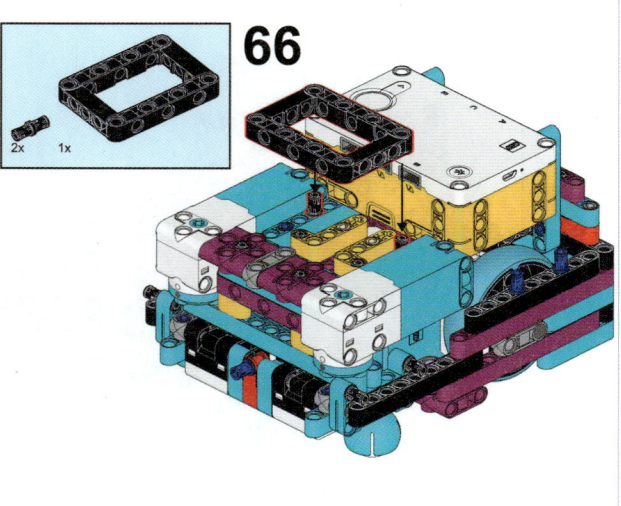

드라이빙 베이스 조립도

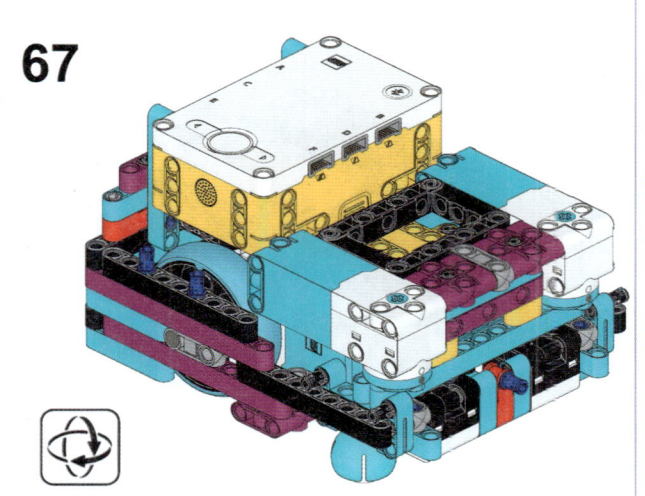

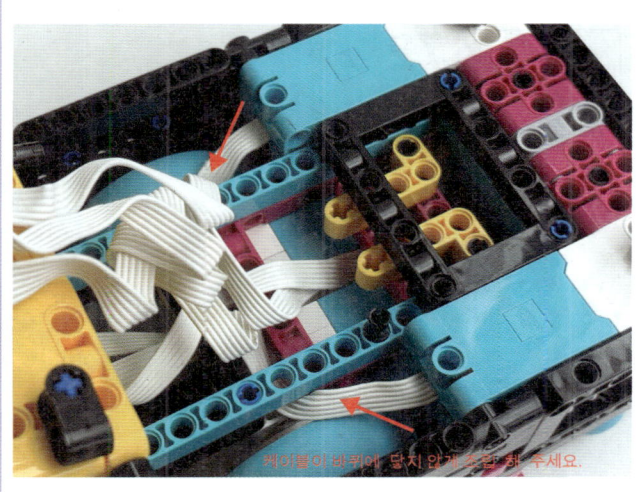

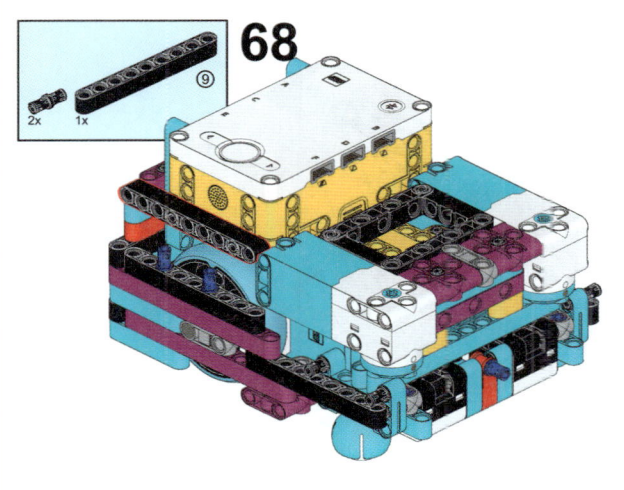

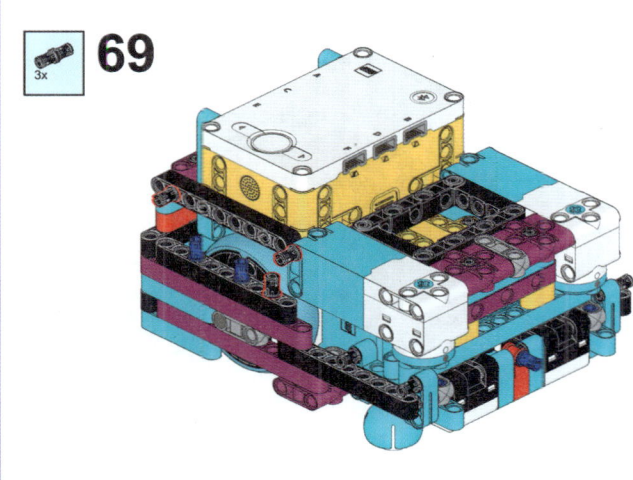

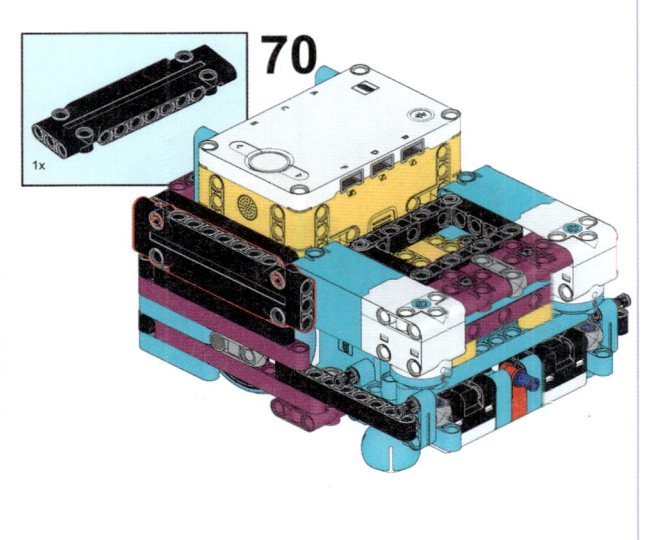

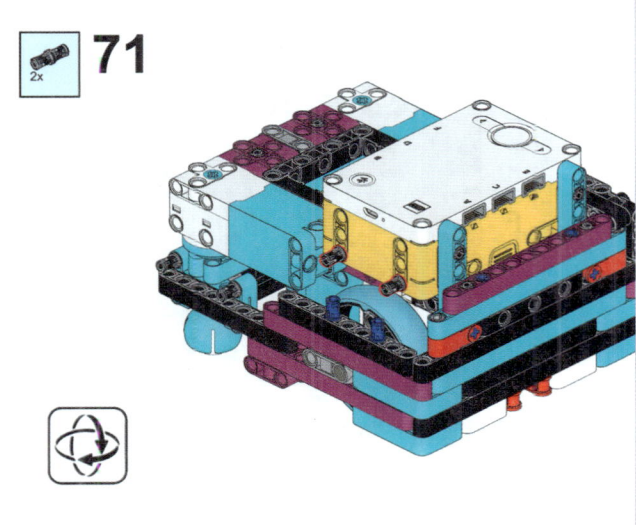

드라이빙 베이스 조립도

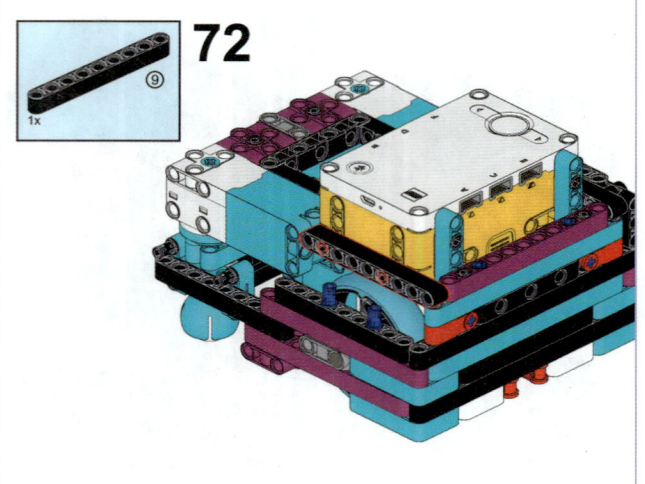

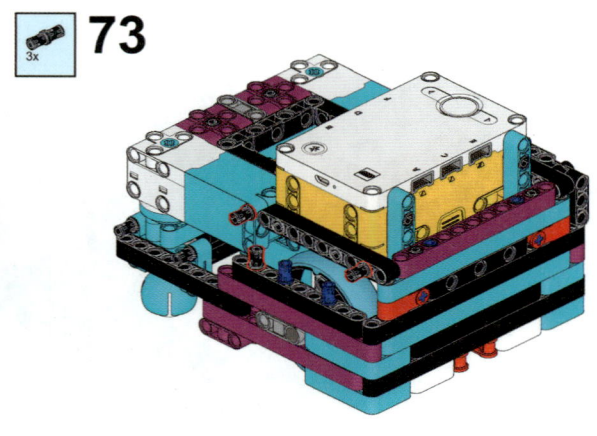

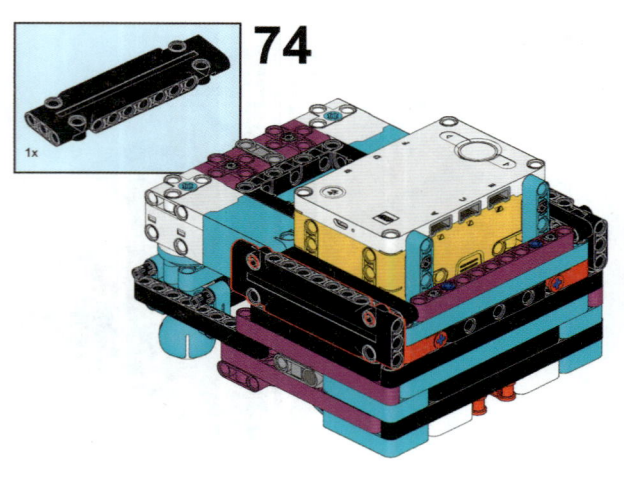

케이블 정리

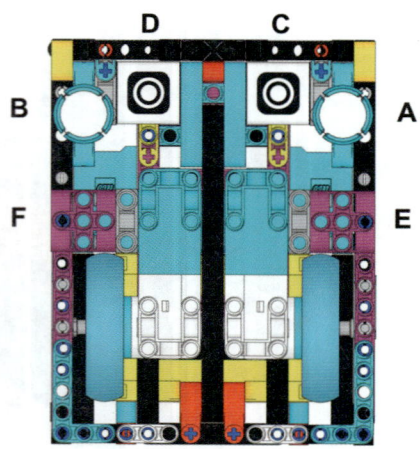

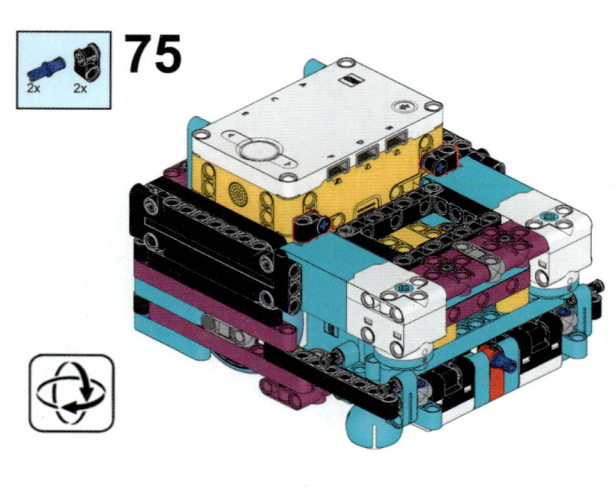

드라이빙 베이스 조립도

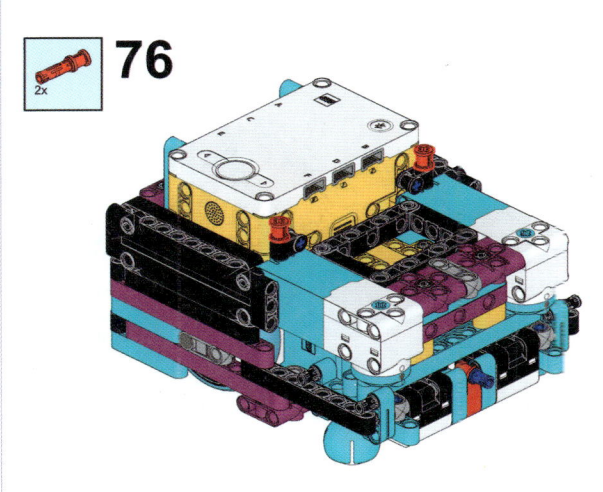

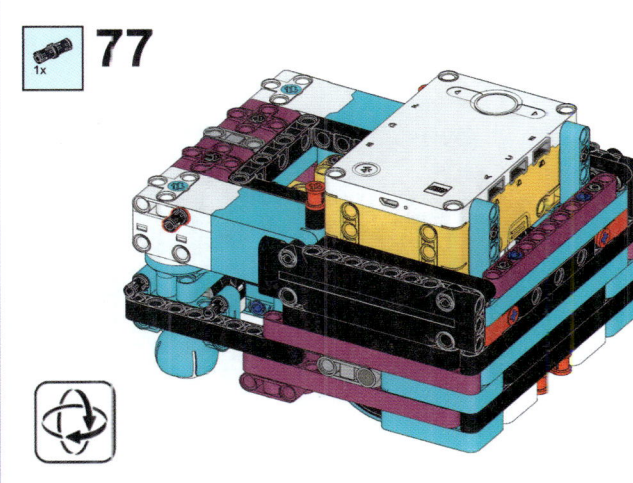

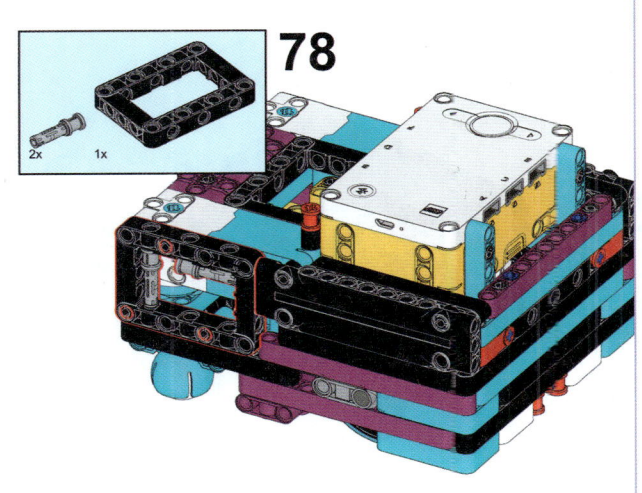

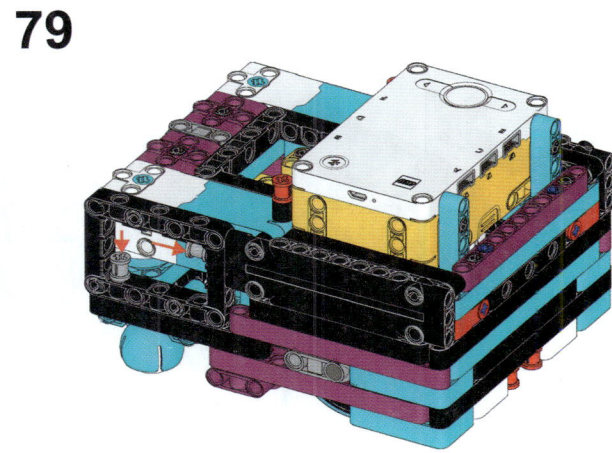

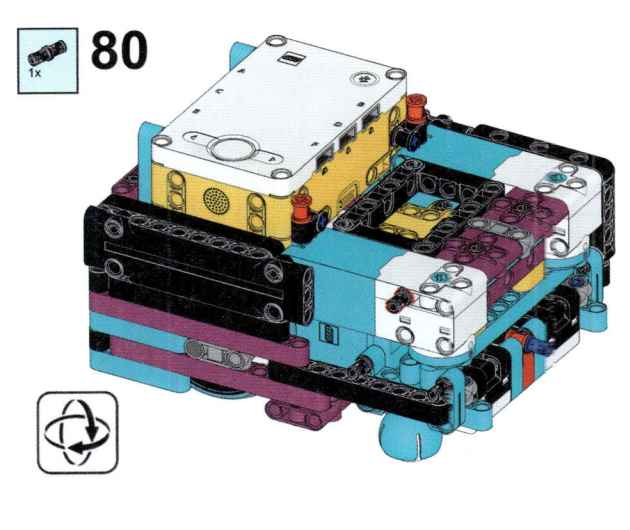

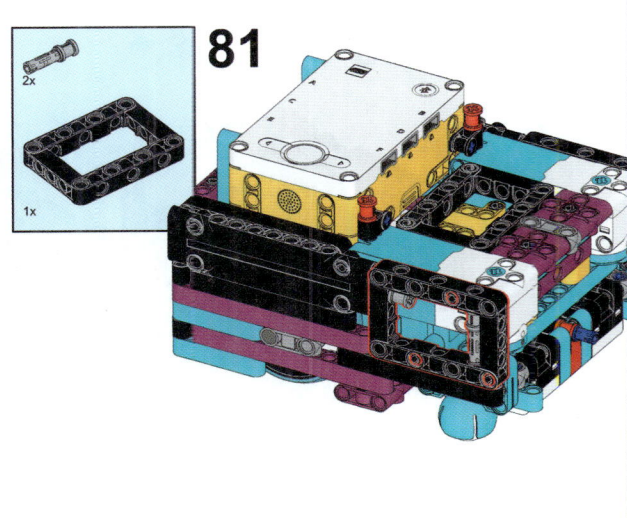

드라이빙 베이스 조립도

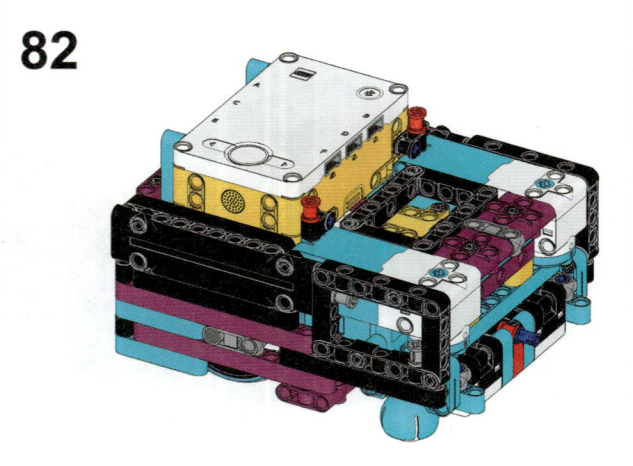

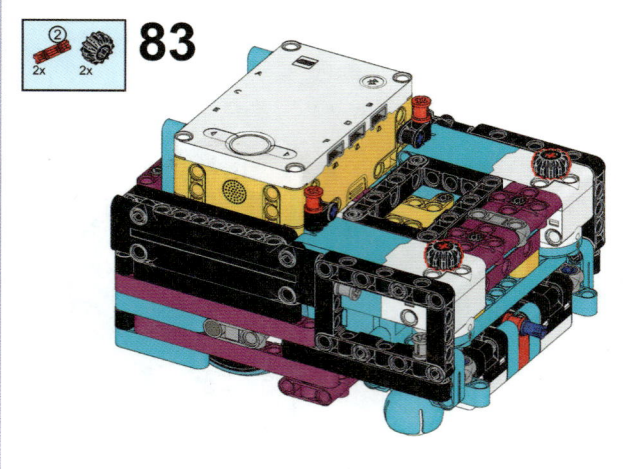

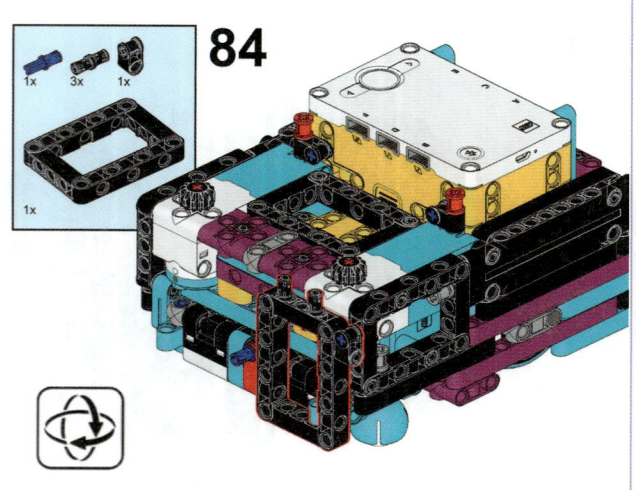

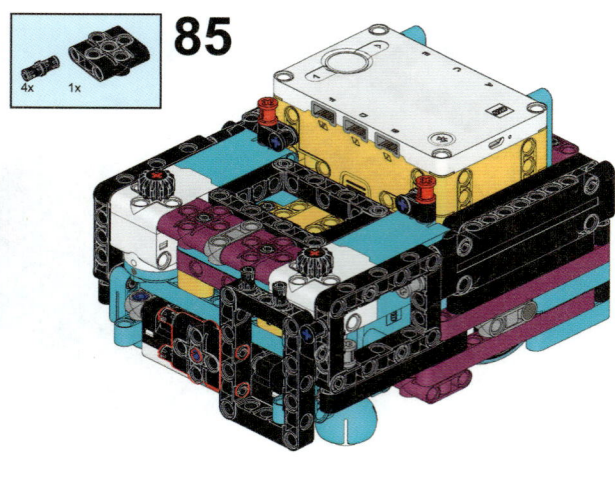

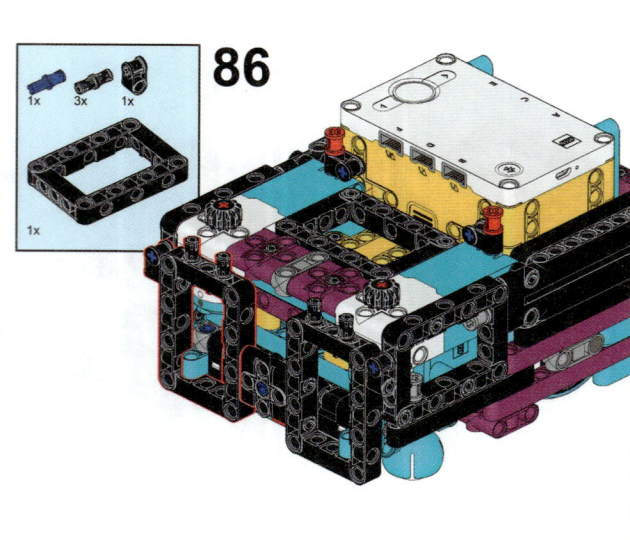

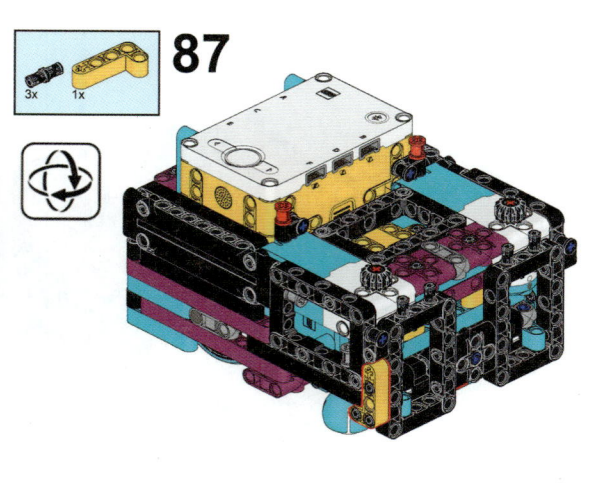

드라이빙 베이스 조립도

88

89
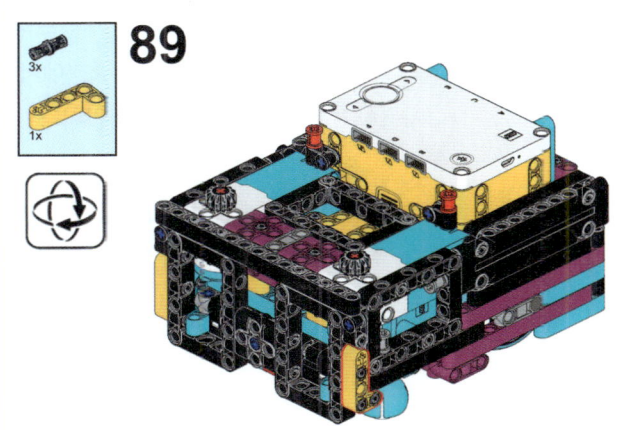

90
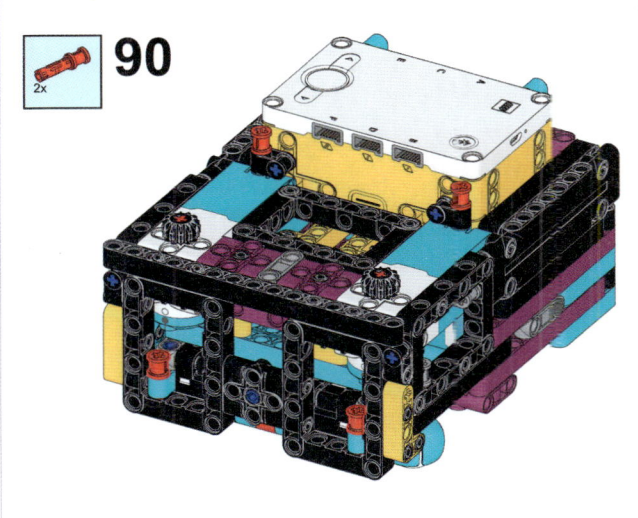

91
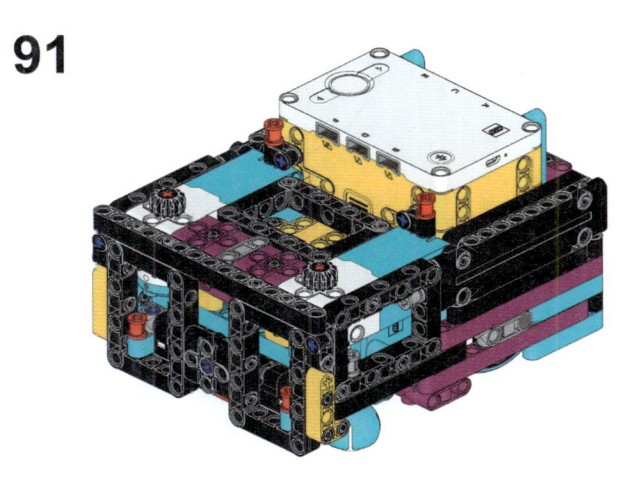

모듈 설계하기

드라이빙 베이스를 기반으로 다양한 미션을 해결하기 위해 모듈을 제작해야 합니다. **모듈이란, 사전적인 의미로 '큰 장치 내에서 독립적으로 설치 및 교체되고 사용되도록 설계된 작은 구성요소'라는 뜻이 있습니다.** 쉽게 말해서 드라이빙 베이스에 장착하여 사용하고, 교체도 용이한 별도의 장치를 모듈이라고 합니다. 룰북에서는 '모듈'이라는 용어가 아니라, 팀의 '장비'라는 용어를 사용하고 있으니 참고하시기 바랍니다.

앞서 살펴본 것처럼 FLL의 다양한 미션들은 여러 가지 메커니즘을 통해 미션을 해결해야 합니다. 즉, 드라이빙 베이스가 여러 가지 메커니즘의 미션들을 해결할 수 있어야 합니다. 그러나 모터의 수는 4개로 제한되어 있고, 그 중 2개는 바퀴의 역할로 사용되어야 하기 때문에 남은 것은 2개의 모터 뿐입니다. 2개의 모터로 할 수 있는 일은 매우 적기 때문에, 더 많은 미션 해결을 위해서는 각 메커니즘에 알맞은 모듈을 제작하고 장착하며 다른 모듈로 교체하는 방식으로 대회를 운영해야 합니다.

> 다양한 메커니즘의 미션을 해결하려면 **모터**를 어떻게 활용해야할까?

- 떨어뜨리기
- 걸고 가져오기
- 밀기
- 옮기기
- 들어올리기
- 누르기

드라이빙 베이스를 만드는 것도 매우 중요하지만, 이 모듈을 어떻게 만들었는지, 어떤 식으로 미션을 해결하는지를 통해 팀의 창의성을 엿볼 수 있습니다.

모듈을 만들 때 다음 사항을 고려해 봅시다!

*리프트암

핀을 끼우는 막대나 면 형태의 브릭을 지칭합니다.

탈부착 방식은 간편한가?

FLL 로봇 게임의 시간은 단 2분 30초, 더 많은 미션을 해결하기 위해 1초가 아쉬운 상황에서 모듈을 교체하는데 10초, 20초를 사용하는 것은 매우 비효율적입니다. 리프트암*의 동그란 구멍에 핀을 꽂는다면 나중에 뺄 때 시간이 오래 걸릴 수 있기에, 핀 대신 액슬핀을 사용하여 구멍에 걸치는 식으로 모듈을 제작한다면 부착만큼이나 탈착도 쉬워 시간을 절약할 수 있습니다.

| 발견 | **설계** | 창작 | 테스트와 개선 | 의사소통 |

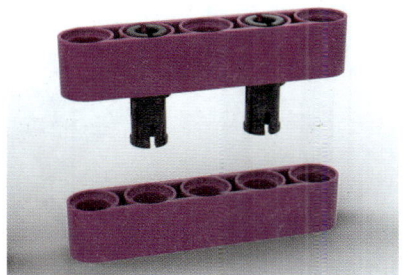

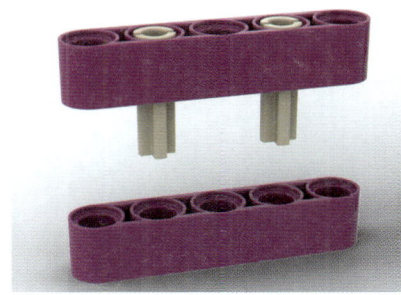

핀

<핀을 통한 결착>

결착력이 강하다

탈착 시 쉽게 빠지지 않는다

엑슬핀

<엑슬핀을 통한 결착>

결착력이 약하다

탈착 시 쉽게 빠진다

기어를 활용하는가?

모듈 제작 시 기어 사용은 필수가 아닙니다. 실제로 기어 없이도 효과적으로 문제를 해결할 수 있는 방법은 다양합니다. 기어를 사용하지 않고 모듈을 부착하여 미션을 수행하면 코딩이 단순해지고 성공 확률도 높아질 수 있습니다. 따라서 모듈을 만들 때마다 기어 사용이 정말 필요한지 고민하고 결정해야 합니다.

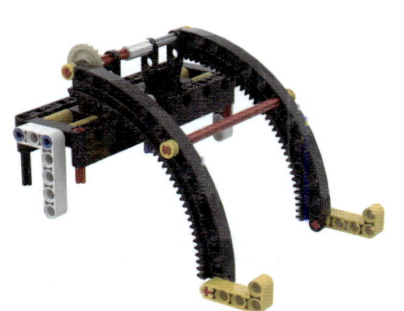

기어 활용 모듈

기어 비활용 모듈

6가지 메커니즘을 해결할 수 있는 예시 모듈에 대하여 설명하고자 합니다. 다음과 같은 흐름으로 모듈에 대한 설명이 제시됩니다.

모듈사진 → 메커니즘 이해 → 모듈 조립도 → 미션 해결 예시

추천 모듈 조립도

떨어뜨리기 모듈

모듈 메커니즘 이해하기

떨어뜨리기 메커니즘은 미션 해결을 위한 물건을 싣고 있다가 목표 위치에 물건을 떨어뜨릴 때 사용하는 메커니즘입니다. 목표지점으로 이동을 한 뒤 목표물을 엑슬바로 밀면 바가 뒤로 밀리면서 모듈의 경사 부분이 개방됩니다. 이때, 개방된 공간을 통해 싣고 있던 물건이(ex. 2022/2023 SUPERPOWERED[SM] 에너지 모듈) 떨어지면서 미션을 해결할 수 있습니다. 이때, 미션에 맞게 모듈의 기둥 높이를 조절하면 됩니다.

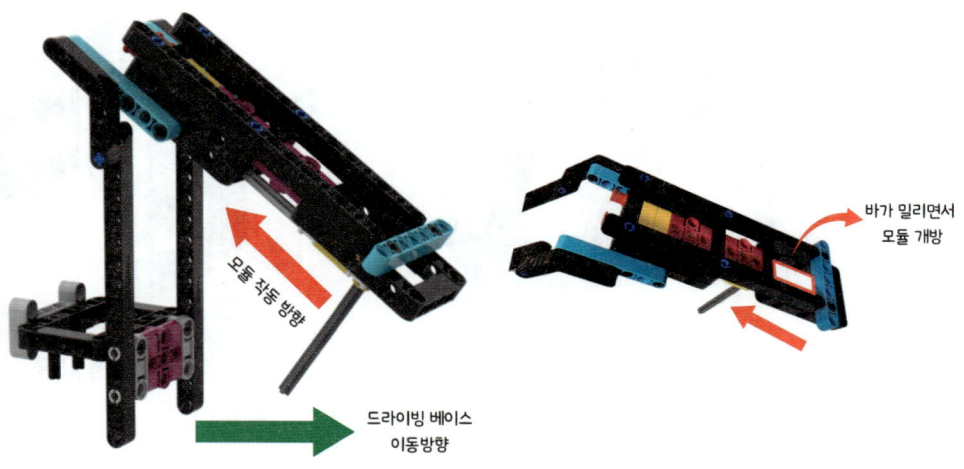

떨어뜨리기 메커니즘을 해결 가능한 대표적인 미션은 2022/2023 SUPERPOWERED[SM] 미션 14입니다.

떨어뜨리기 모듈

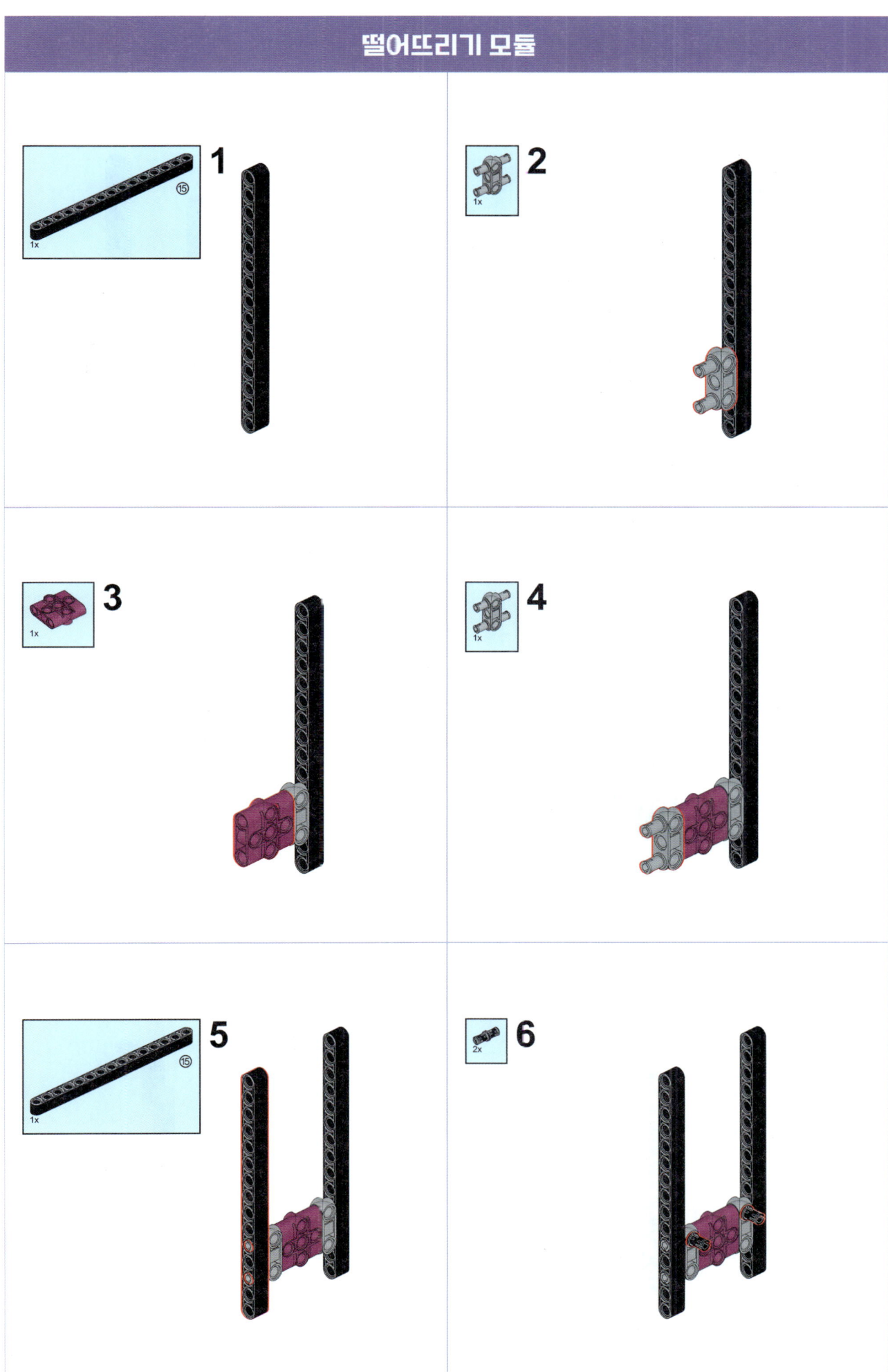

떨어뜨리기 모듈

7 (1x)

8 (2x)

9 (2x)

10 (1x)

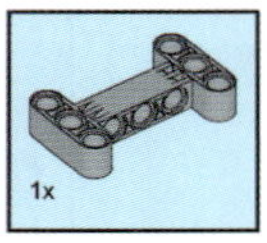

11 (2x)

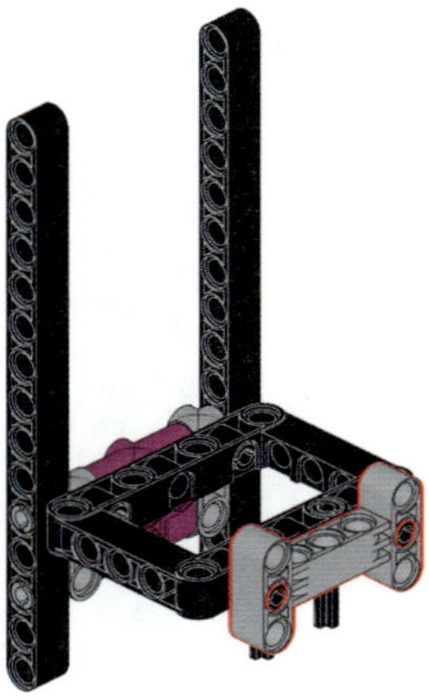

12 (2x)

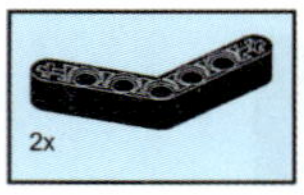

떨어뜨리기 모듈

 13

 14

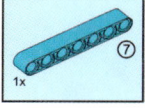 15

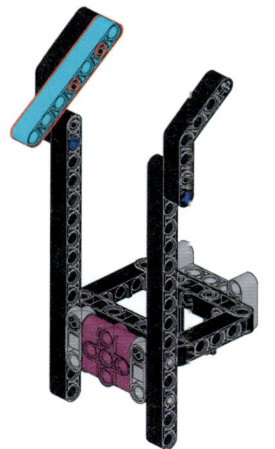

 16

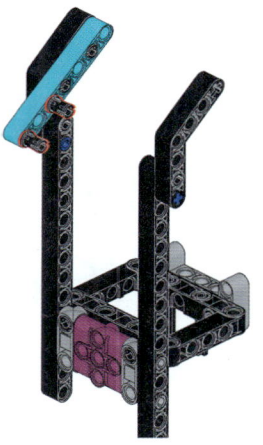

 17

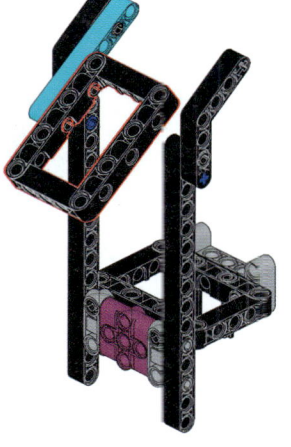

 18

떨어뜨리기 모듈

19

20

21

22

23

24

떨어뜨리기 모듈

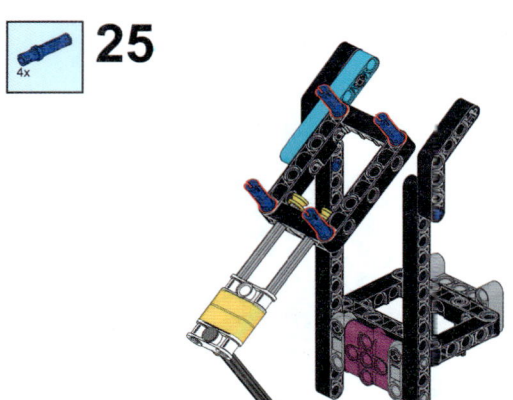

25

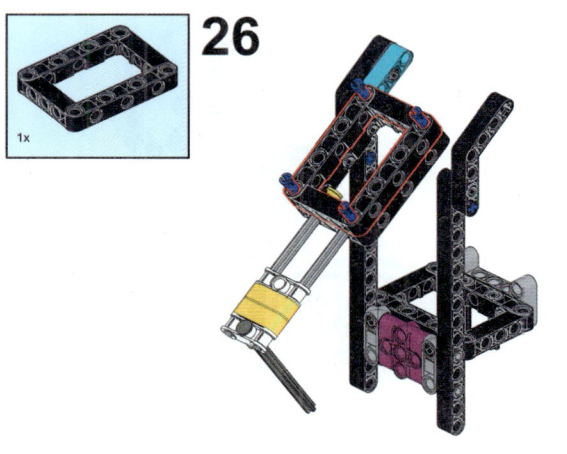

26

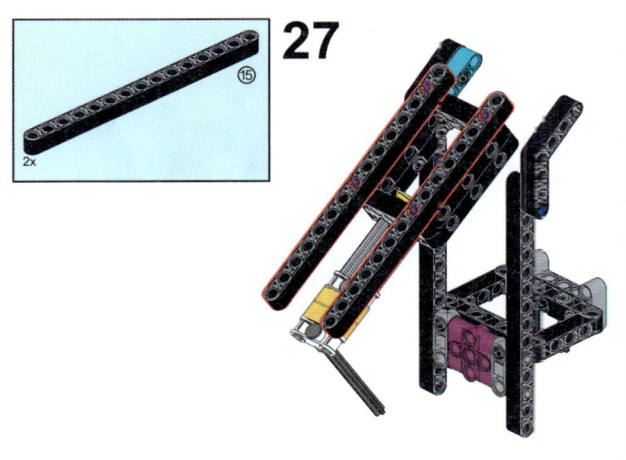

27

28

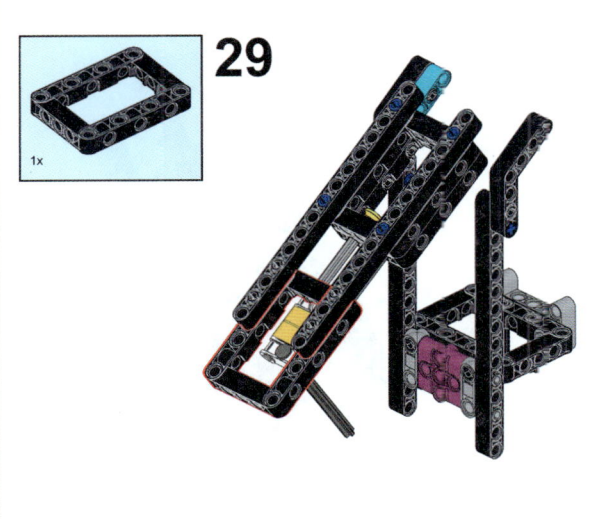

29

30

떨어뜨리기 모듈

31
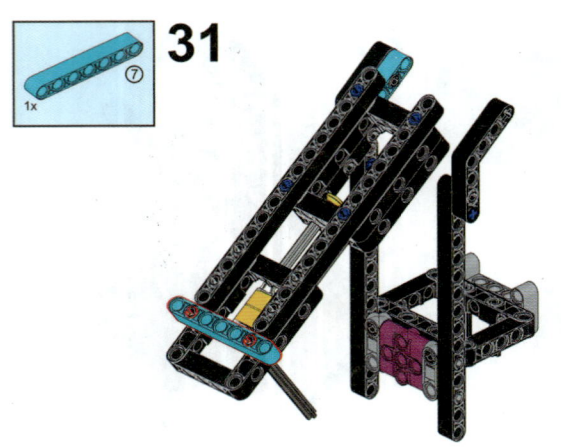

32
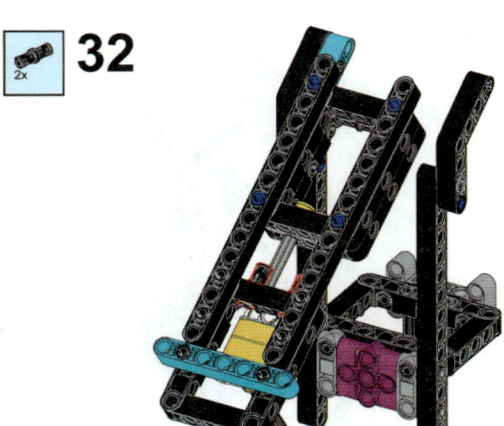

33
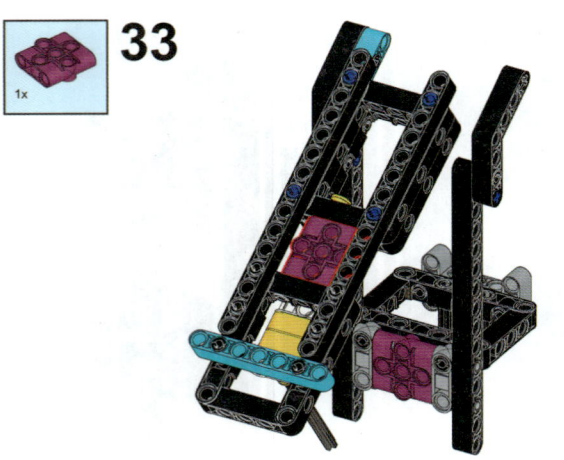

34

35

36

떨어뜨리기 모듈

37
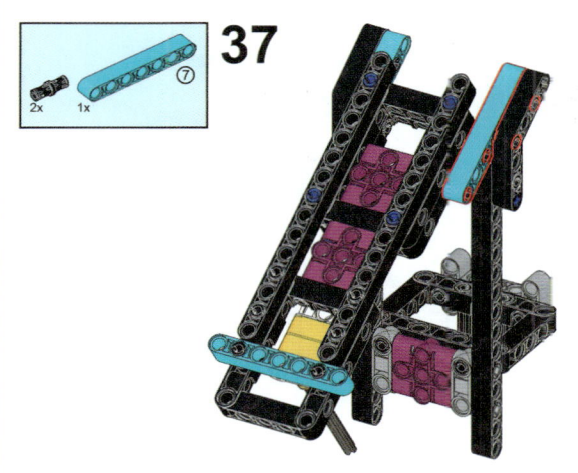

38

39

40
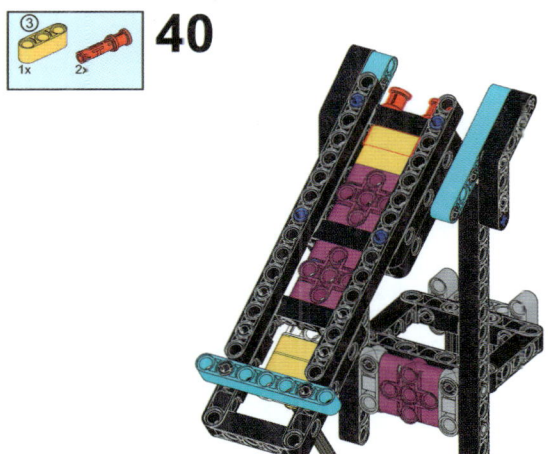

41

| 2022/2023 SUPERPOWERED^{SM} | 미션 14번 |

필요한 만큼의 에너지 유닛을 모듈에 실은 뒤, 목표 미션으로 이동합니다. 모듈의 엑슬 바가 뒤로 밀리게 되면서, 모듈 아래쪽이 개방되고, 싣고 있던 에너지 유닛이 목표 지점으로 떨어집니다.

추천 모듈 조립도

걸고 가져오기 모듈

모듈 메커니즘 이해하기

*마찰력이 적은 핀

왼쪽의 핀과 다르게 오른쪽 핀은 돌기가 없어서 마찰력이 매우 적습니다.

걸고 가져오기 모듈은 레버나 구조물에 모듈을 걸고 당기는 동작을 통해 미션을 해결할 수 있도록 도와주는 모듈입니다. 모듈의 앞부분에는 한 방향으로만 회전 가능한 트랩을 달아 전진할 때 구조물에 모듈을 걸고, 후진할 때 레버나 구조물을 당겨 작동시키거나 가져올 수 있도록 하였습니다. 이때, **마찰력이 적은 핀***을 사용해야 모듈이 원활히 작동합니다.

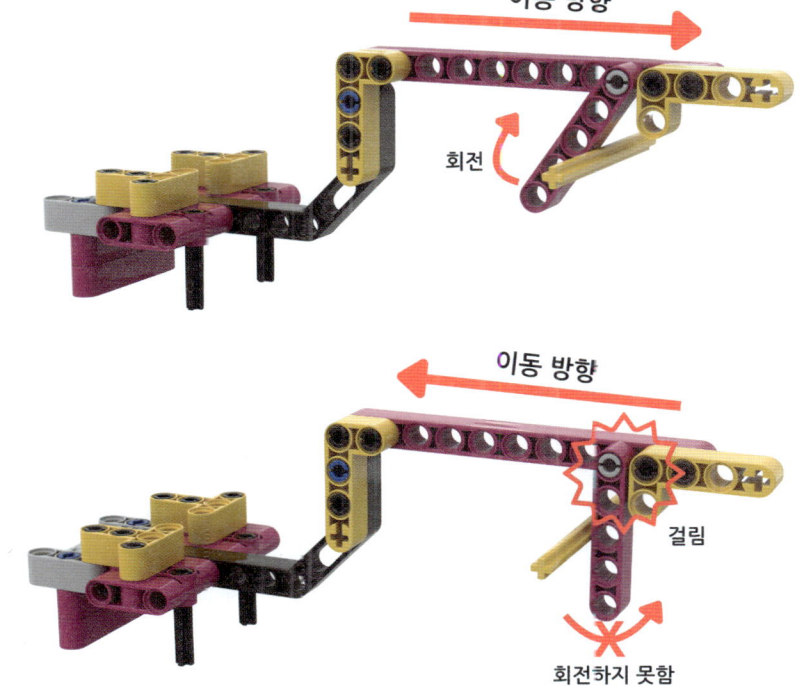

대표적인 미션으로는 2021/2022 CARGO CONNECT[SM] 미션 9번이 있습니다.

걸고 가져오기 모듈

걸고 가져오기 모듈

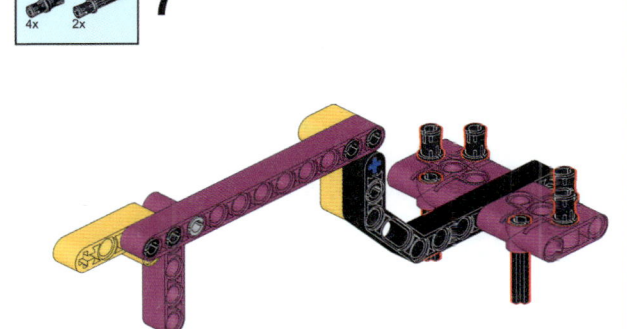

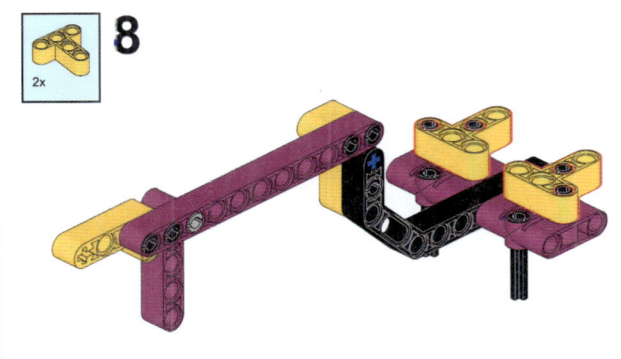

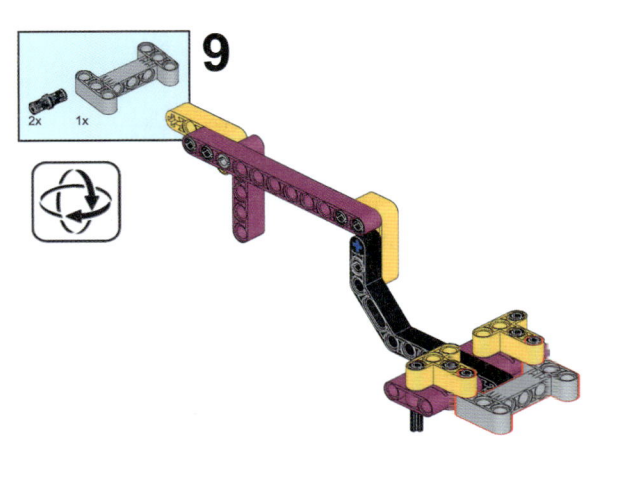

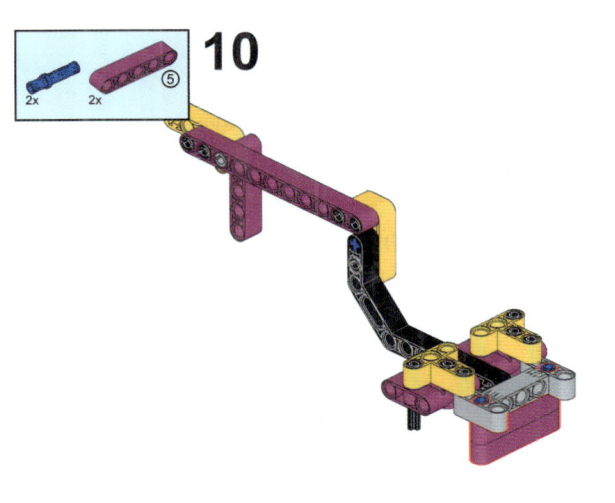

2021/2022 CARGO CONNECT^{SM} 미션 9번

수행 전	이동 방향
수행 중	이동 방향
수행 후	선로 연결됨

2021/2022 CARGO CONNECT^{SM} 미션 9번은 기차선로를 떨어뜨려 연결시켜야 합니다. 선로에 모듈을 걸기 위해 베이스를 전진시켜 트랩에 선로를 걸어주고, 베이스를 후진시키면 선로를 떨어뜨려 연결시킬 수 있습니다.

추천 모듈 조립도

모듈 메커니즘 이해하기

미션의 특정 부품을 들어올리기 의해, 힘을 아래에서 위로 전달하는 식으로 움직여야 합니다. 기어를 활용하여 모듈을 제작하면 현재 설계된 드라이빙 베이스 전면부 모터의 운동방향을 수직으로 바꿔줄 수 있습니다.

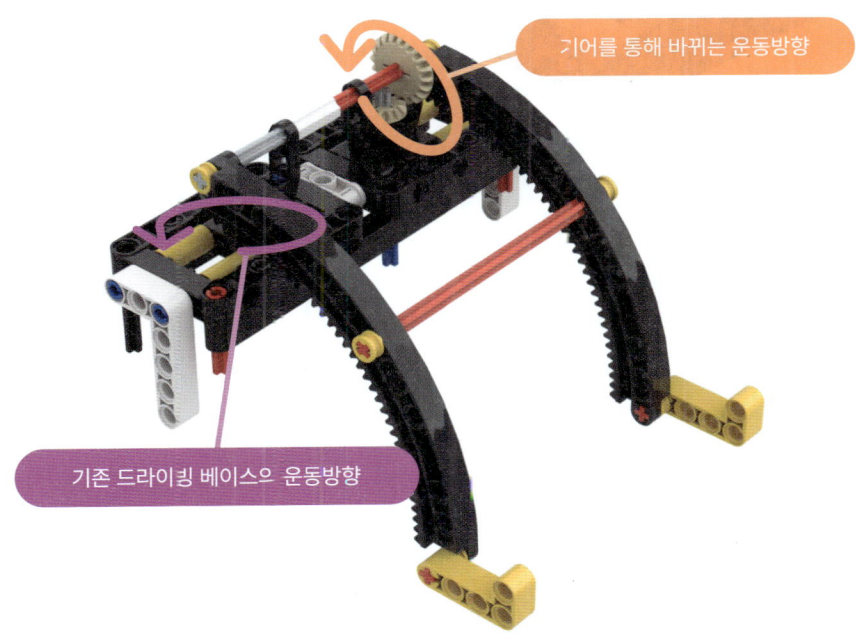

기어를 활용하는 모듈은 기어의 에너지가 온전히 전달되어야 하기 때문에, 모듈에 고정핀을 장착하여 에너지 손실을 닦고, 더 짐 길하게 움직이도록 개선할 수 있습니다.

들어올리기 모듈

들어올리기 모듈

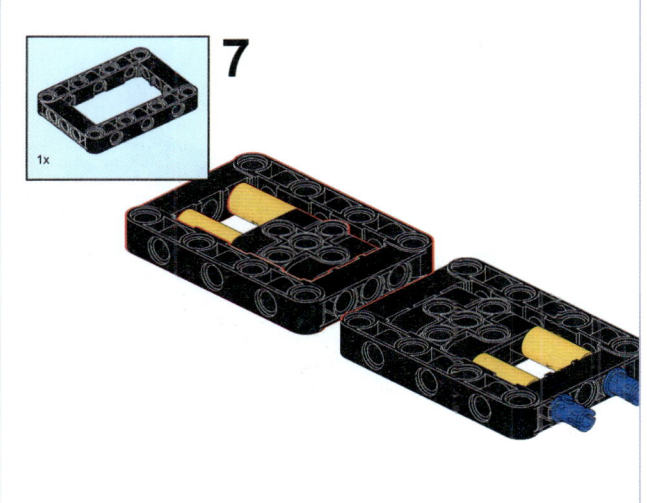

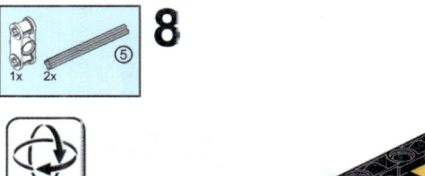

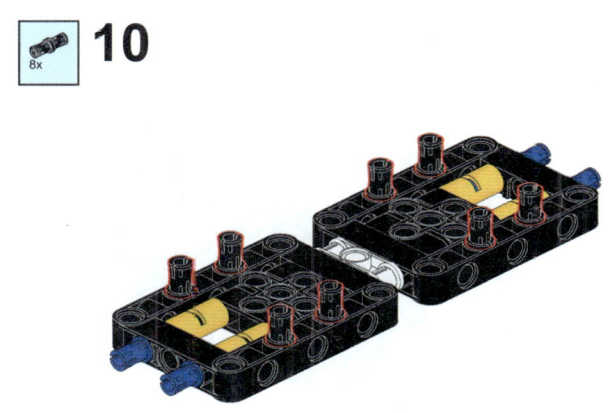

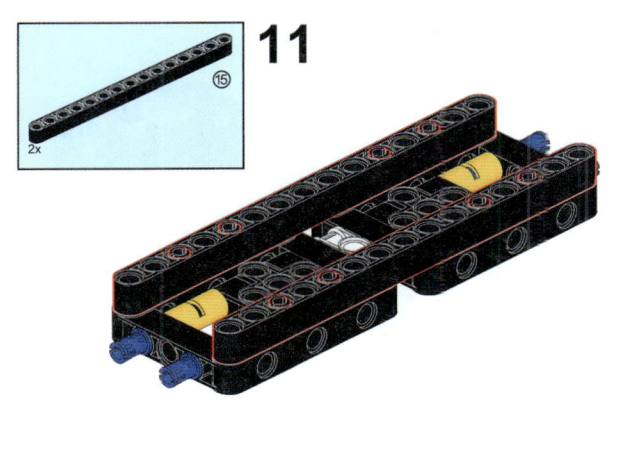

들어올리기 모듈

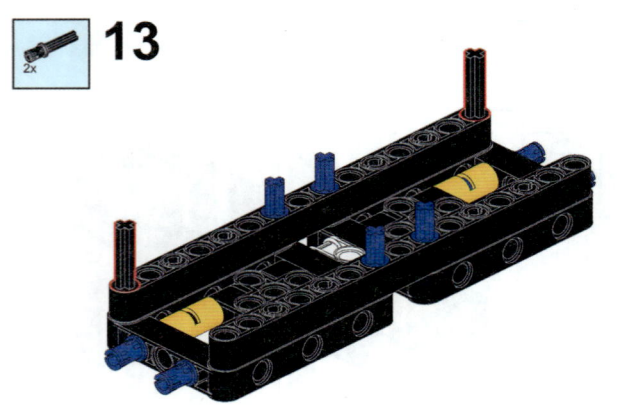

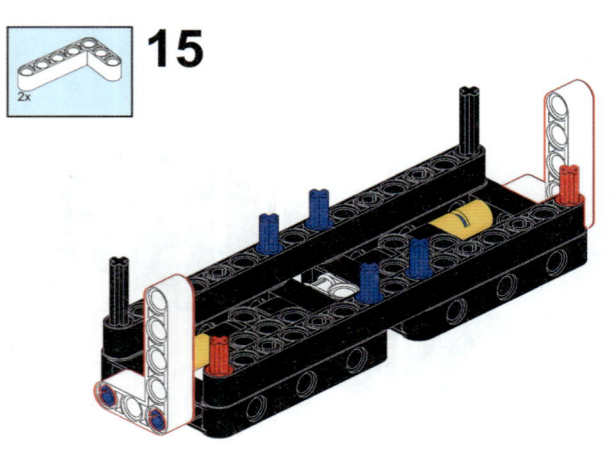

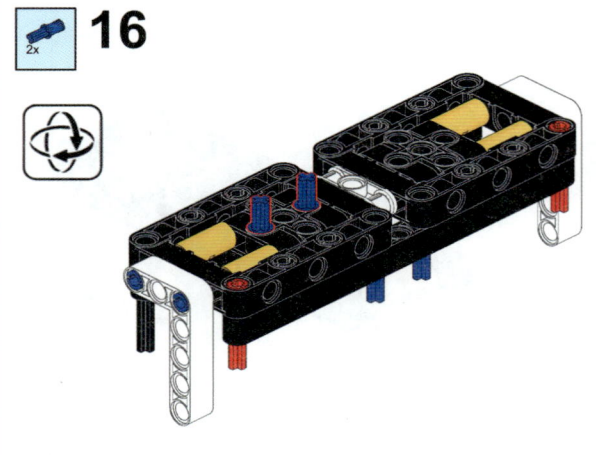

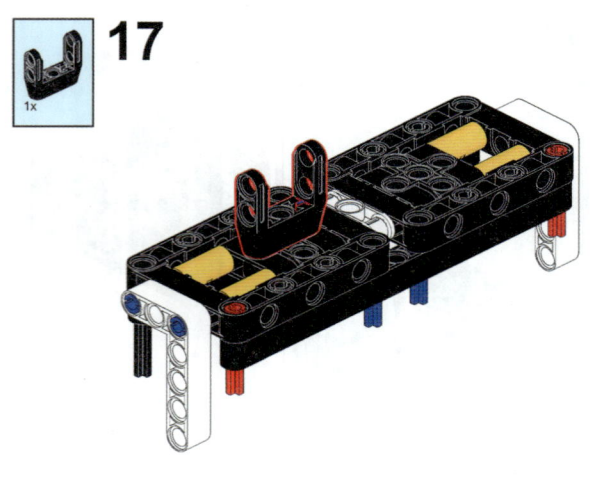

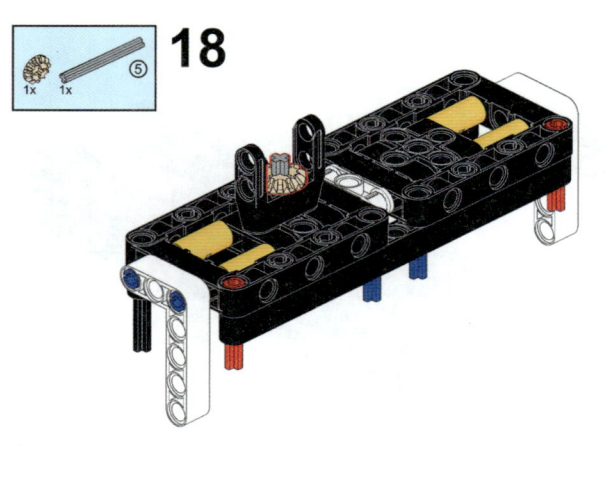

들어올리기 모듈

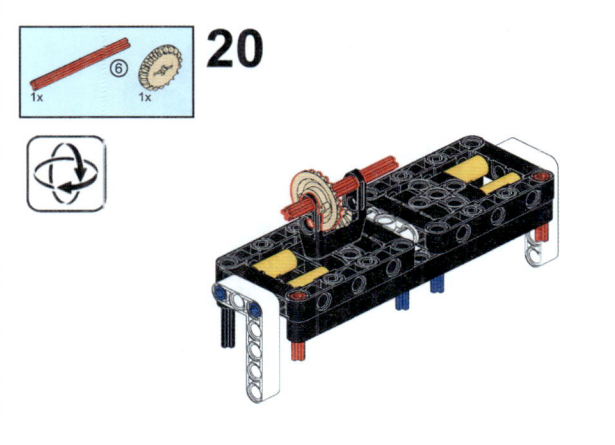

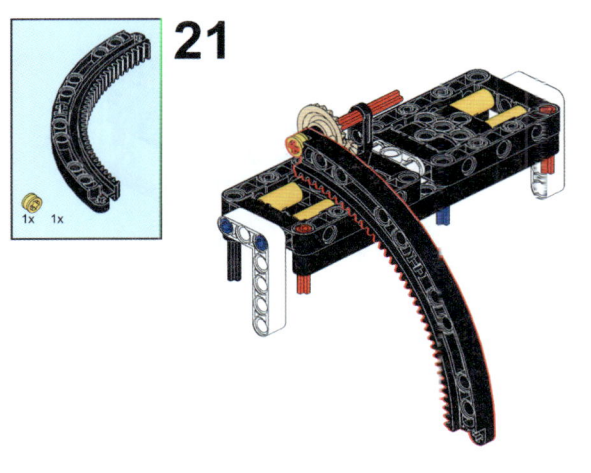

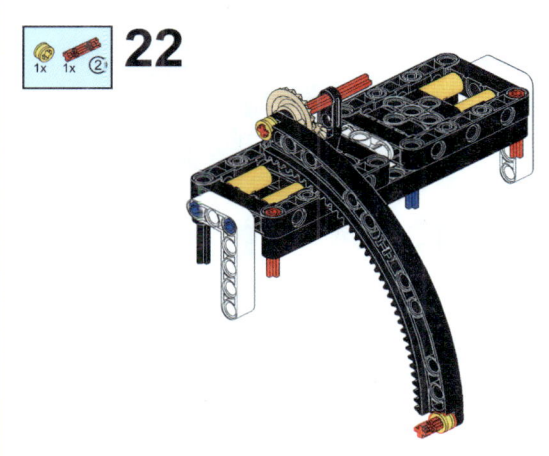

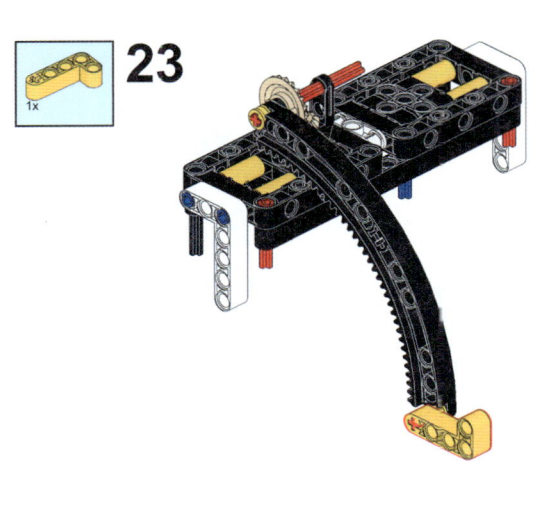

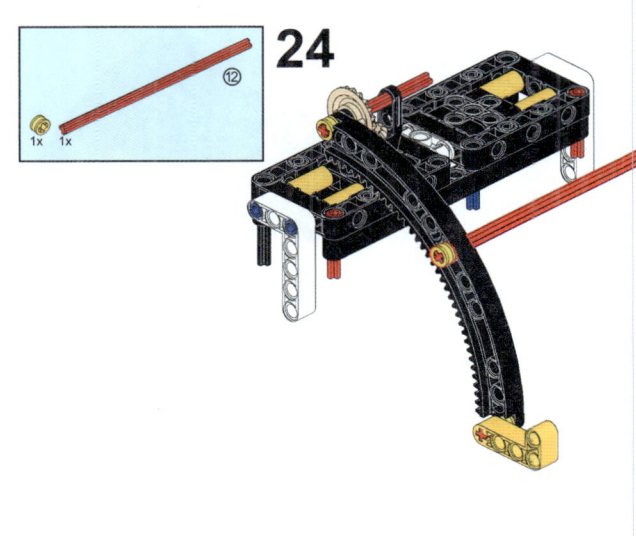

들어올리기 모듈

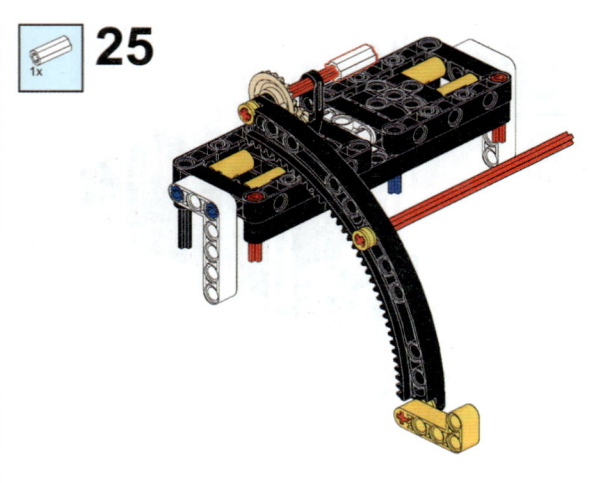

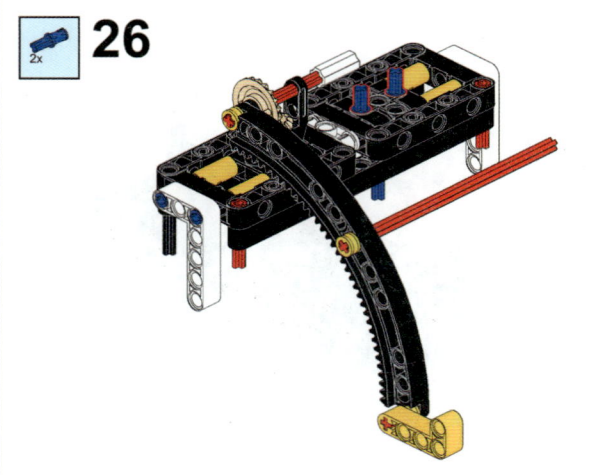

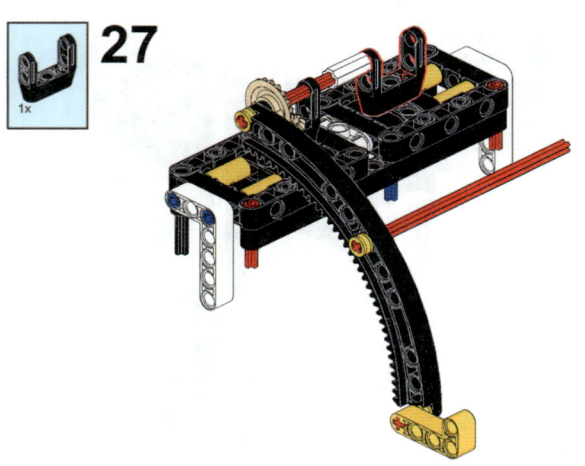

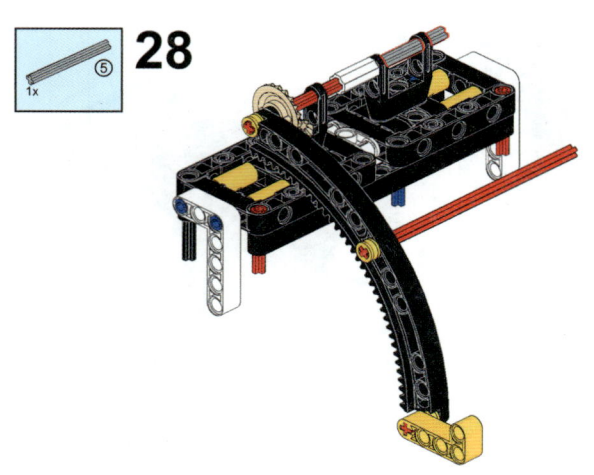

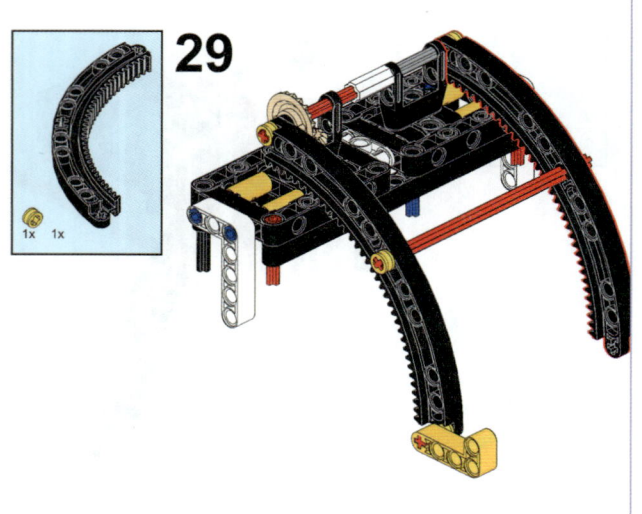

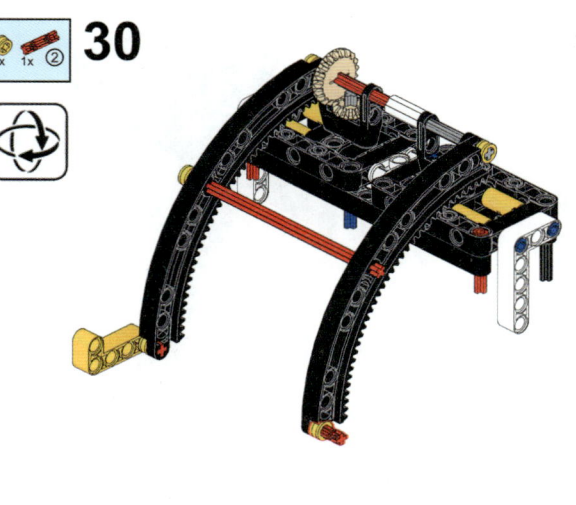

들어올리기 모듈

2023/2024 MASTERPIECE^{SM} — 미션 11번

수행 전	수행 중	수행 후

미션을 해결하기 위해서, 드라이빙 베이스를 최대한 밀착합니다. 모듈을 미션의 엑슬 밑에 위치시키고, 모듈을 작동시킵니다. 모듈을 통해 미션의 엑슬을 목표 높이로 올리고 모듈이 걸리지 않게 내린 다음, 드라이빙 베이스를 후진하여 이동합니다.

추천 모듈 조립도

옮기기 모듈

모듈 메커니즘 이해하기

드라이빙 베이스의 앞부분에 옮겨야 하는 부품이나 장치를 놓고 단순히 주행만으로 미션을 해결할 수 있도록 도와주는 모듈입니다.

모듈 없이 드라이빙 베이스 앞부분에 옮기는 물건을 놓고 주행을 하게 된다면, 드라이빙 베이스가 회전을 할 때 옮기고자 하는 물건들을 놓칠 수도 있기 때문에, 좌우를 막아주는 형태로 모듈을 구성하였습니다.

이 옮기기 모듈은 드라이빙 베이스의 위에 걸치는 식으로 결합을 하지만, 만약 앞부분에 걸치는 식으로 결합한다면, 후진할 때 모듈이 분리되는 식으로 적용할 수도 있습니다.

옮기기 모듈

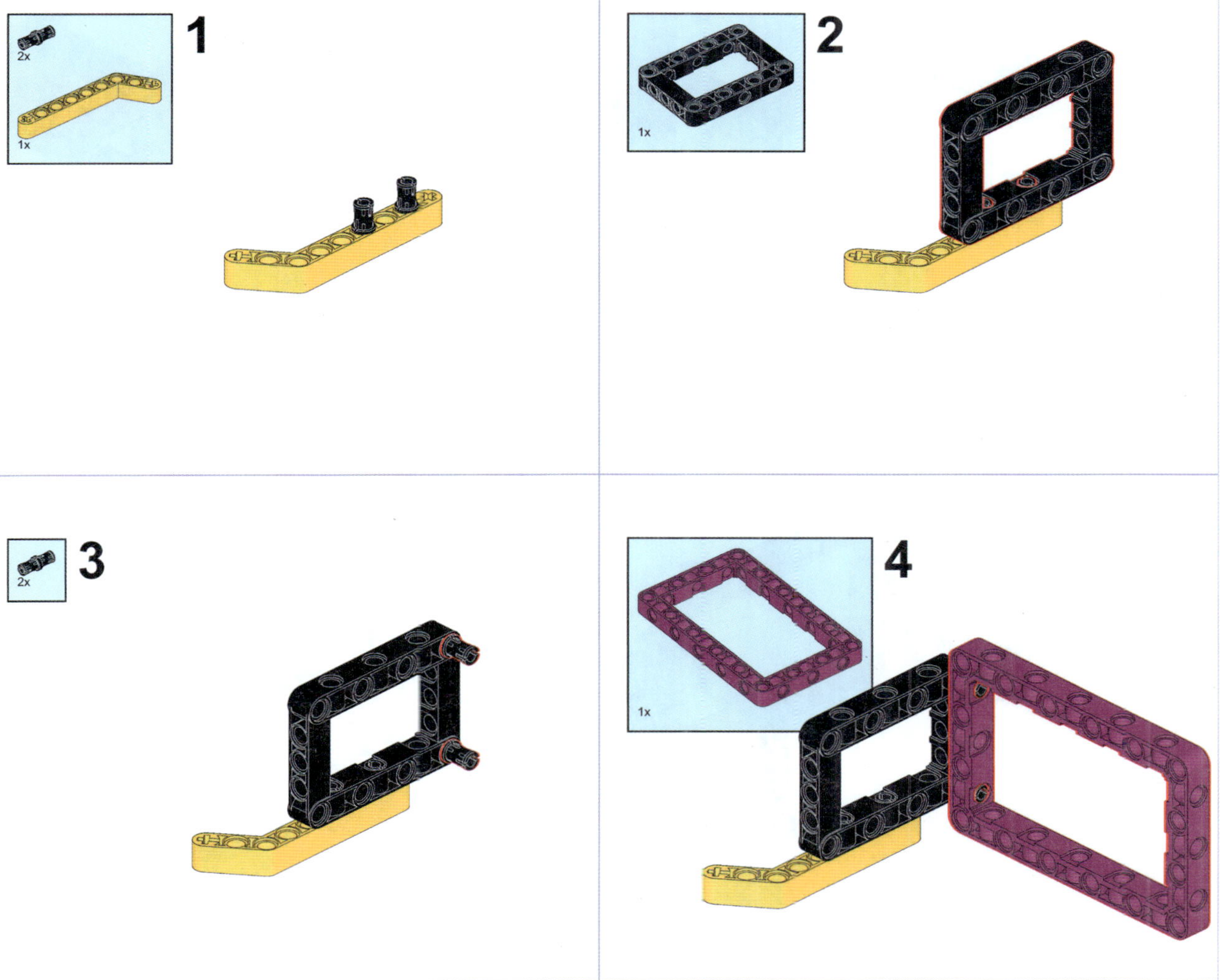

옮기기 모듈

옮기기 모듈

11
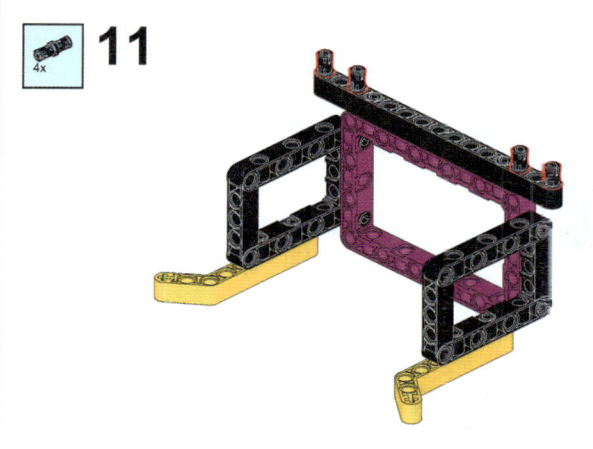

12
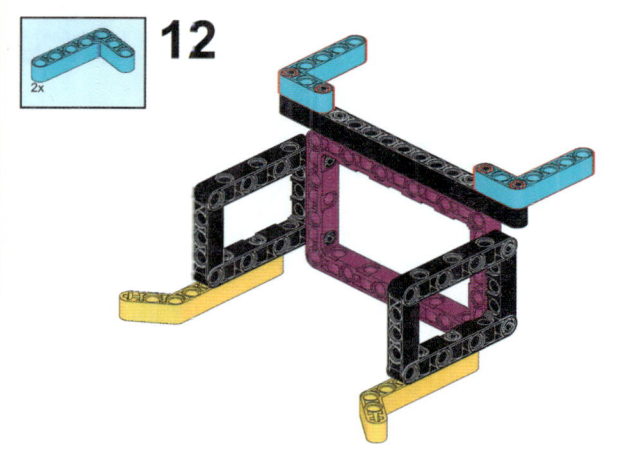

13
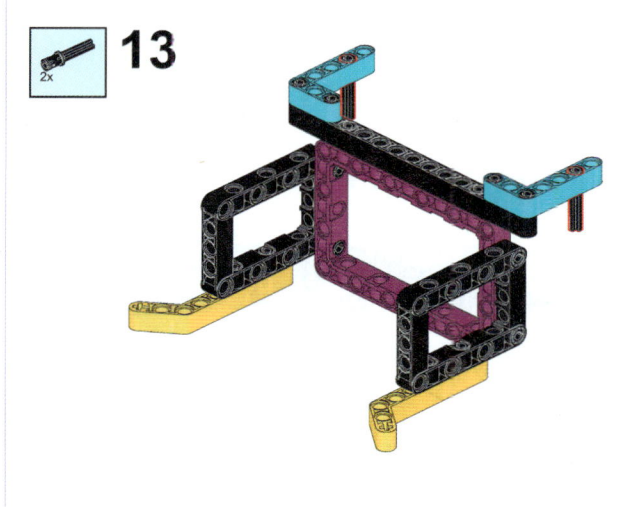

14
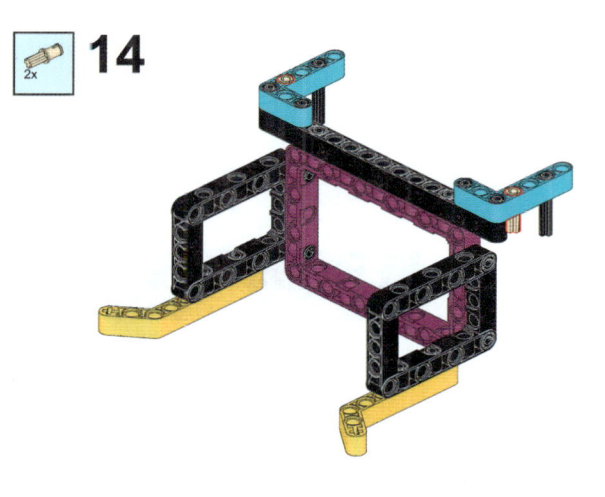

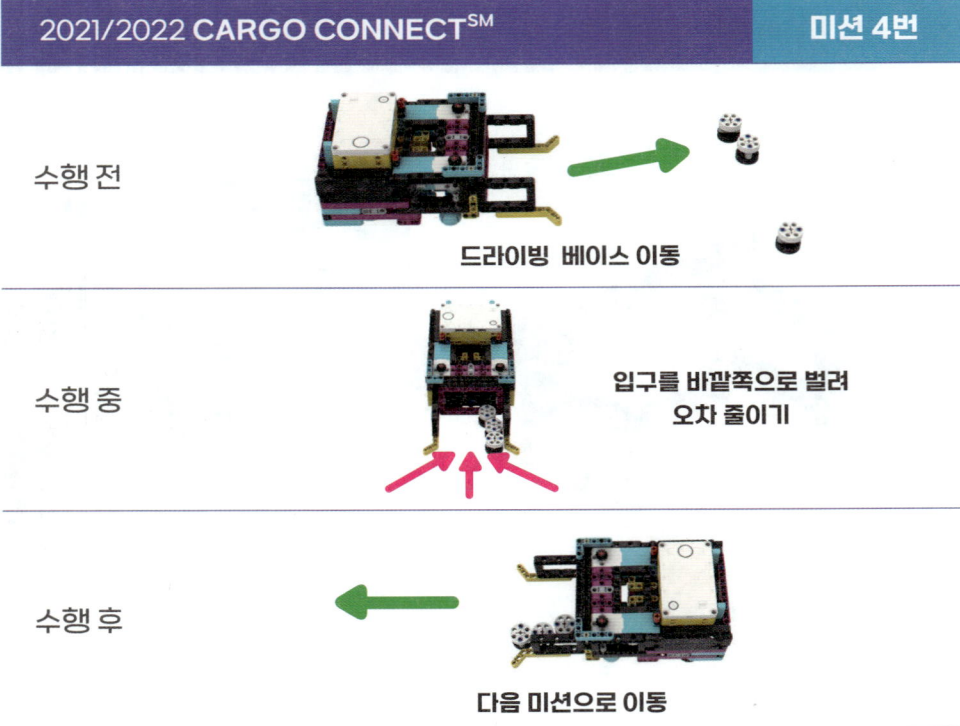

2021/2022 CARGO CONNECT(SM) 미션 4번에서는 경기장 곳곳에 위치한 여러 개의 에너지 유닛을 가져와야 합니다. 이때, 옮기기 모듈을 활용하면 안정적으로 에너지 유닛을 홈으로 가져올 수 있습니다. 홈으로 가져온 에너지 유닛은 다른 미션 해결을 위해 사용됩니다.

2021/2022 CARGO CONNECT(SM) 미션 16번에서는 홈에 있는 컨테이너를 경기장 미션 지역에 옮겨놓아야 합니다. 옮기기 모듈 앞에 컨테이너를 위치한 뒤, 미션 지역으로 주행하고 드라이빙 베이스를 후진시켜 컨테이너를 미션 지역에 옮겨놓을 수 있습니다.

추천 모듈 조립도

모듈 메커니즘 이해하기

 누르기 메커니즘은 옮기기 메커니즘 다음으로 쉽고 많이 사용되는 메커니즘입니다. 한 시즌 내에서도 두 개 이상의 미션에서 누르기 메커니즘이 사용됩니다. 똑같은 누르기 메커니즘을 사용하지만 미션마다 방식이 조금 다릅니다. 누르기 메커니즘은 2가지 방식으로 나눌 수 있습니다. 경사를 활용하여 누르는 방식과 기어를 활용하여 누르는 방식입니다.

경사를 활용한 누르기 모듈

 경사를 활용한 누르기 모듈은 모듈의 경사진 부분을 활용하여 드라이빙 베이스를 구동시켜 미션 모형을 아래로 누르게 하는 원리입니다. 모듈 제작이 간단하고 작동도 드라이빙 베이스를 구동만 하면 되기 때문에 쉽게 활용할 수 있습니다.

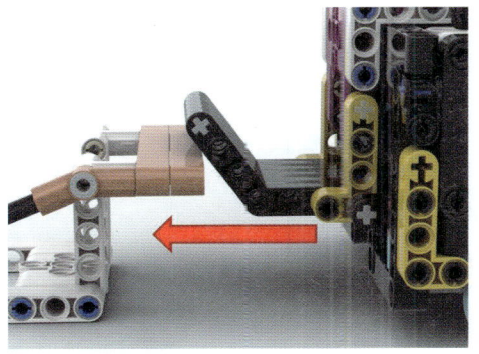 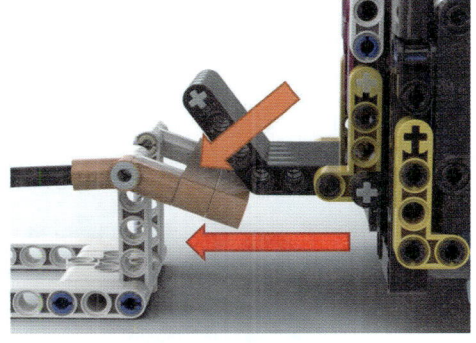

<경사를 활용한 누르기 모듈 예시>

기어를 활용한 누르기 모듈

기어를 활용한 누르기 모듈은 드라이빙 베이스의 바퀴가 아닌 모터를 돌려 기어를 움직이게 해서 미션 모형을 아래로 누르게 하는 원리입니다. 모듈의 길이와 기어비에 따라 힘과 속도가 변하므로 해결하고자 하는 미션이 힘과 속도 중에 어떤 것이 우선인지를 고려해 모듈의 모형과 코딩을 다르게 해야 합니다. 예시의 모듈은 동력의 회전축의 방향을 수직으로 전환시킬 수 있는 베벨기어를 사용하였습니다.

 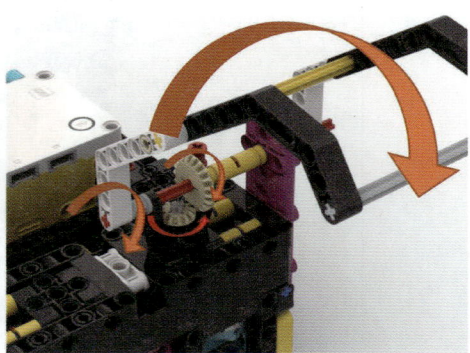

<기어를 활용한 누르기 모듈 예시>

경사를 활용한 누르기 모듈

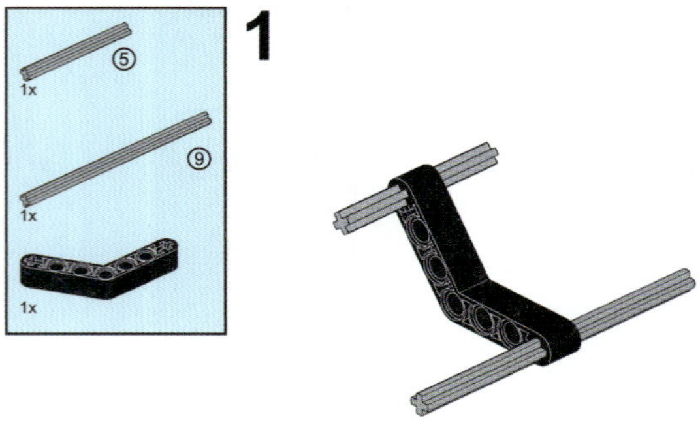

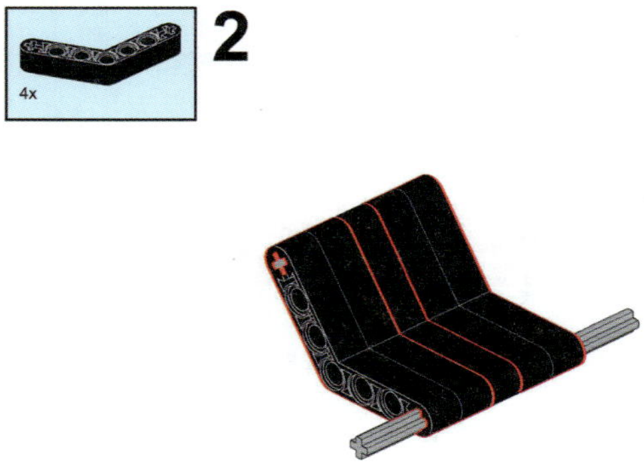

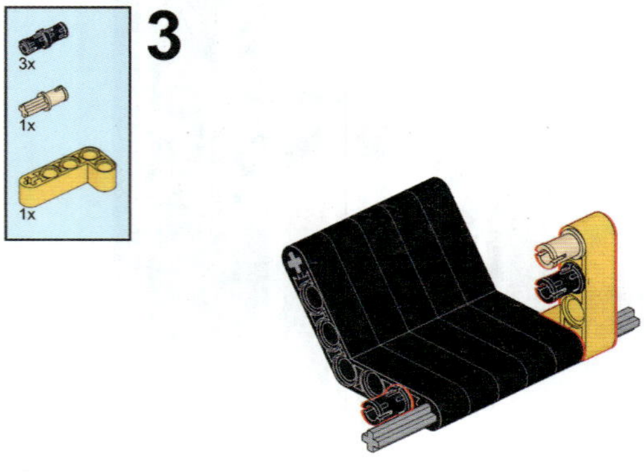

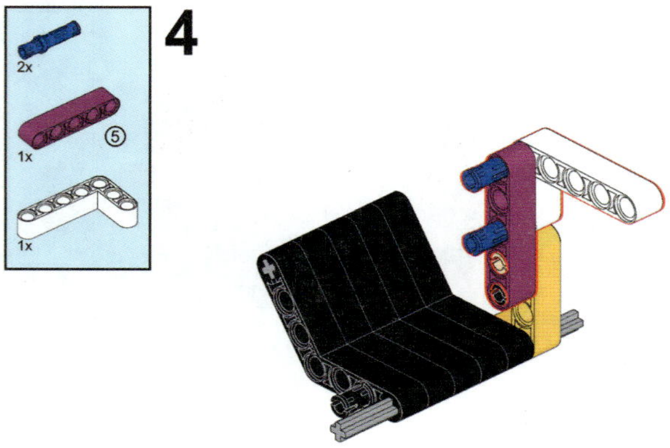

경사를 활용한 누르기 모듈

5

6
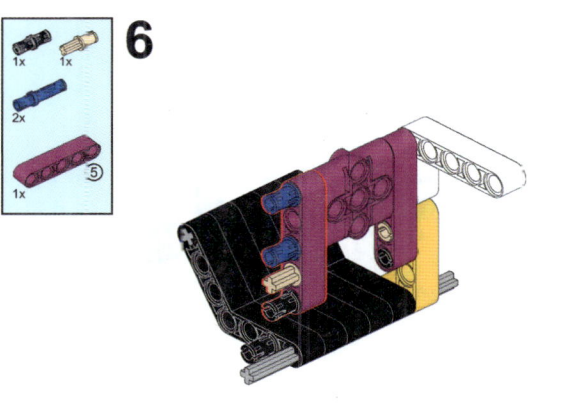

7

8
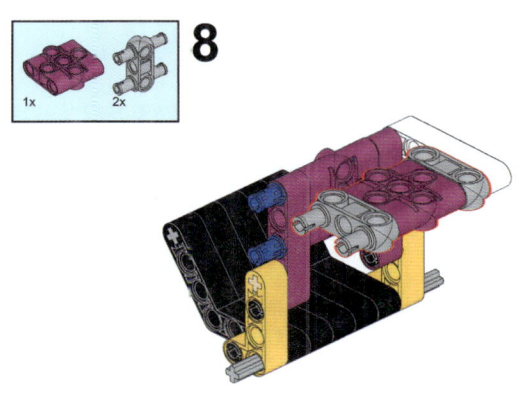

9
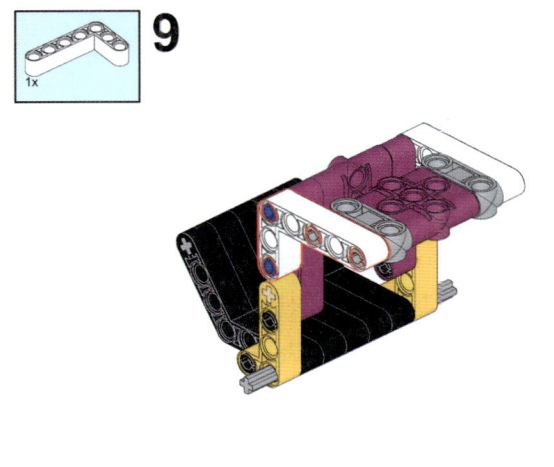

10
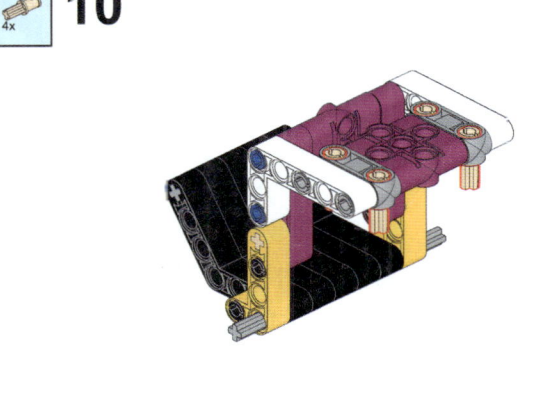

경사를 활용한 누르기 모듈

11 (2x, 2x)

12 (1x)

2023/2024 MASTERPIECE℠ — 미션 2번

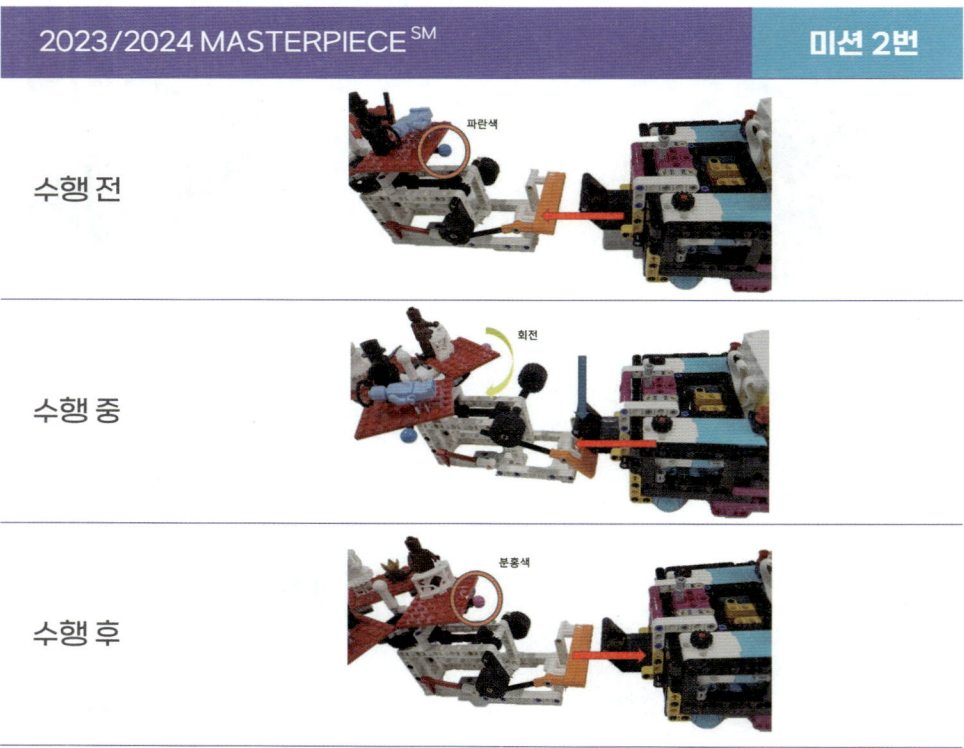

수행 전	파란색
수행 중	회전
수행 후	분홍색

경사를 활용한 누르기 메커니즘을 활용했습니다. 빗면을 활용한 누르기 모듈을 장착한 드라이빙 베이스가 앞으로 전진하여 레버에 닿으면, 레버는 아래로 내려가면서 미션 모형의 장면이 회전합니다. 그리고 후진하여 레버에서 떨어지면 바뀐 장면으로 정지합니다. 누르는 속도와 깊이에 따라 장면이 회전하기도 하지 않기도 하므로 조정이 필요합니다.

기어를 활용한 누르기 모듈

1

2

3

4

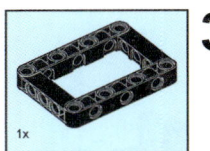
5

6

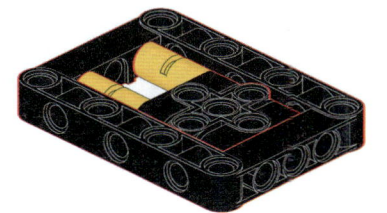
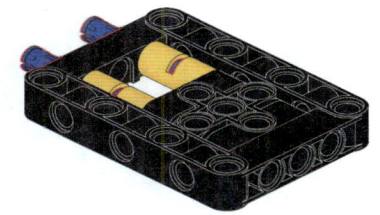
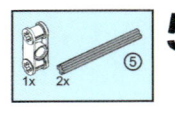
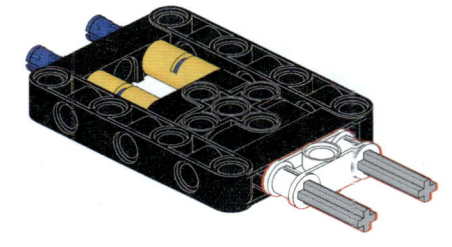
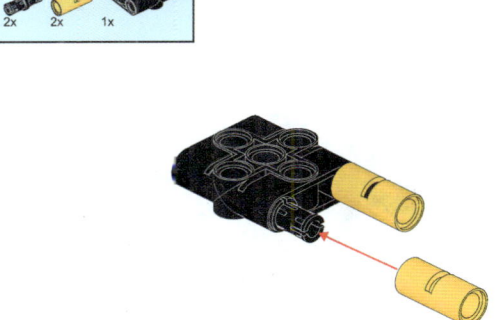

기어를 활용한 누르기 모듈

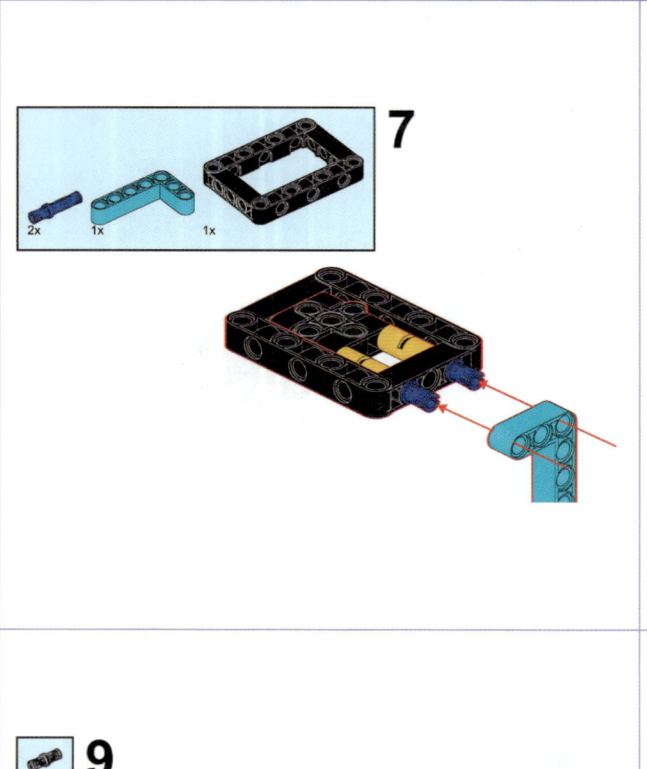

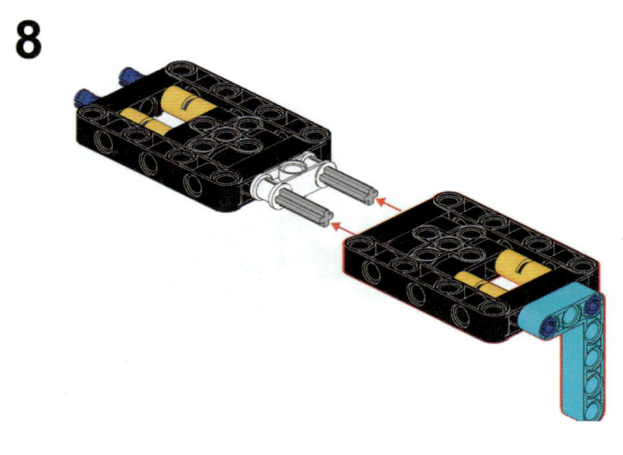

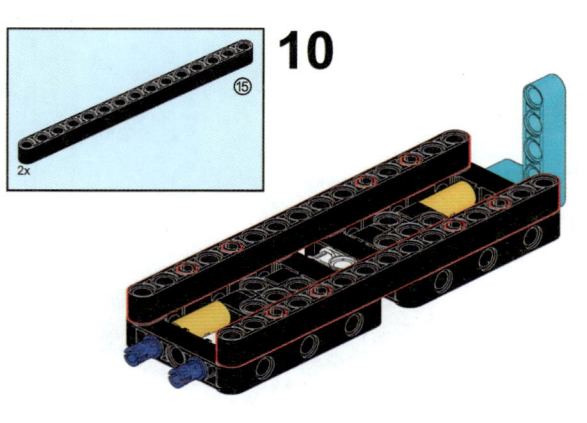

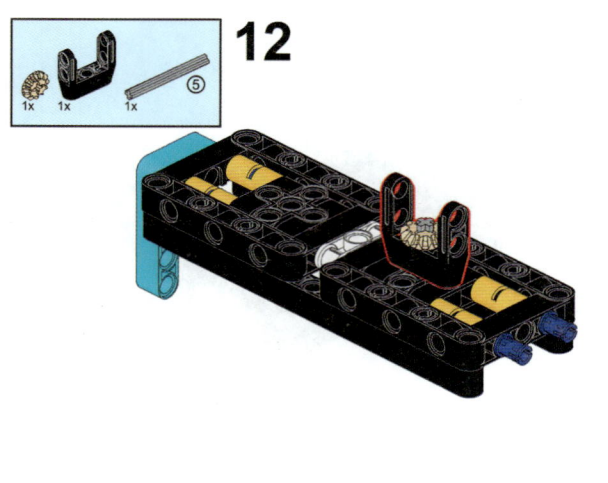

기어를 활용한 누르기 모듈

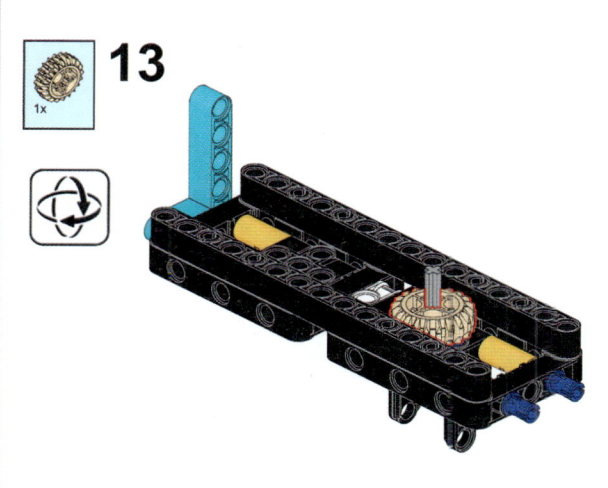

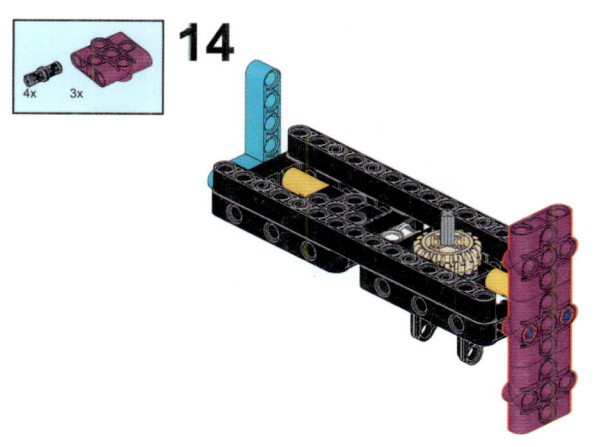

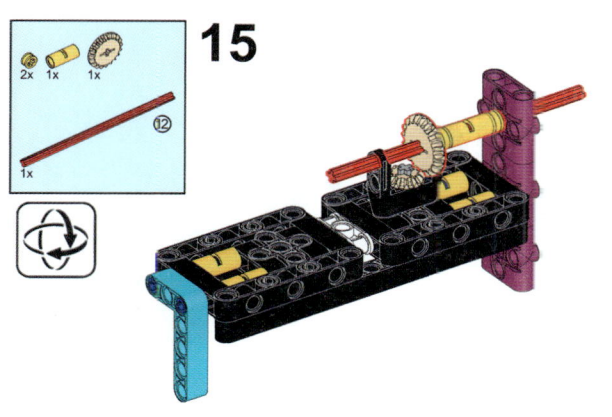

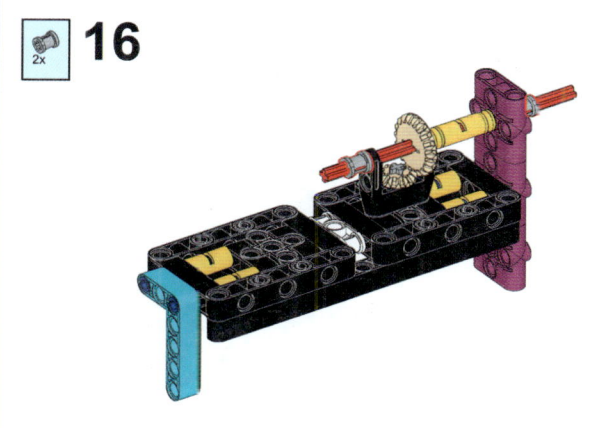

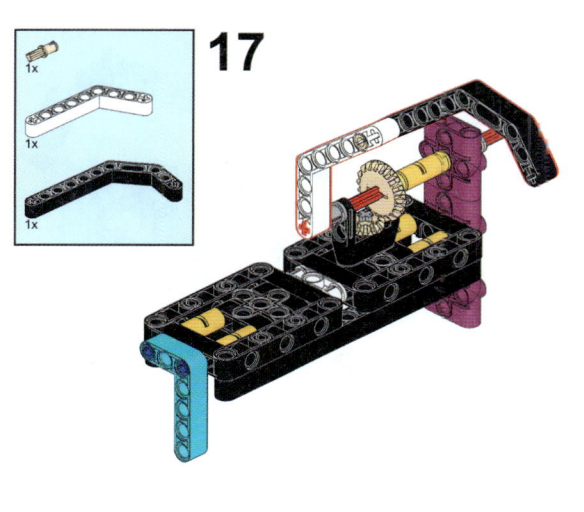

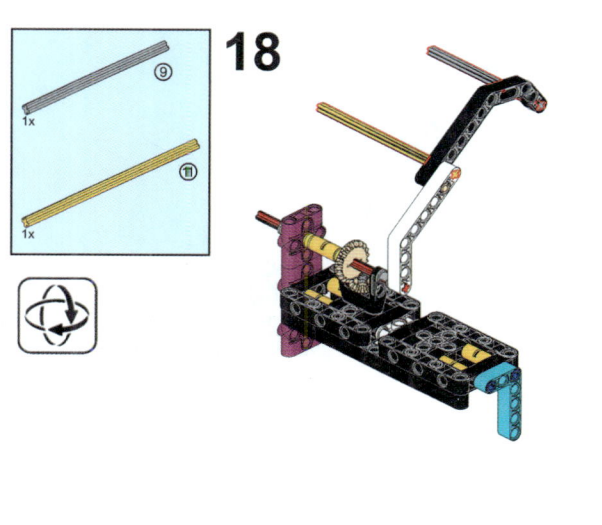

기어를 활용한 누르기 모듈

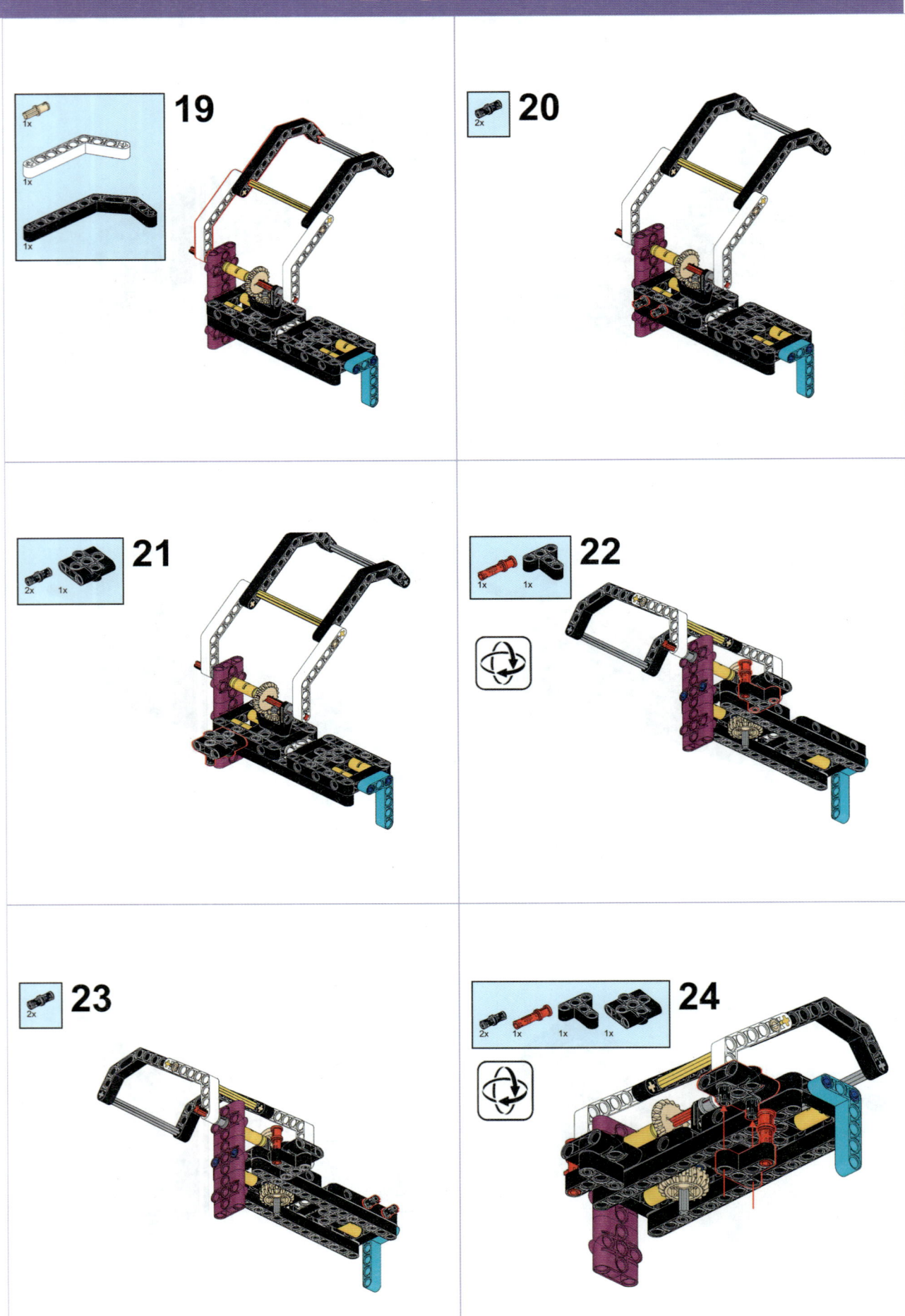

기어를 활용한 누르기 모듈

25
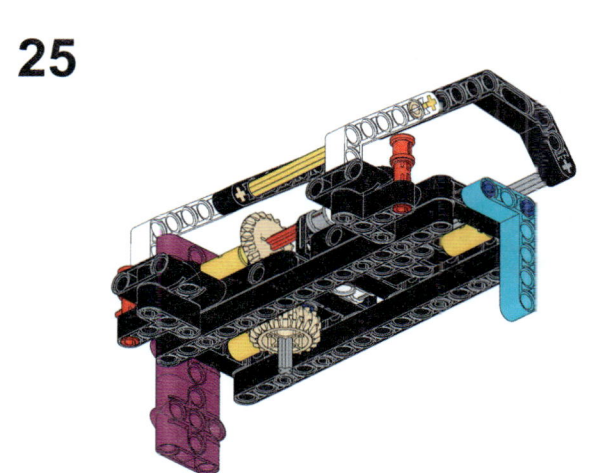

26
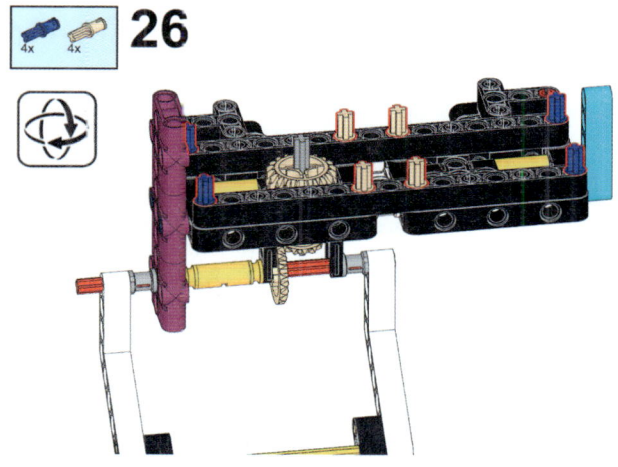

27

28
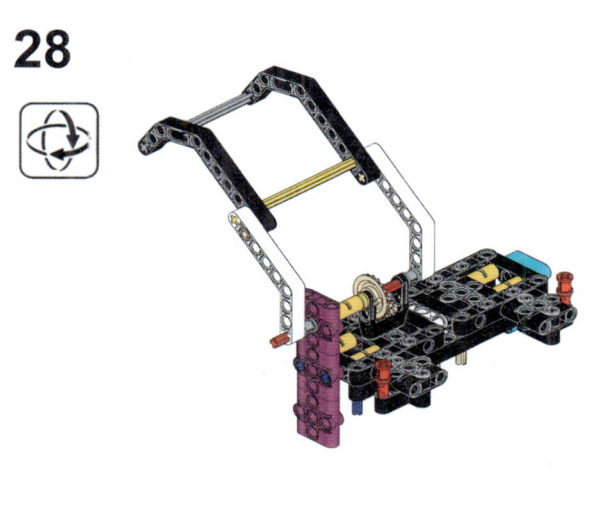

2023/2024 MASTERPIECE^{SM} — 미션 3번

수행 전	
수행 중	
수행 후	

기어를 활용한 누르기 메커니즘을 활용했습니다. 레버를 누를 수도 있으나 미션 모형 자체를 누르는 것이 더욱 안정적이고 규칙에 위배되지 않습니다. 집게를 높이 들어 올려 접근하고 적당한 위치에서 집게를 내려 미션 모형을 누른 뒤, 다시 집게를 들어 올려 뒤로 빠집니다.

추천 모듈 조립도

드라이빙 베이스를 활용한 밀기 메커니즘의 해결

모듈 메커니즘 이해하기

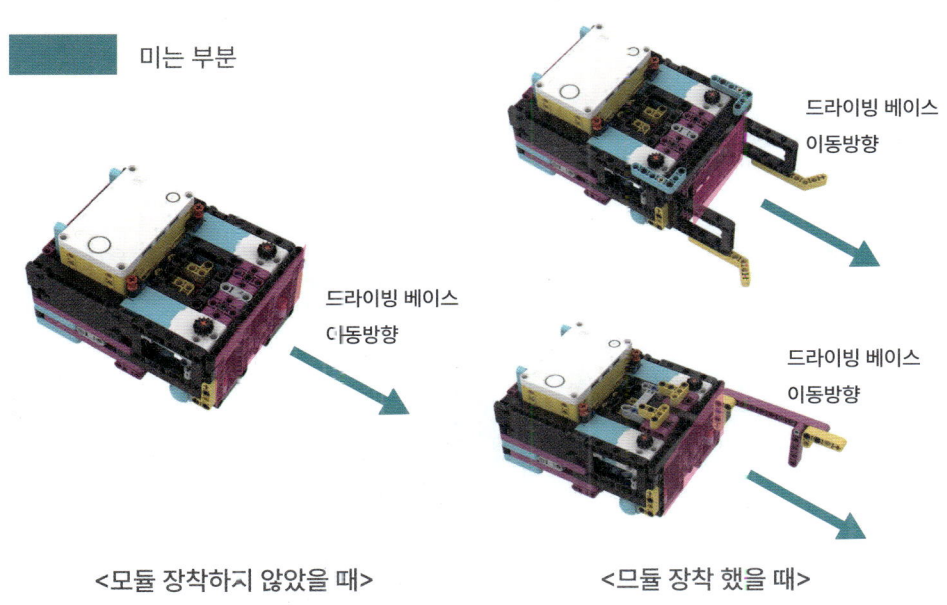

■ 미는 부분

드라이빙 베이스 이동방향

드라이빙 베이스 이동방향

드라이빙 베이스 이동방향

<모듈 장착하지 않았을 때>   <모듈 장착 했을 때>

  밀기 메커니즘은 드라이빙 베이스의 단순한 직진을 통해 미션을 해결할 수 있습니다. 드라이빙 베이스만 있어도 충분히 해결할 수 있으며 다른 모듈을 장착했을 때에도 미션 수행이 가능합니다. 로봇 게임은 제한 시간이 있어 한 번의 이동을 할 때 효율적으로 미션을 수행해야 하므로 다른 모듈을 장착했을 때 밀기 메커니즘과 관련된 미션을 해결하도록 이동 전략을 세워야 합니다.

대표적인 미션으로는 2021/2022 CARGO CONNECT^SM 미션 8번, 2022/2023 SUPERPOWERED^SM 미션 7번, 미션 8번, 2023/2024 MASTERPIECE^SM 미션 7번이 있습니다.

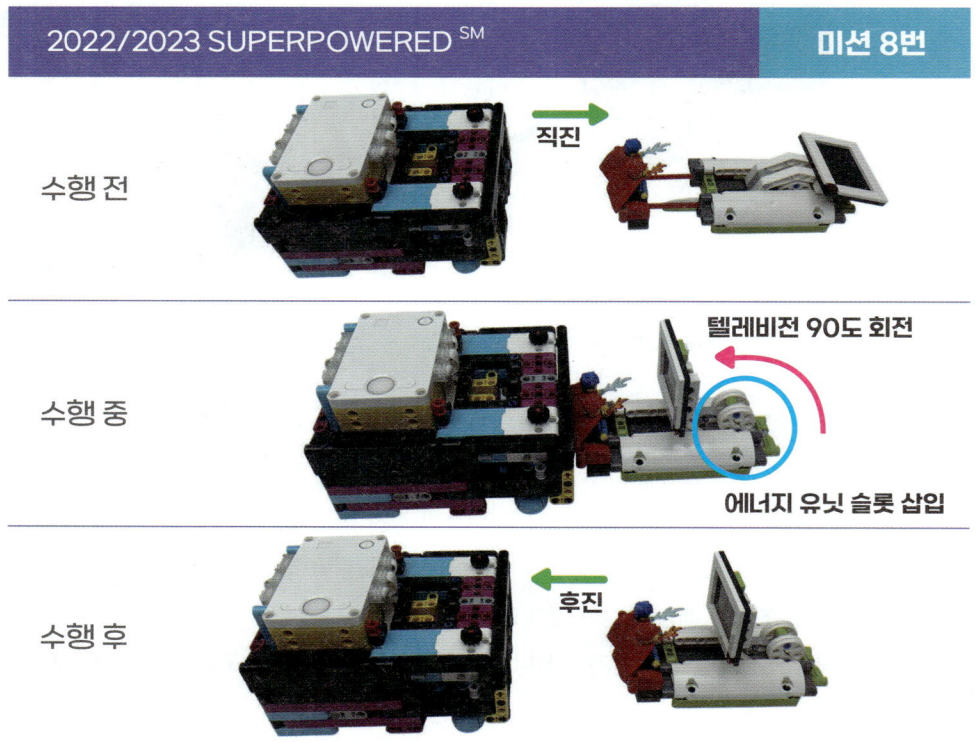

추가 모듈 조립도

추가 모듈 조립을 위해서는 **스파이크 프라임 코어세트(AI Pro)와 확장세트** 외에도 추가 부품이 더 필요합니다.

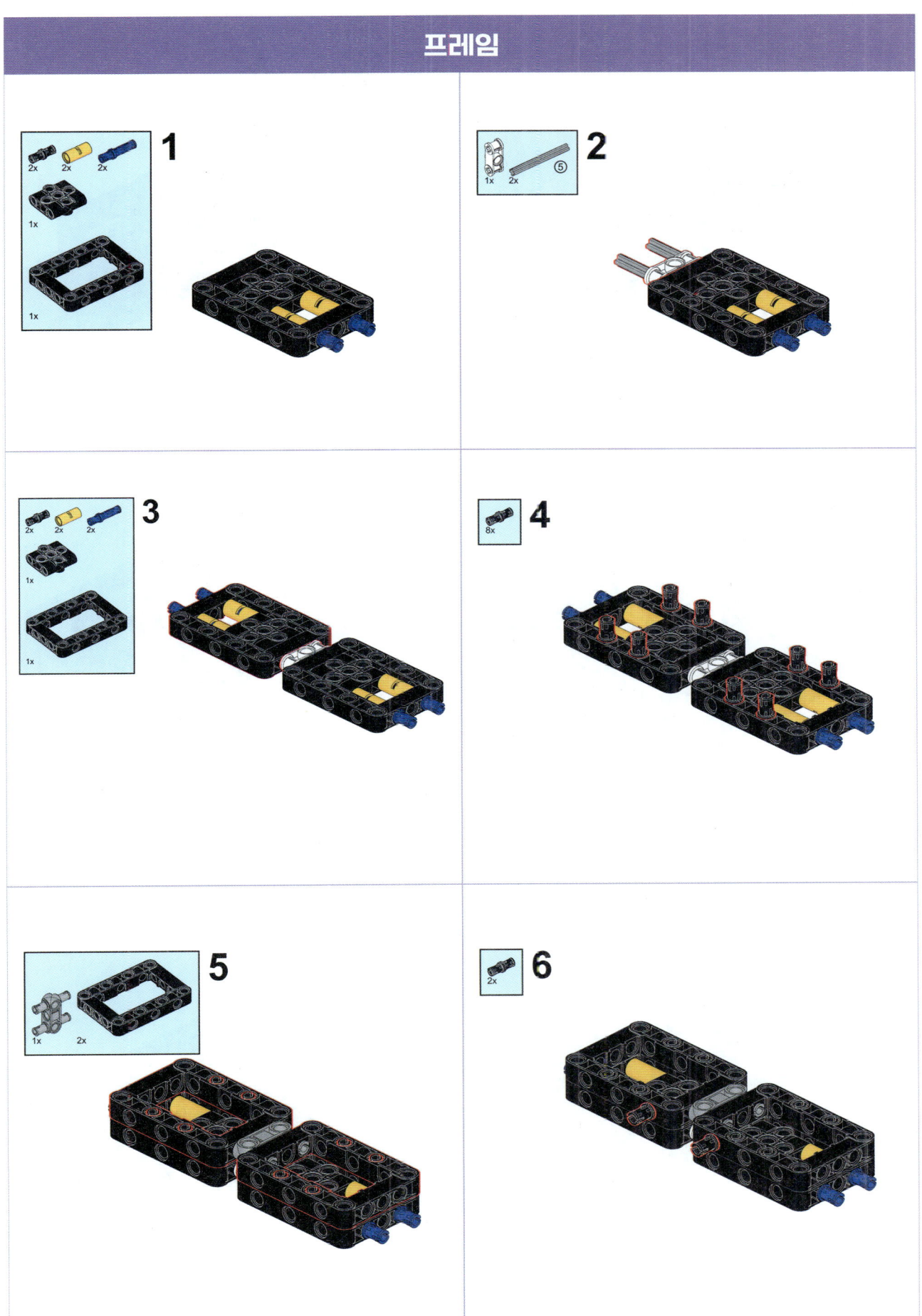

프레임

프레임

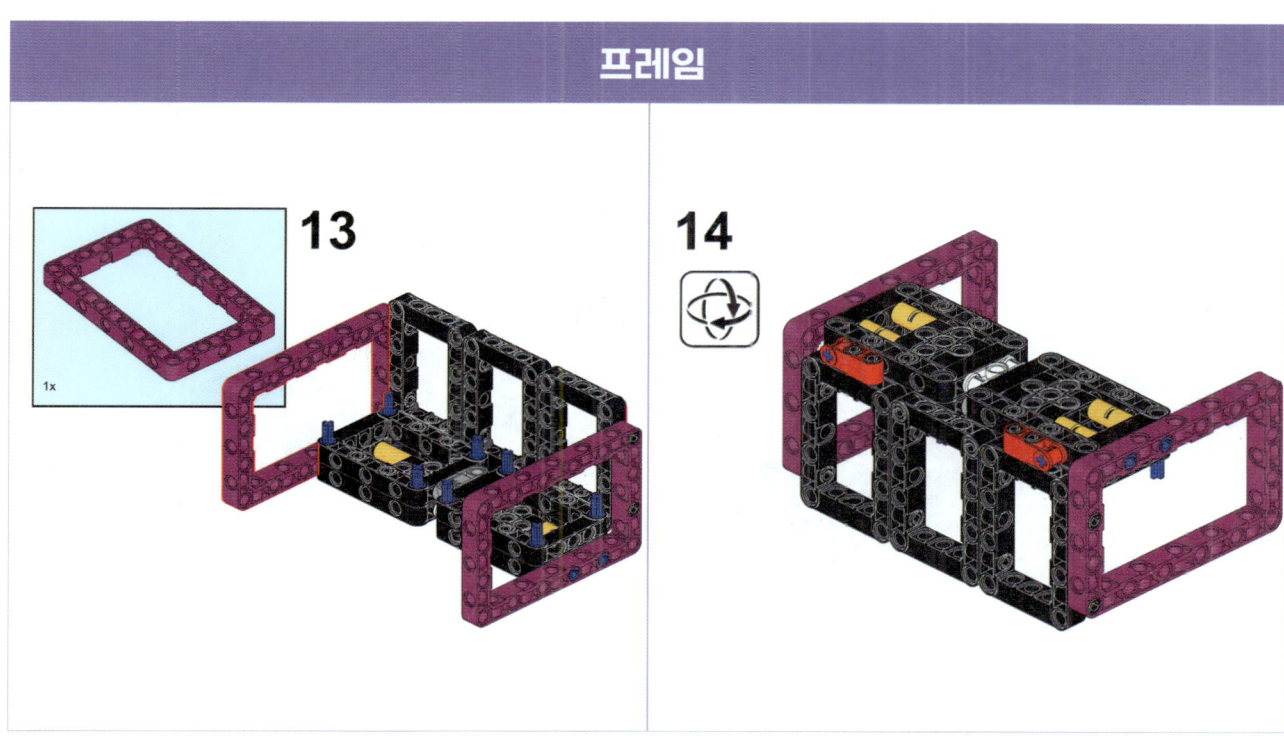

회전 모듈(1)

회전 모듈(1)

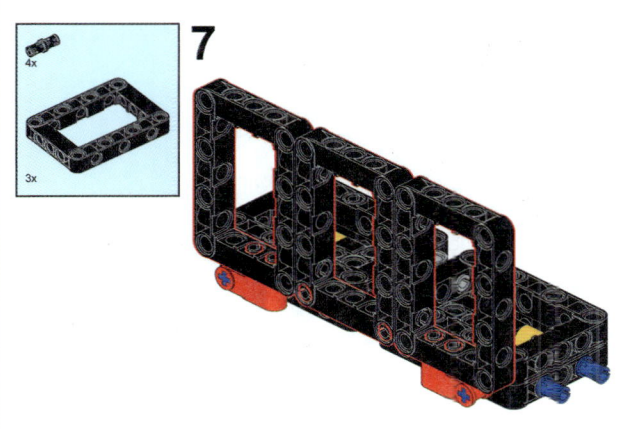

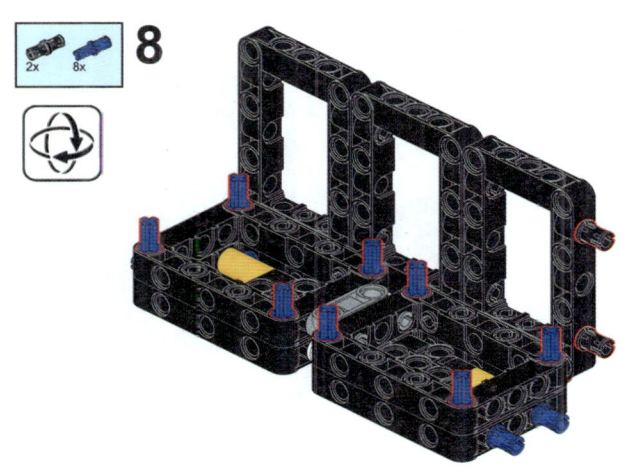

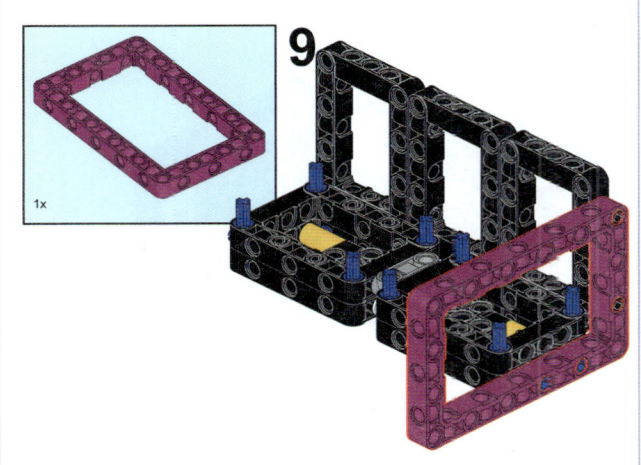

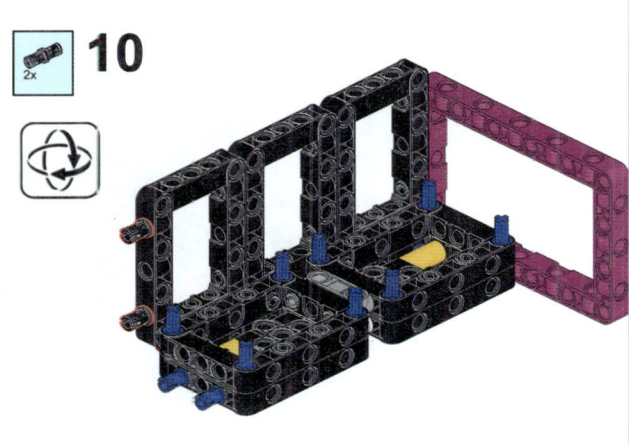

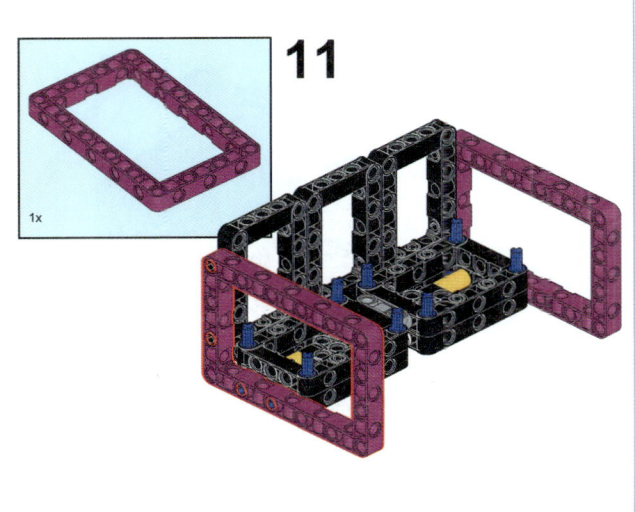

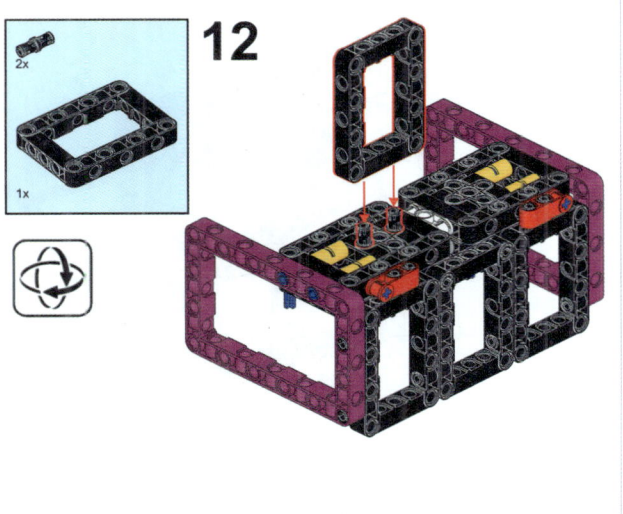

회전 모듈(1)

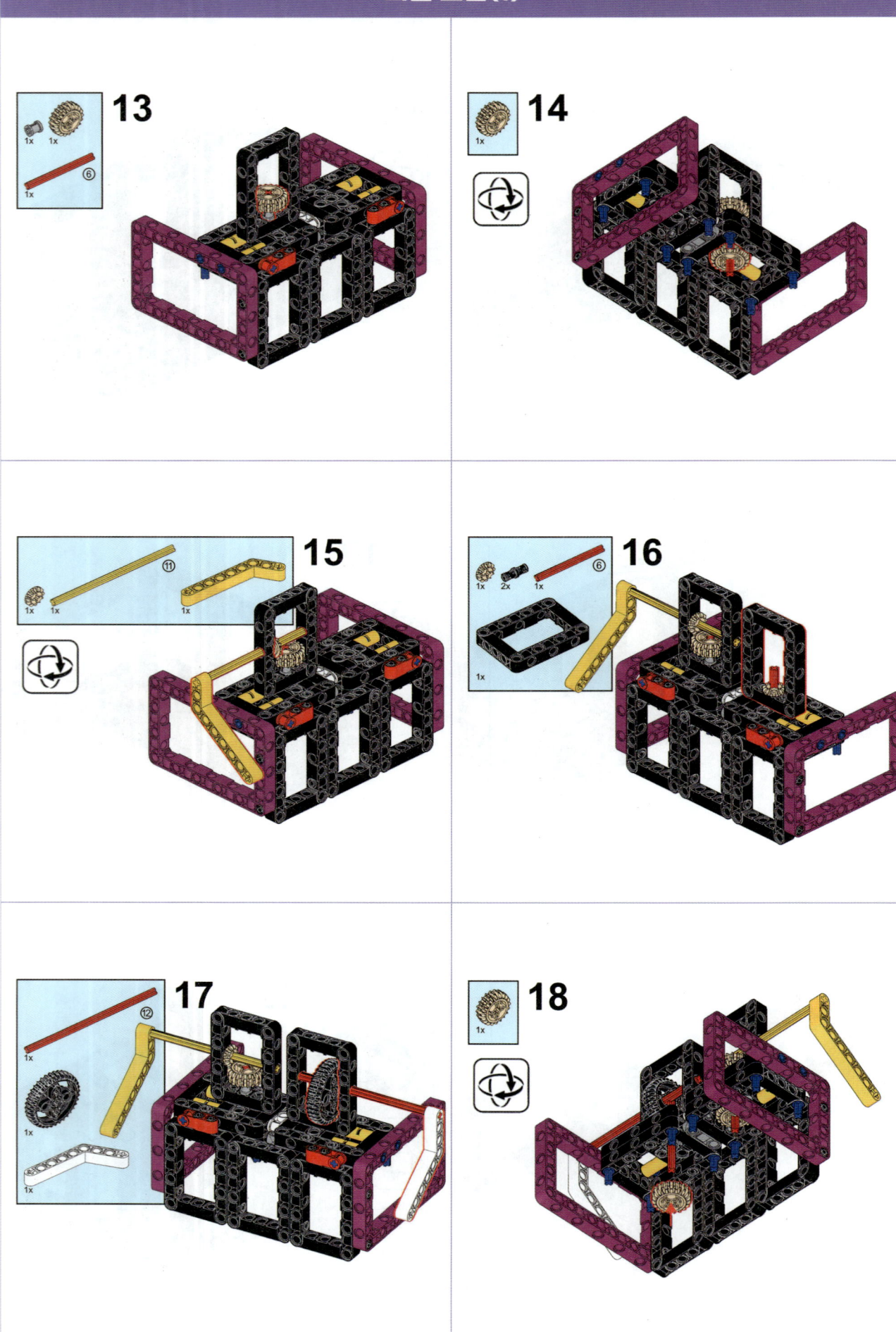

회전 모듈(1)

19

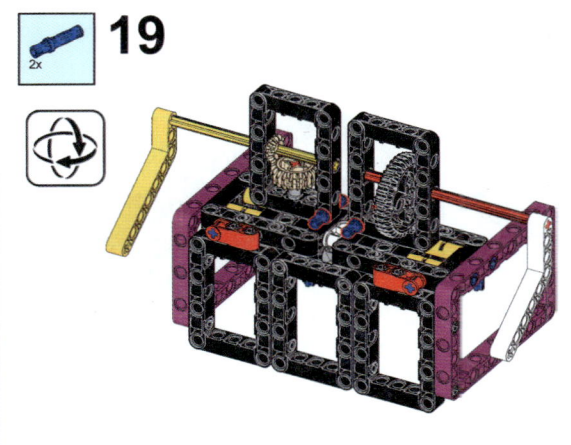

20

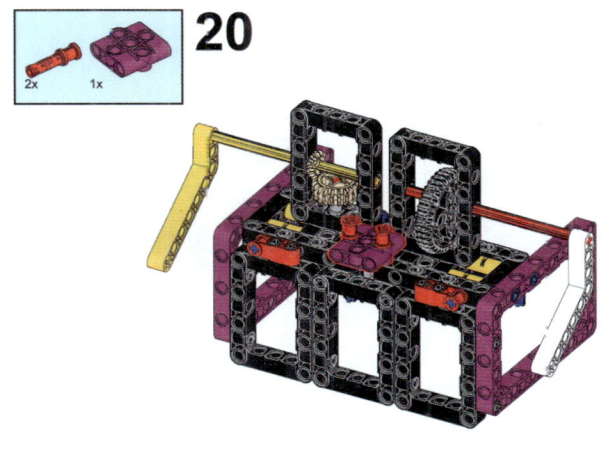

21

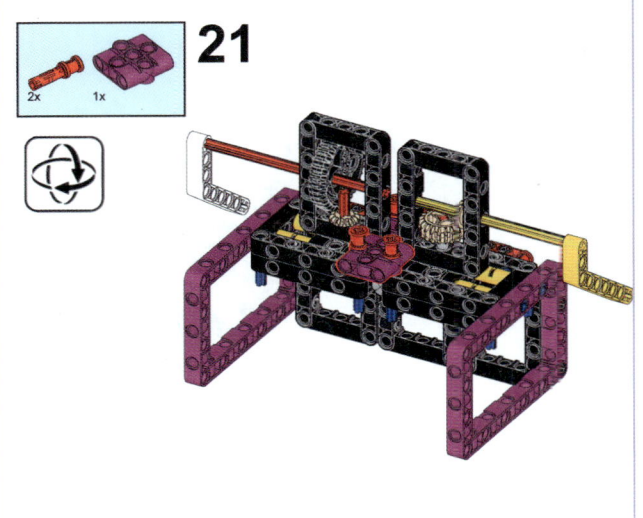

22

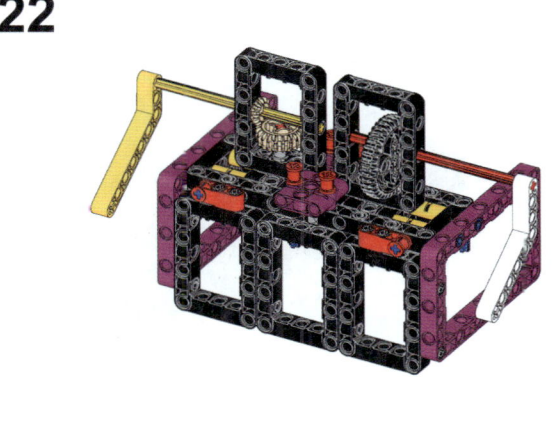

회전 모듈(2)

회전 모듈(2)

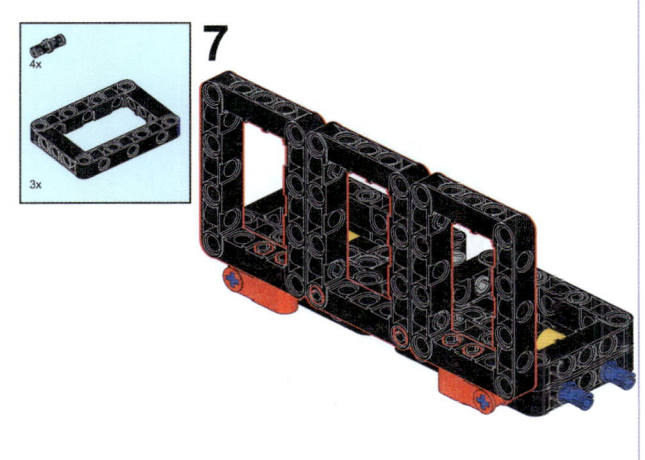
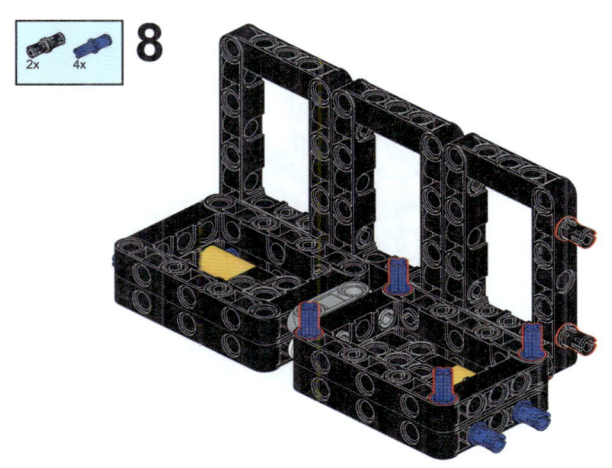
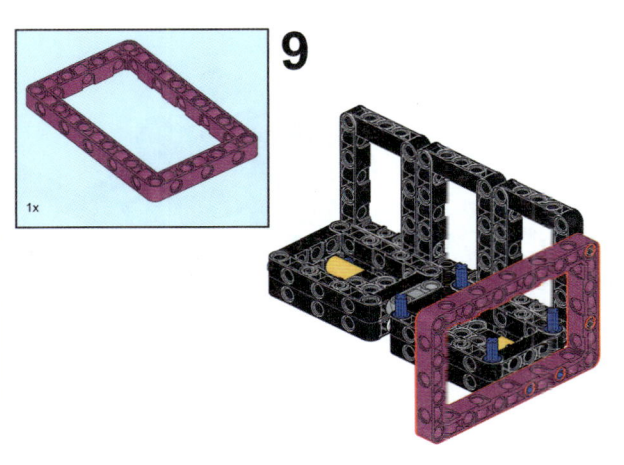
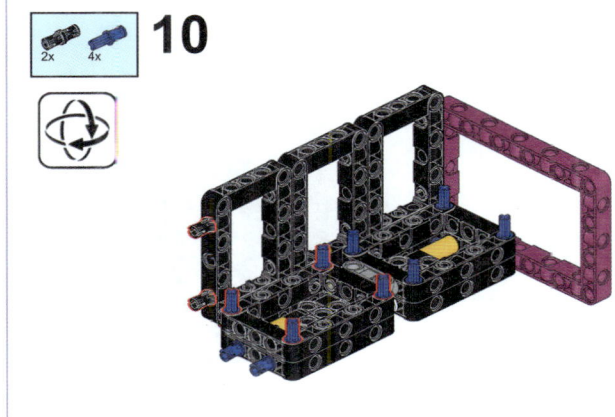
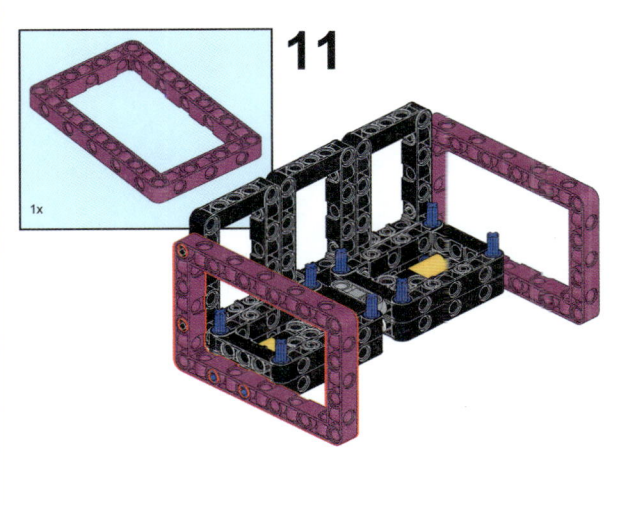
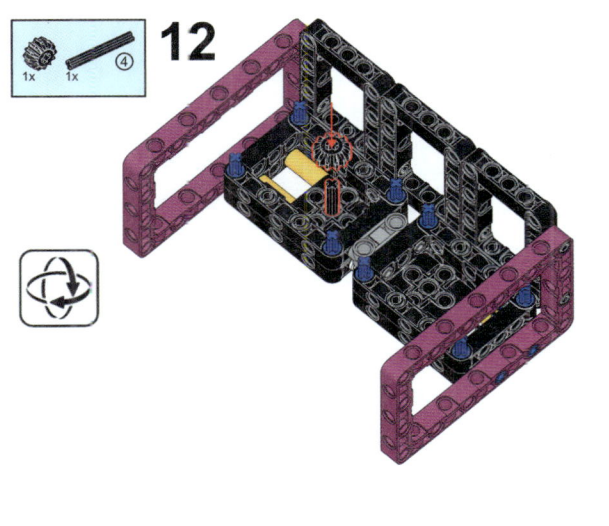

회전 모듈(2)

X축 모듈

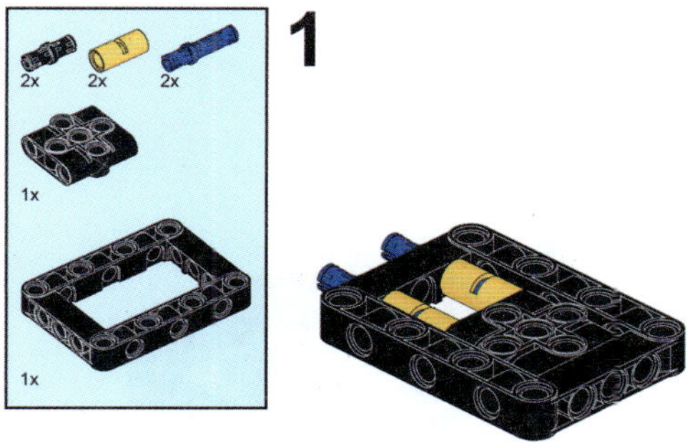

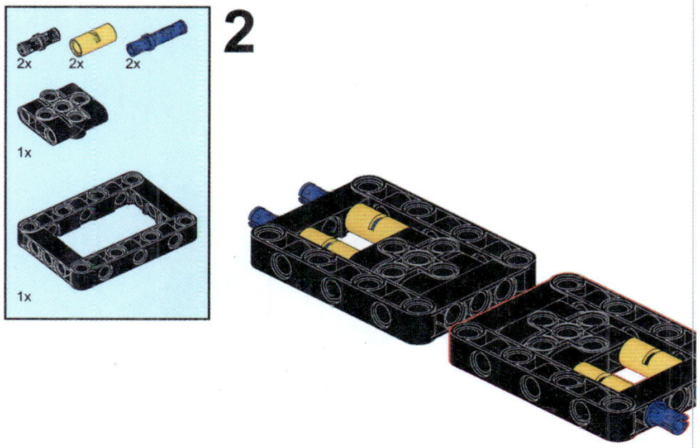

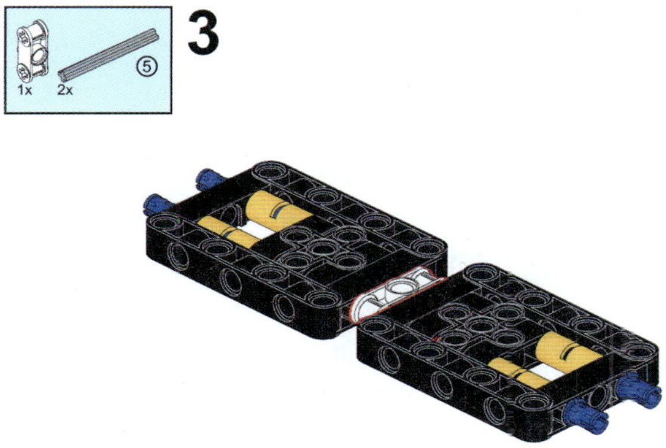

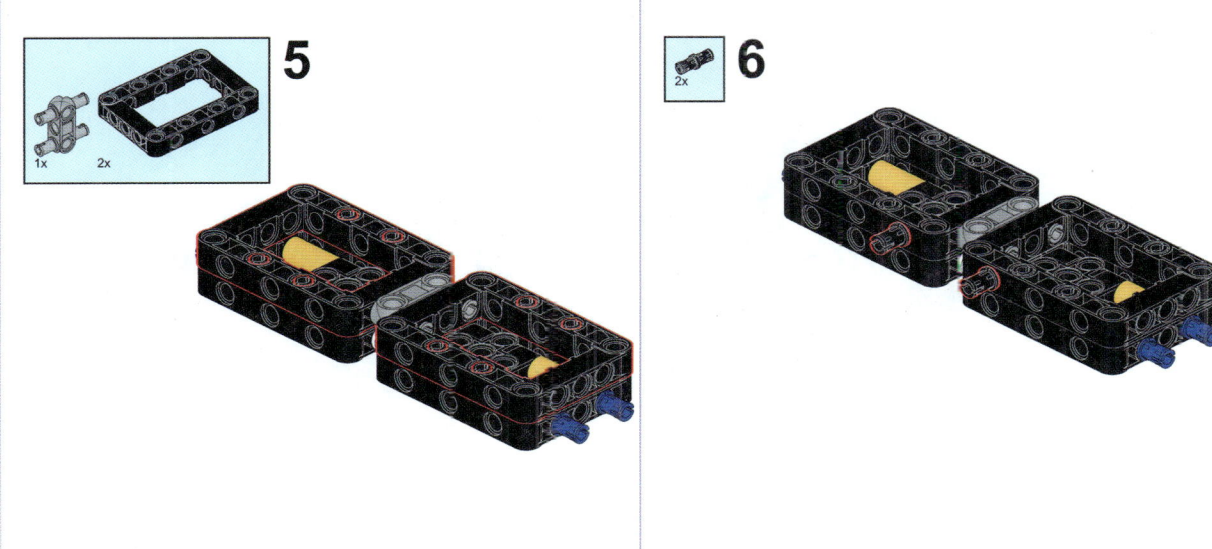

X축 모듈

X축 모듈

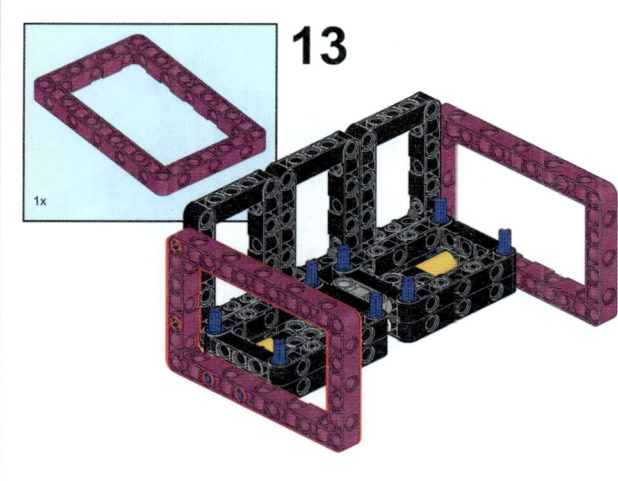

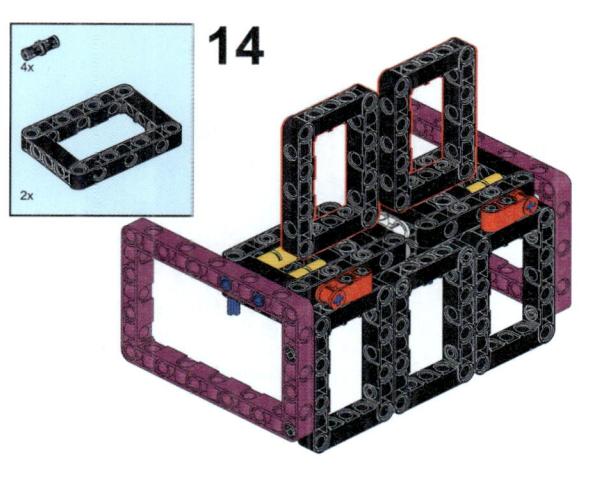

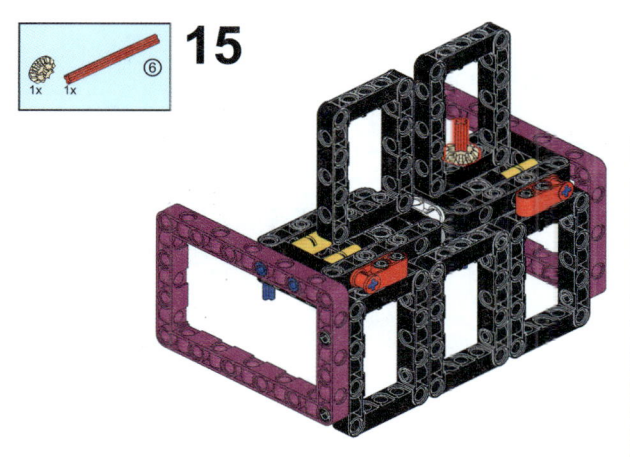

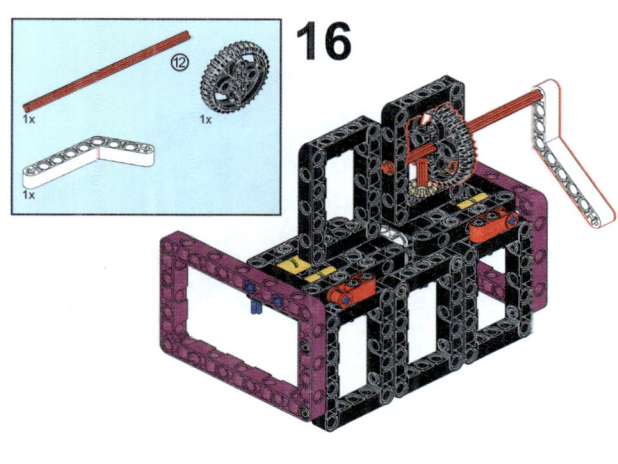

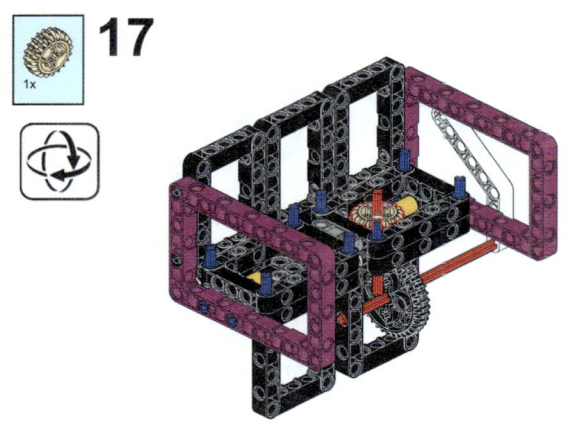

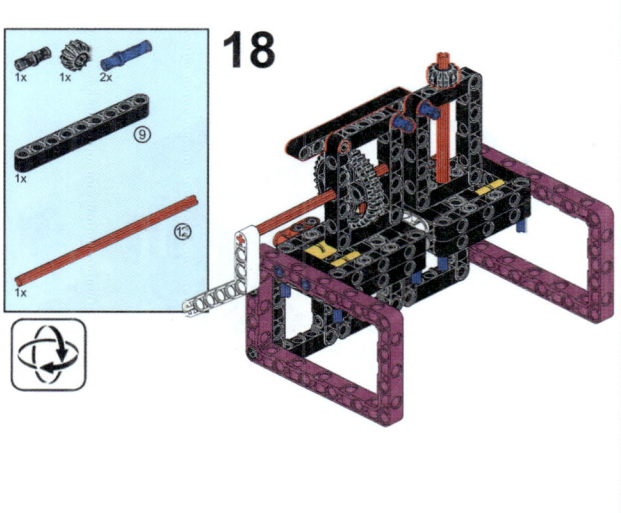

X축 모듈

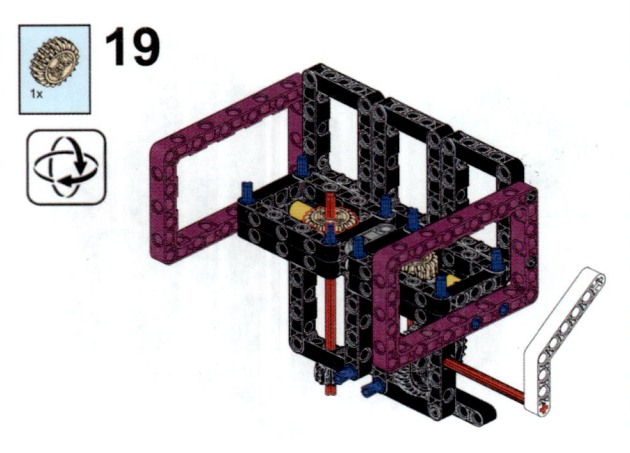

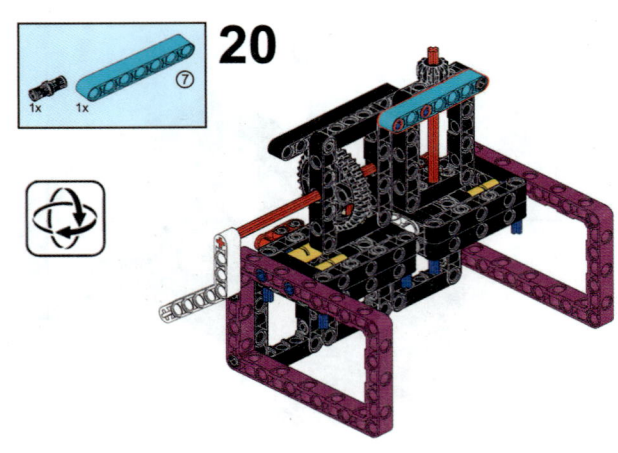

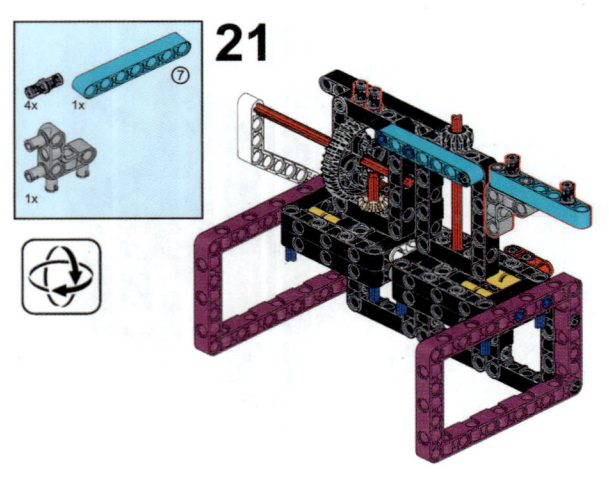

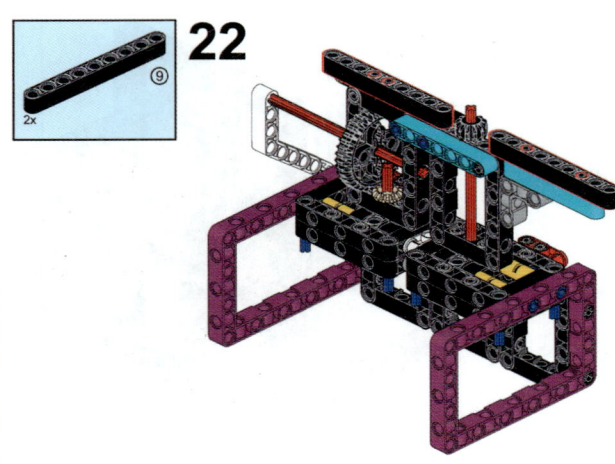

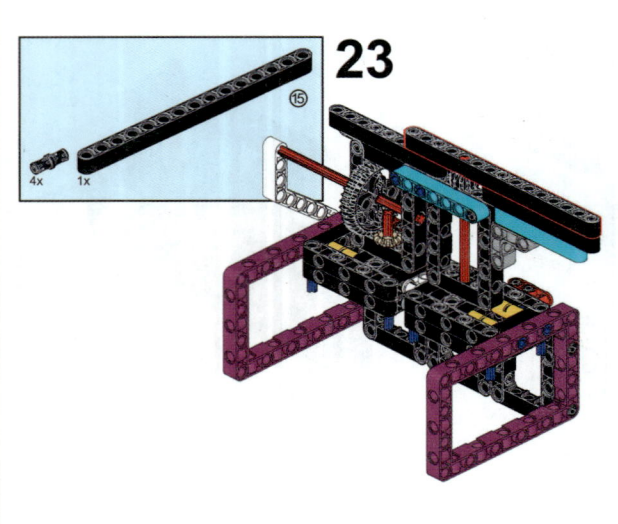

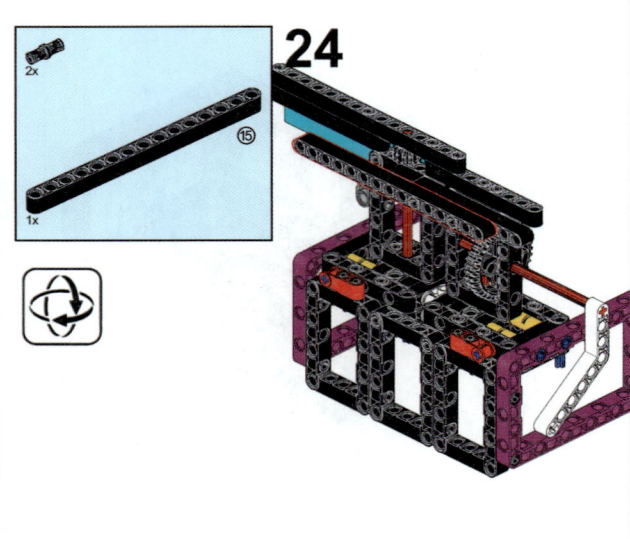

X축 모듈

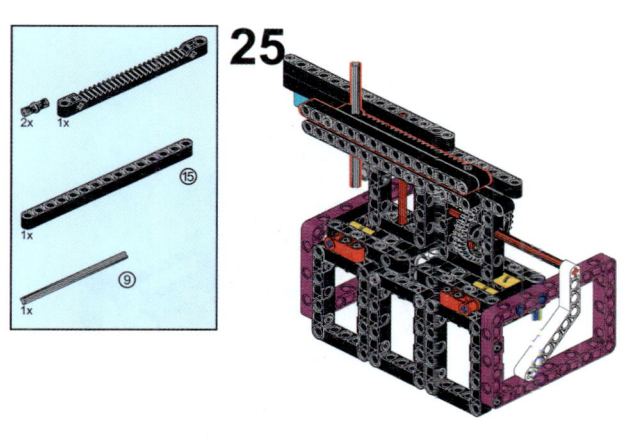

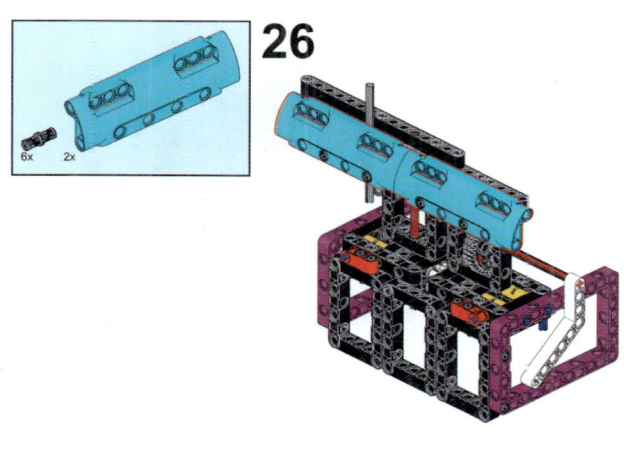

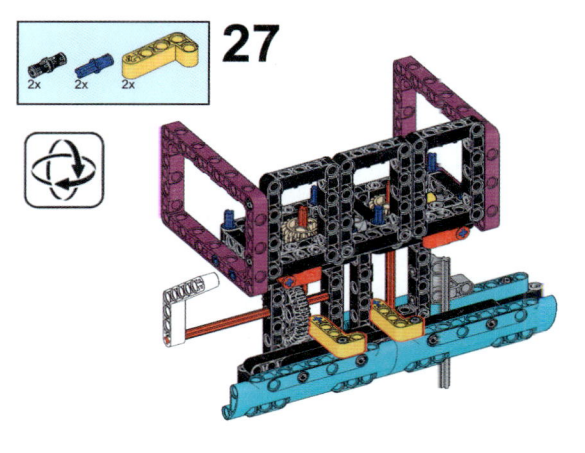

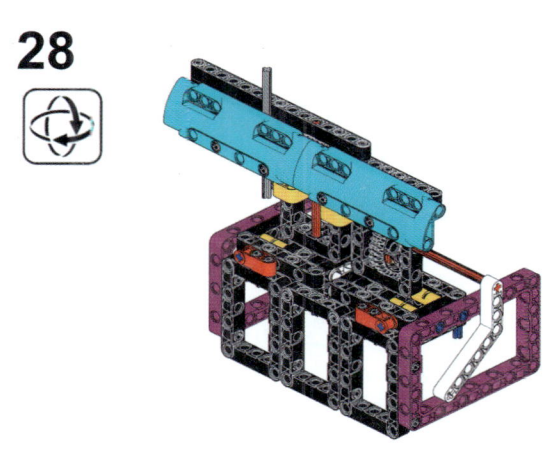

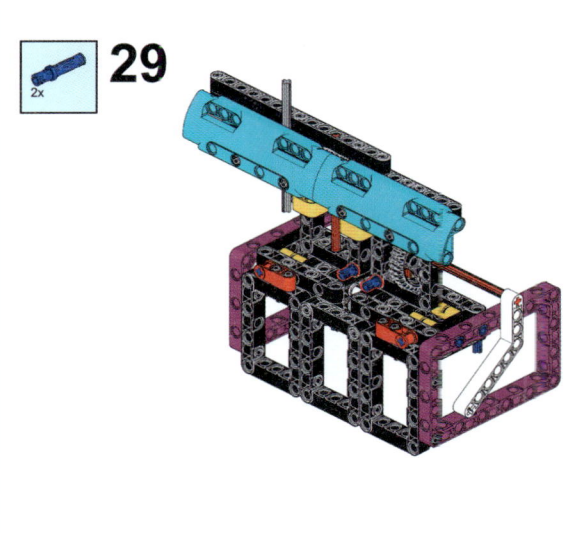

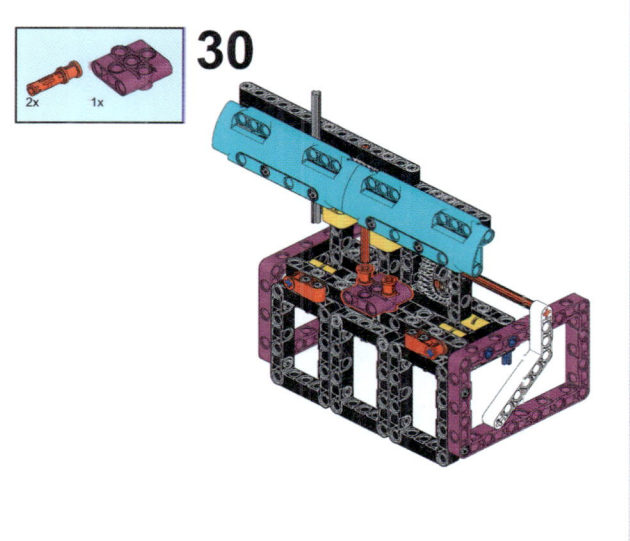

X축 모듈

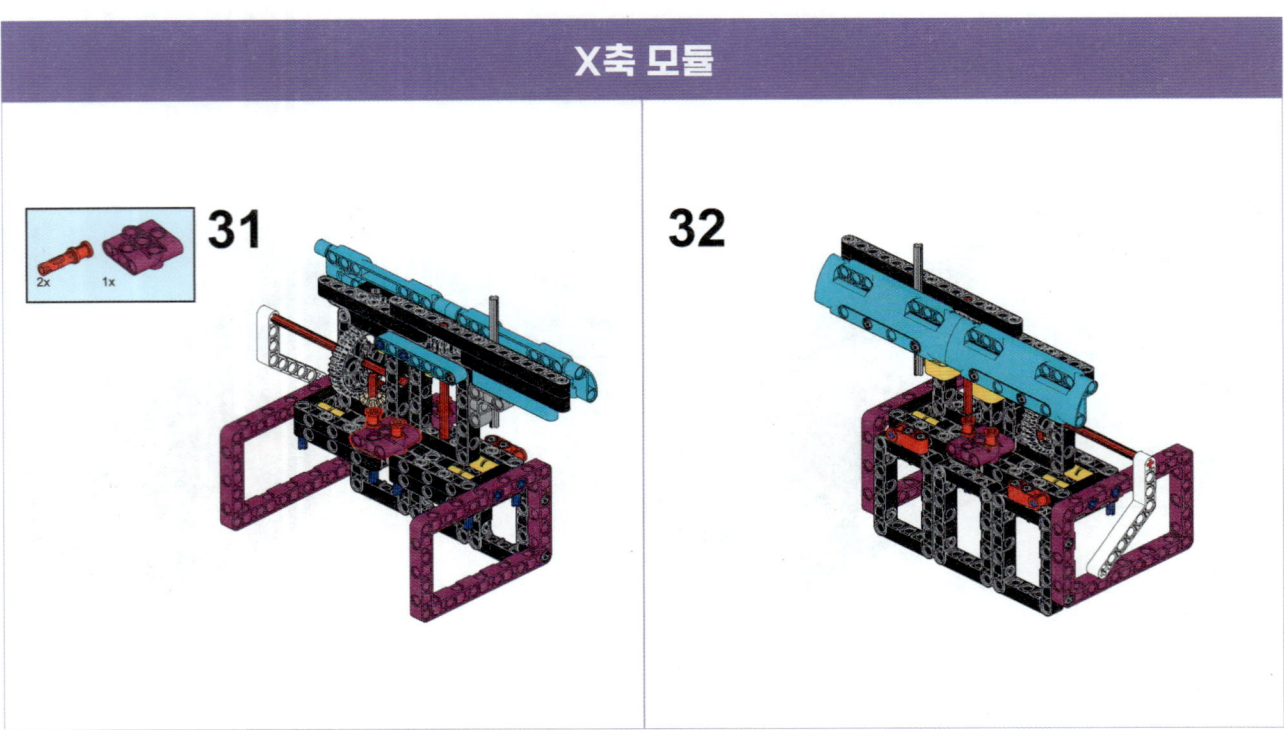

Y축 모듈

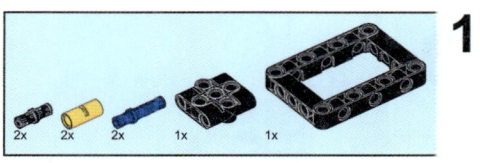

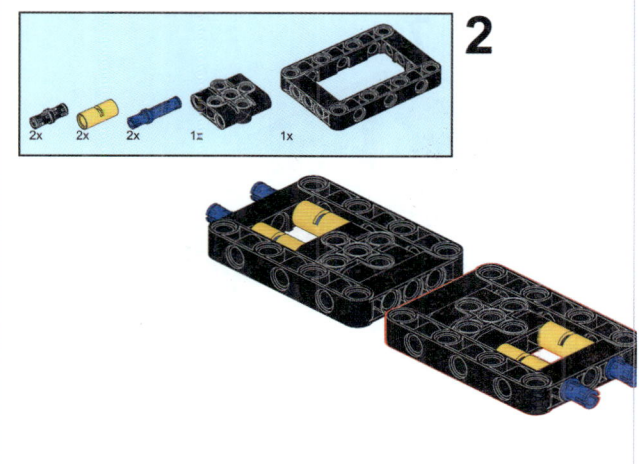

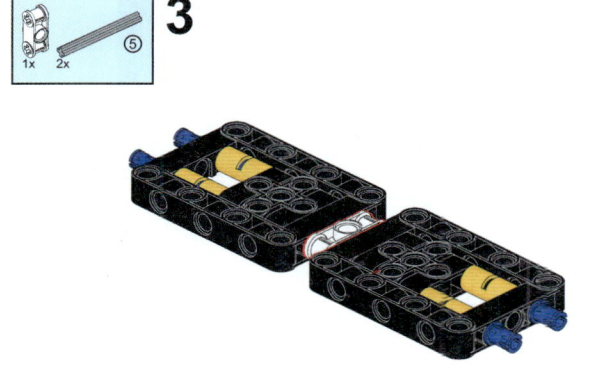

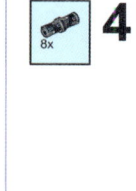

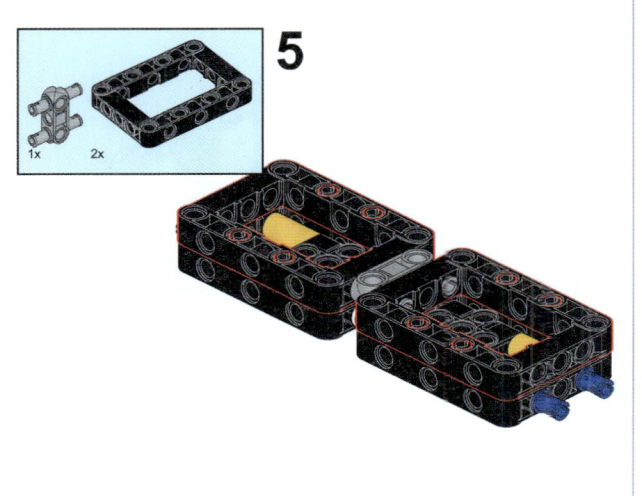

Y축 모듈

Y축 모듈

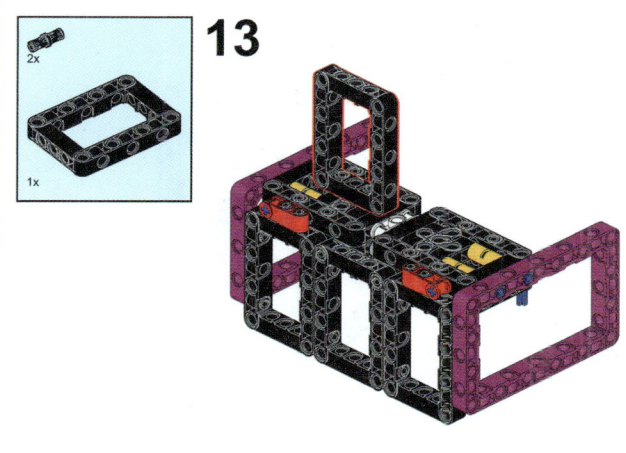

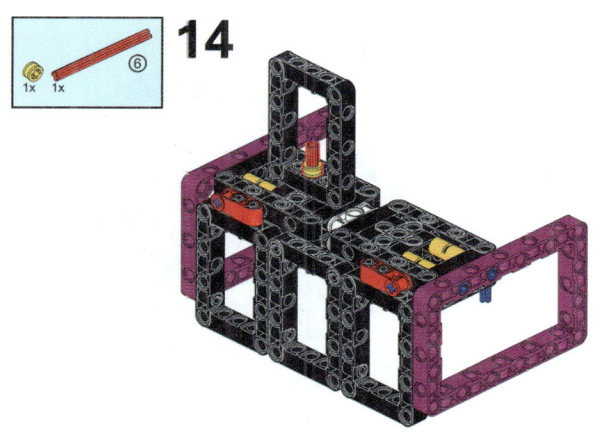

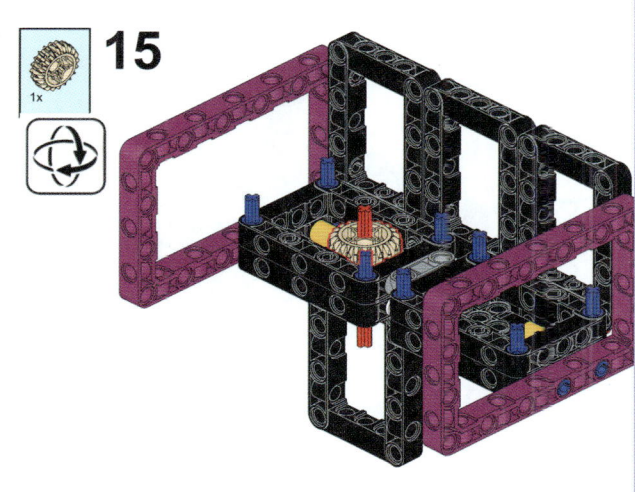

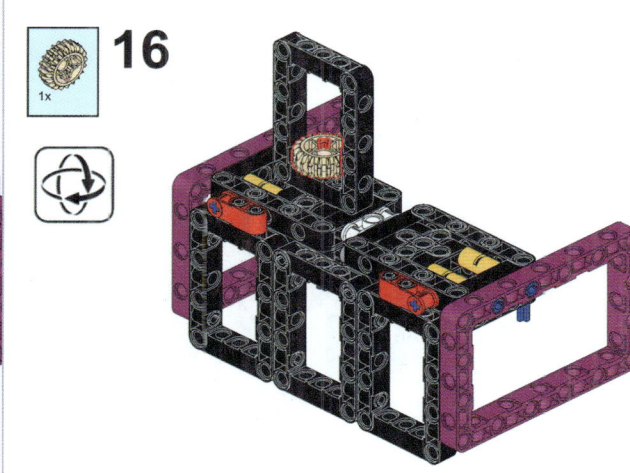

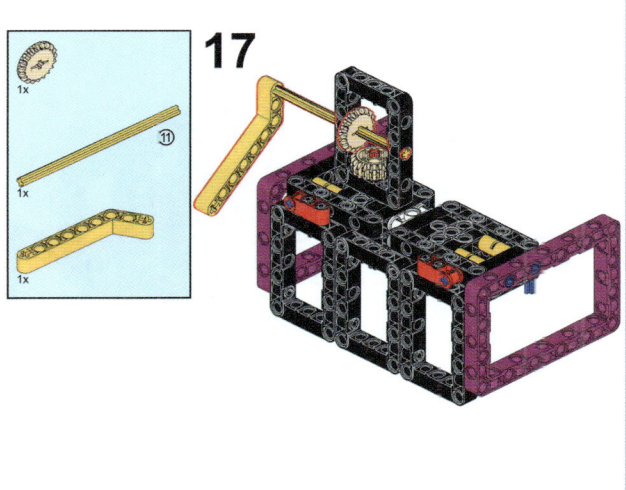

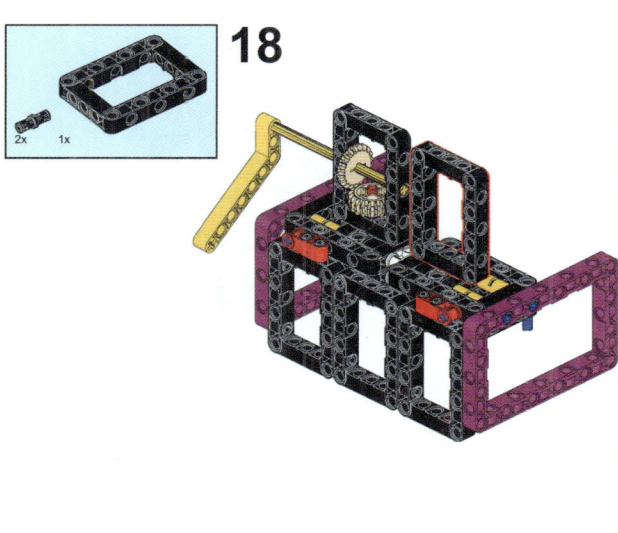

Y축 모듈

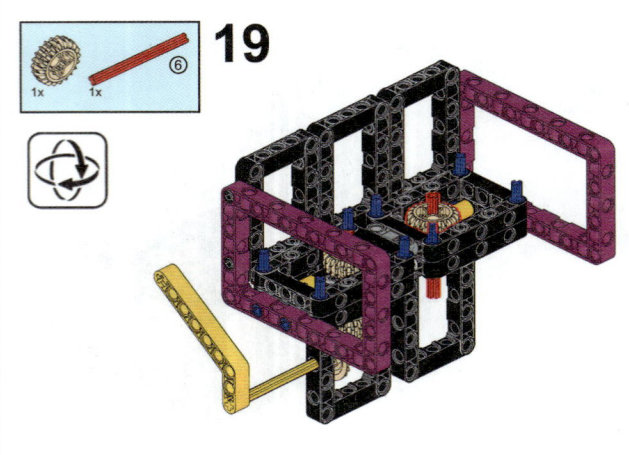

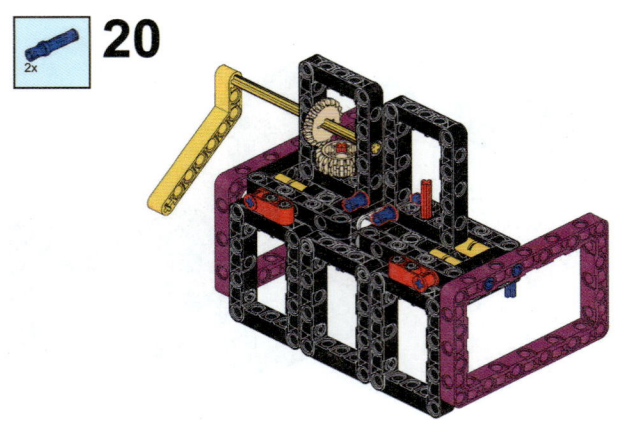

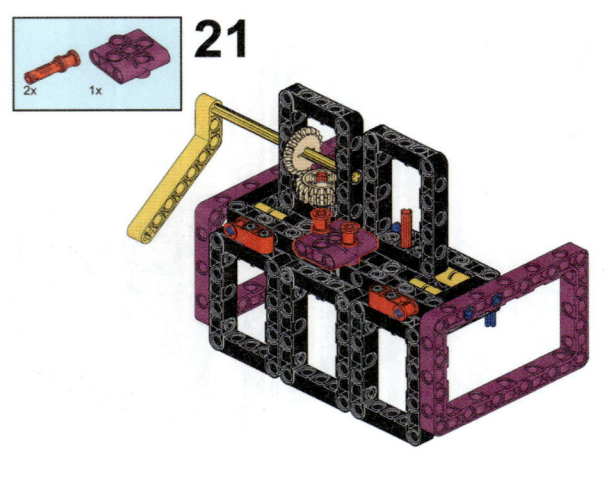

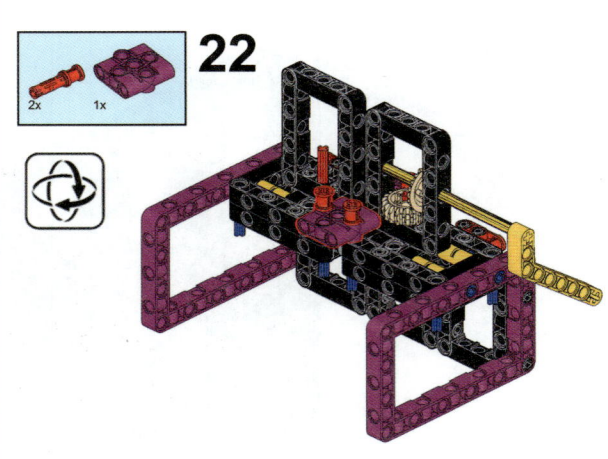

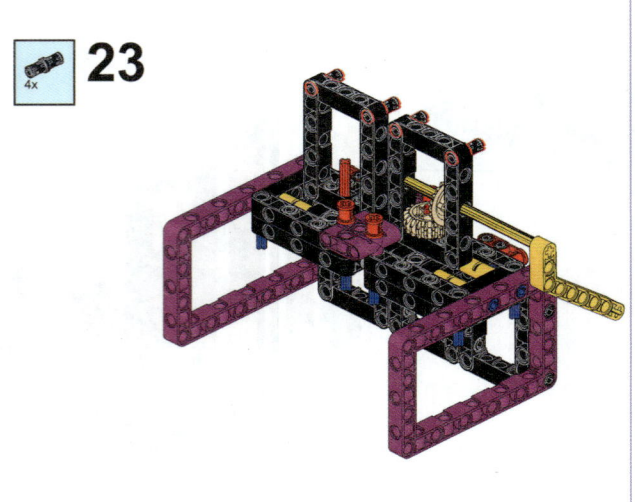

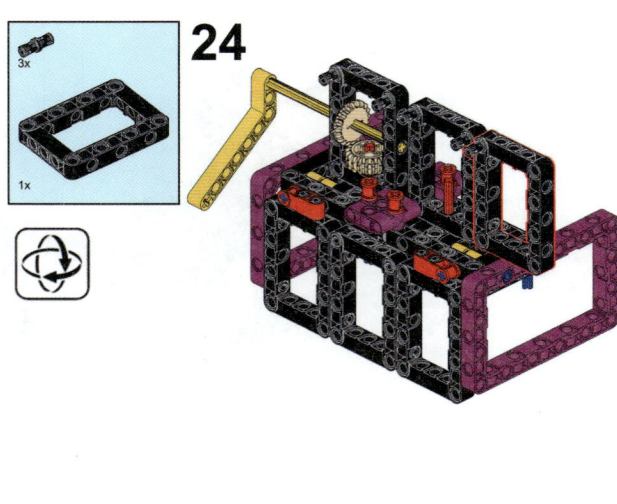

Y축 모듈

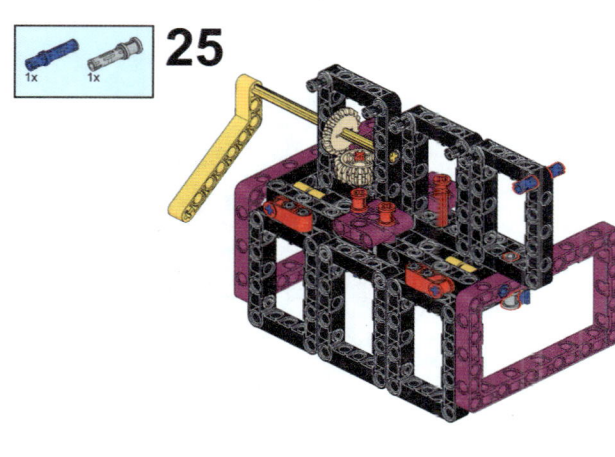

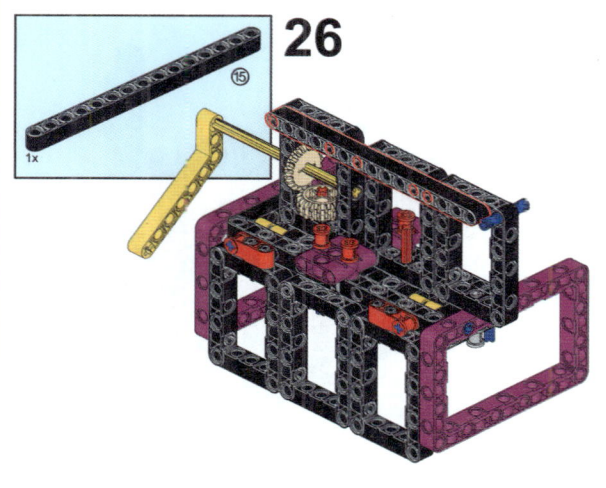

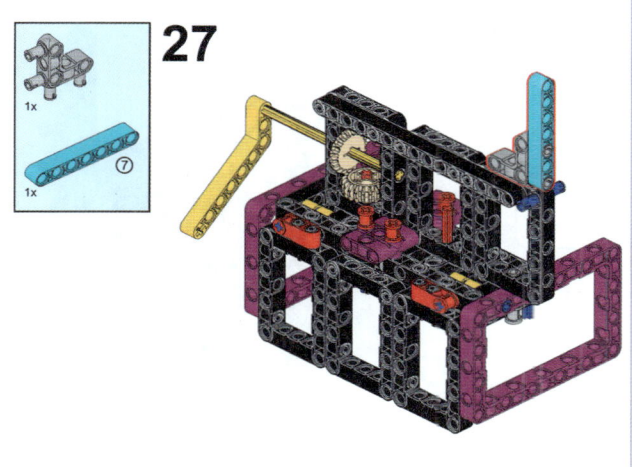

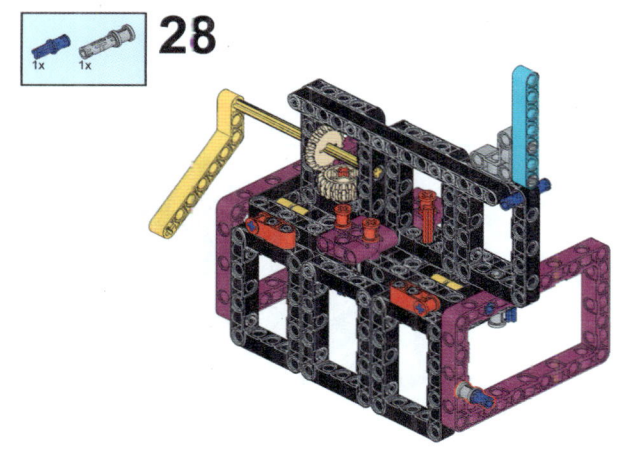

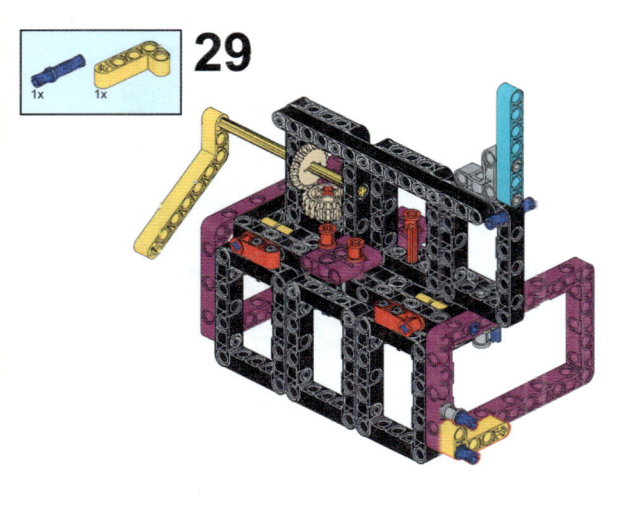

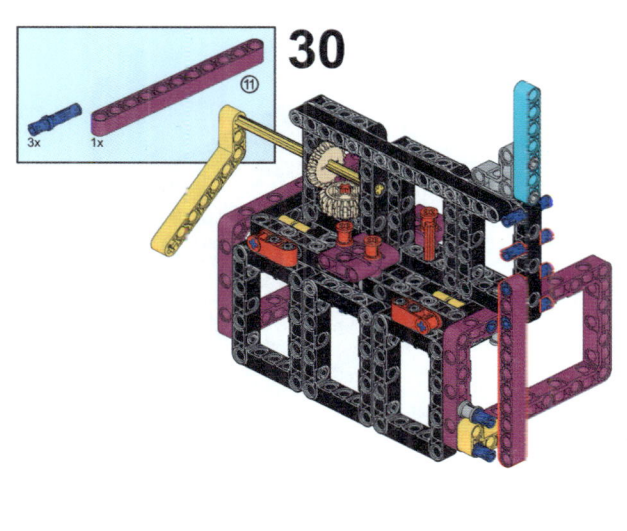

Y축 모듈

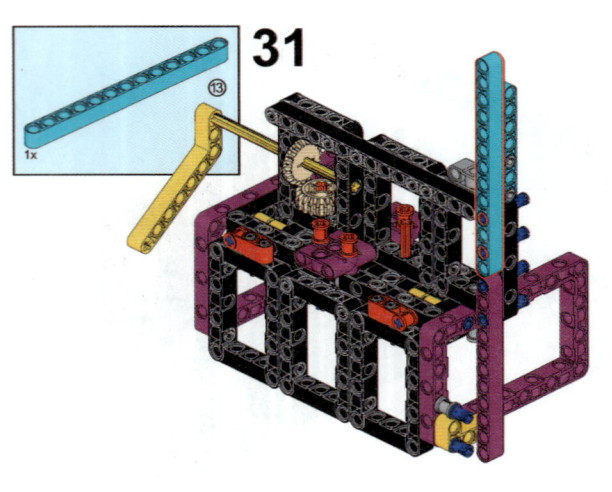

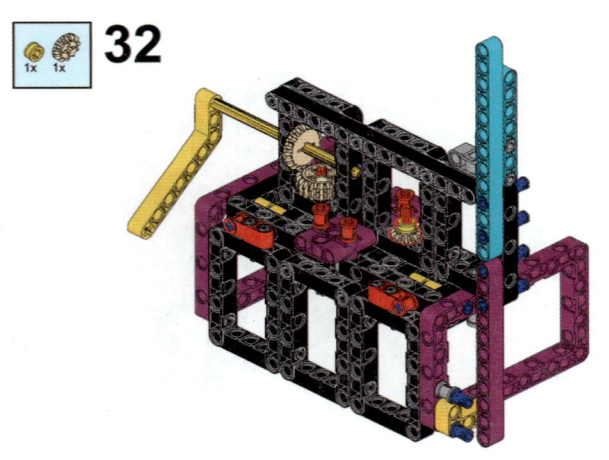

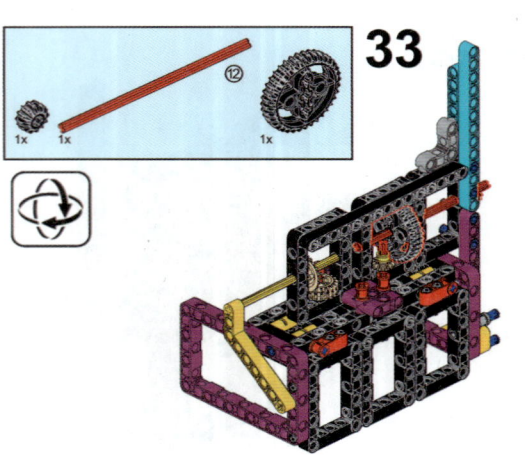

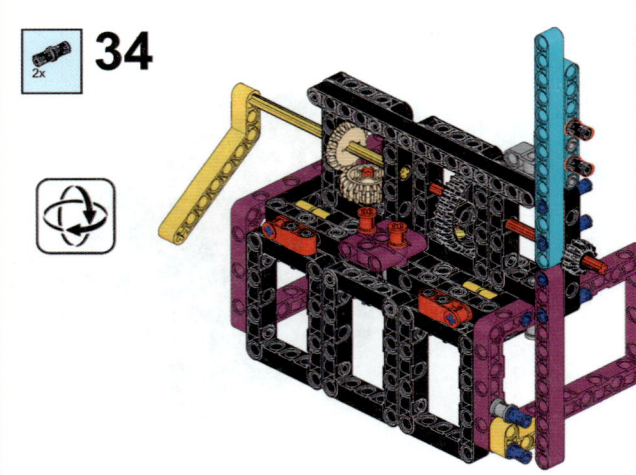

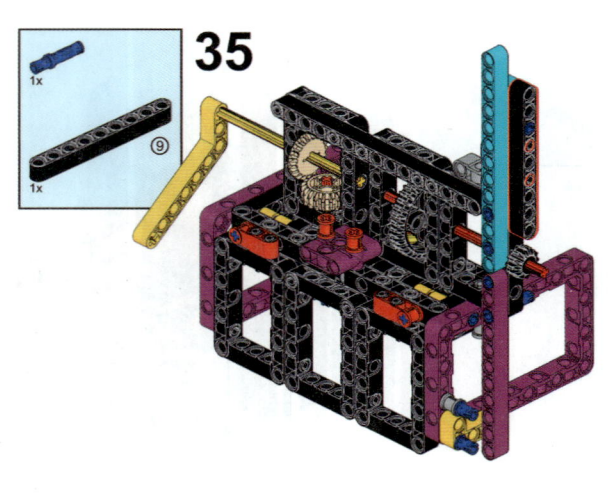

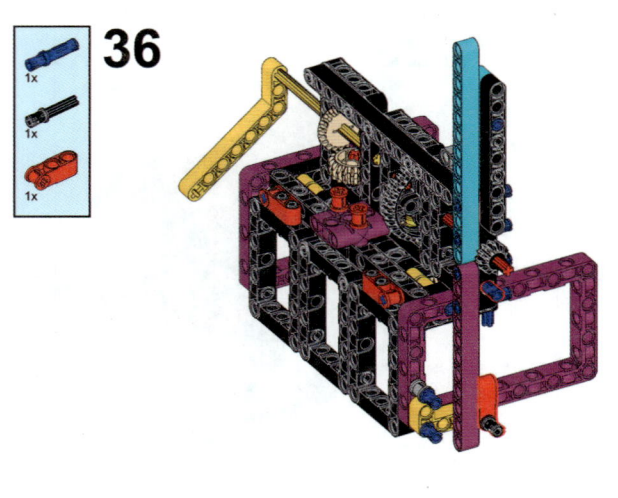

Y축 모듈

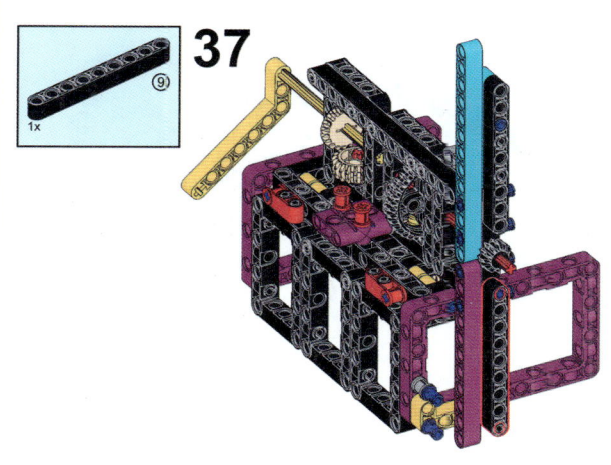
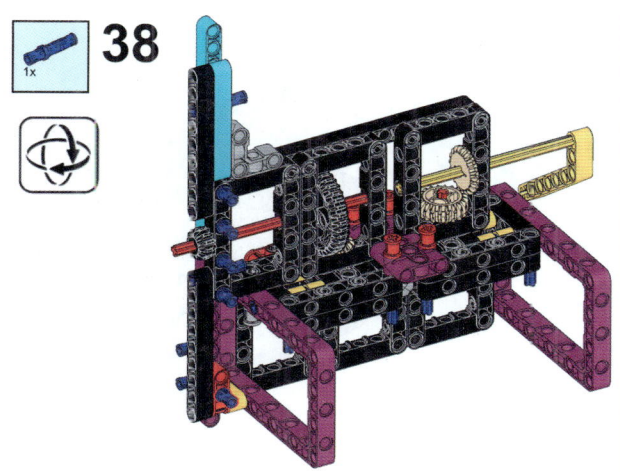
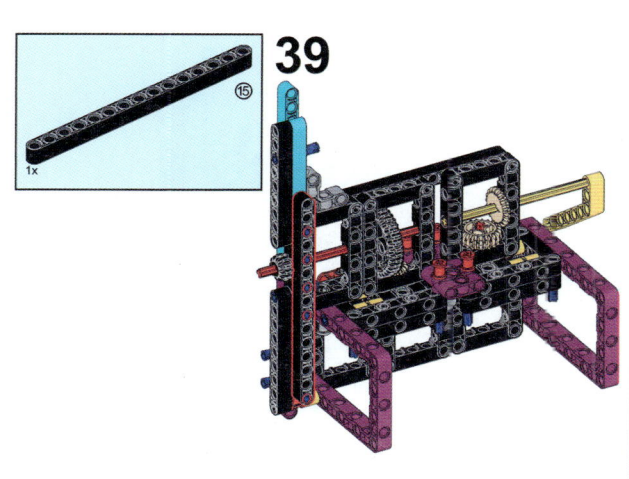
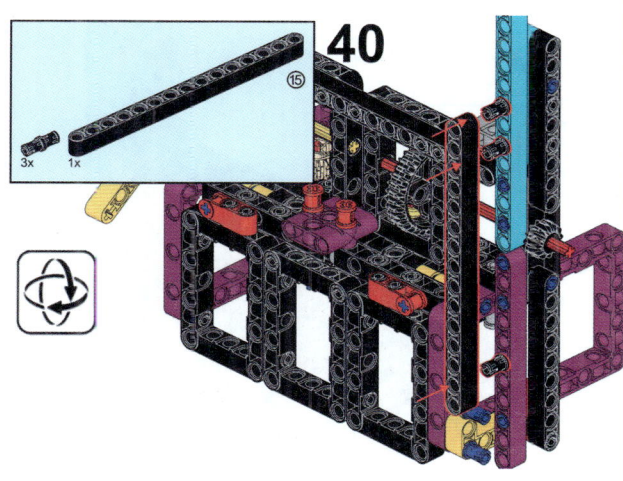
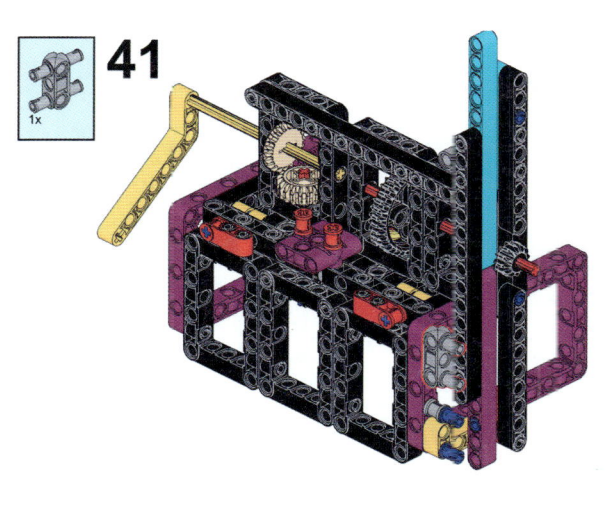
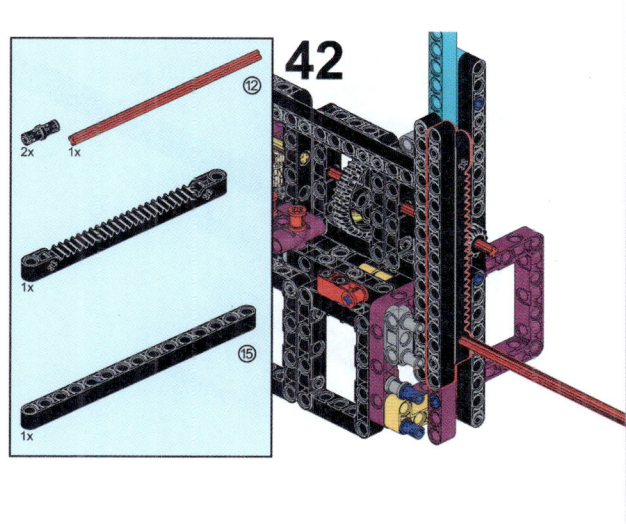

Y축 모듈

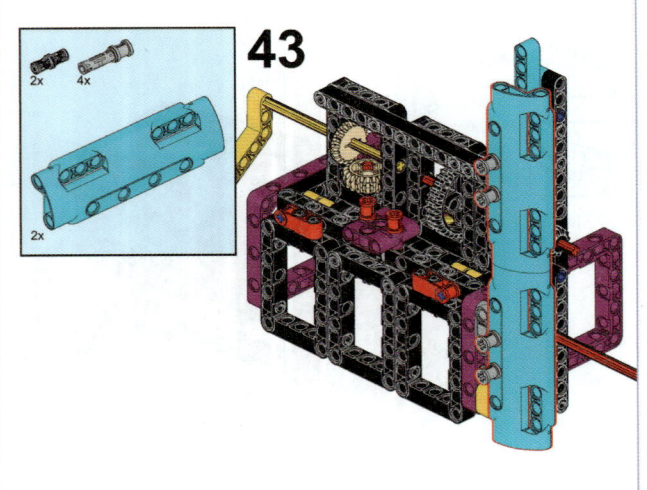

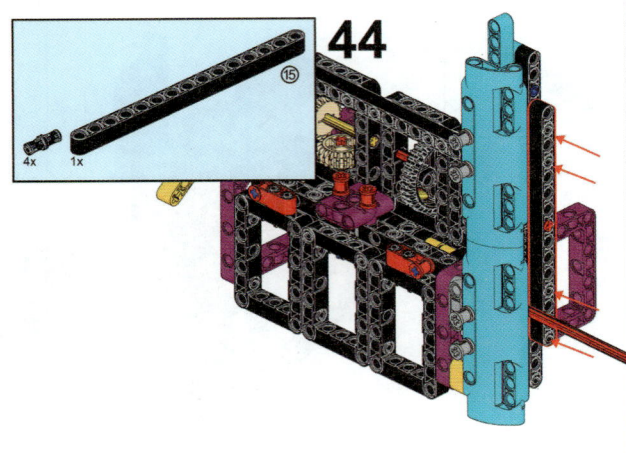

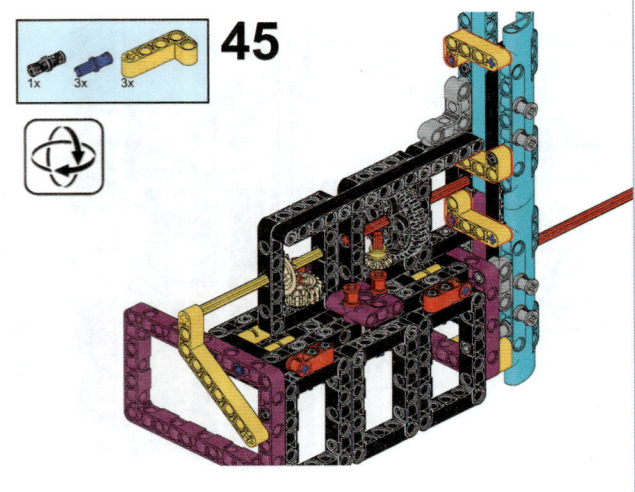

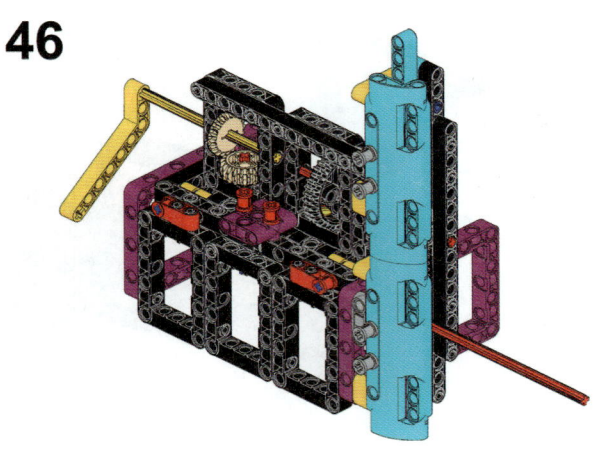

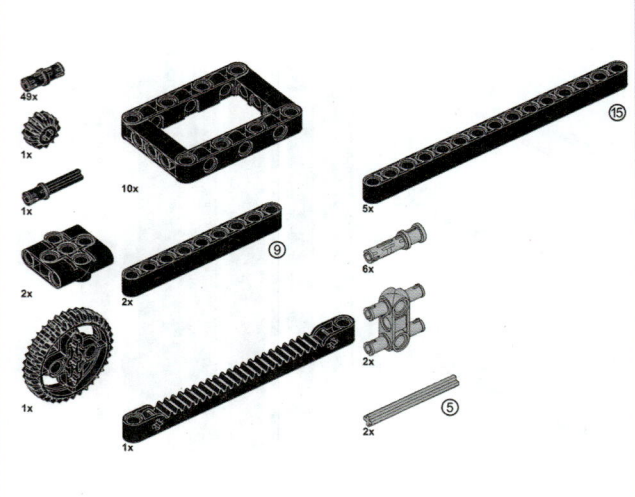

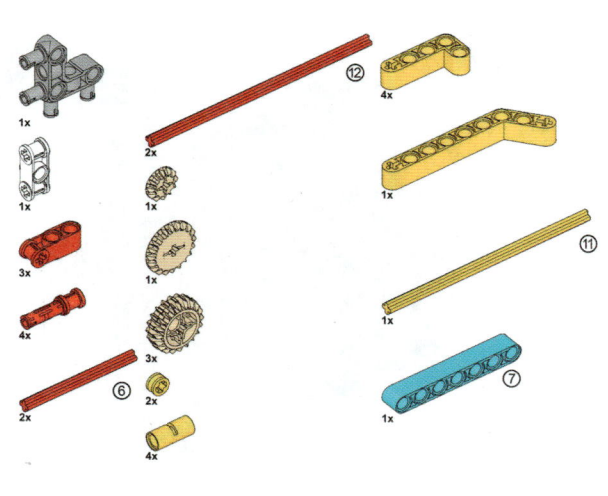

웜기어

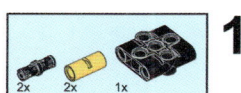

1

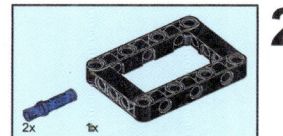

2

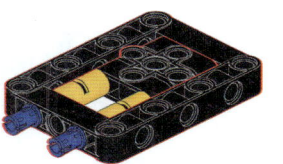

3

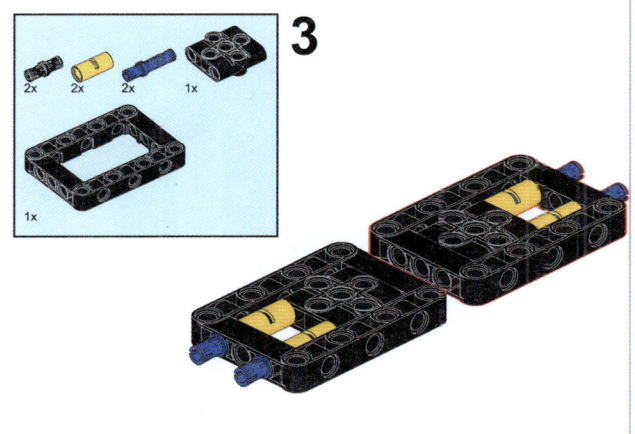

4

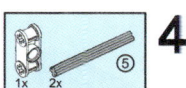

5

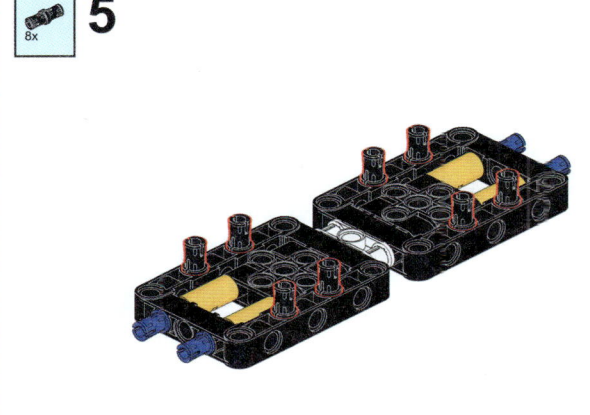

6

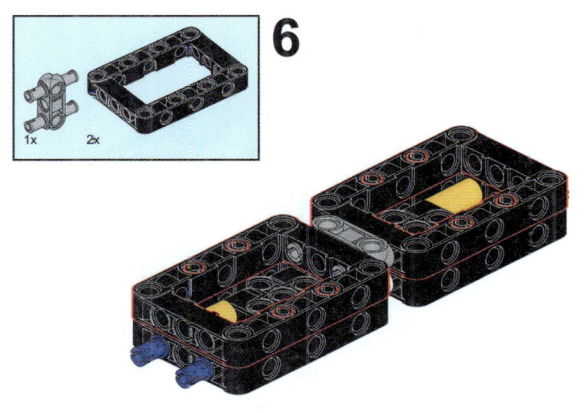

웜기어

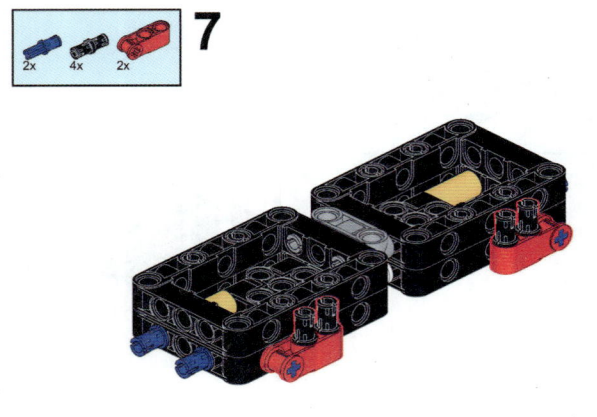

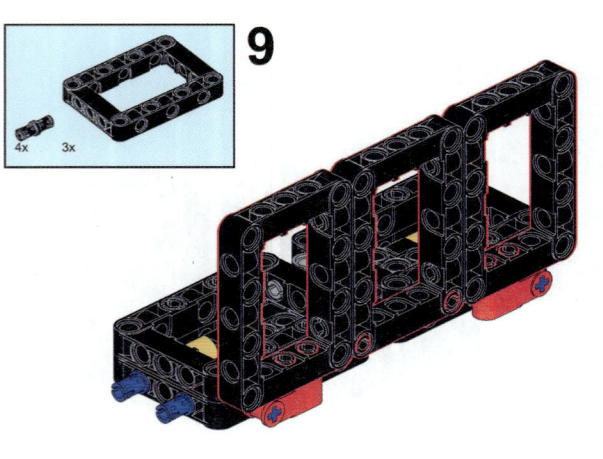

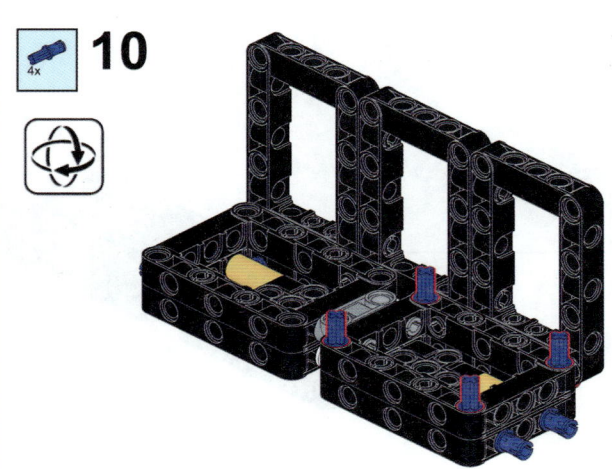

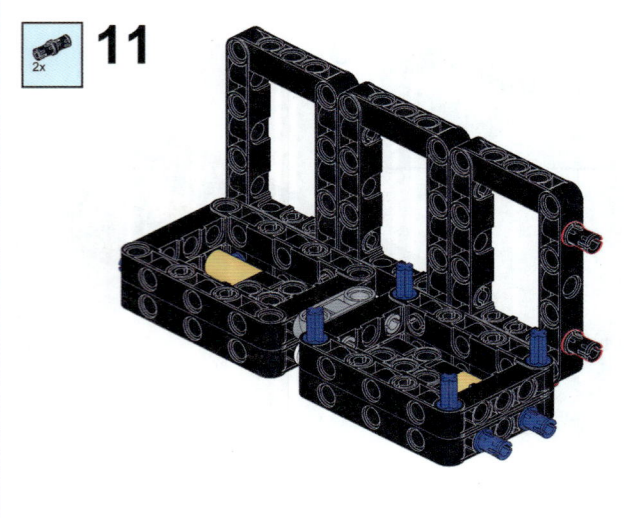

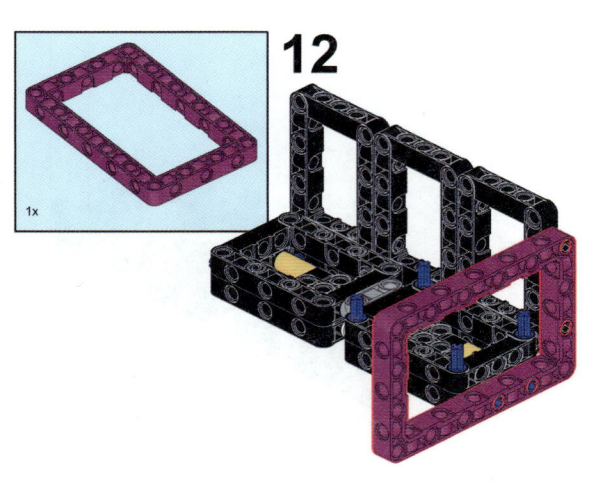

웜기어

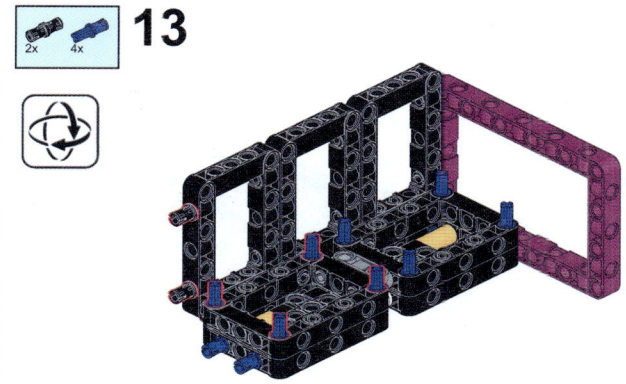

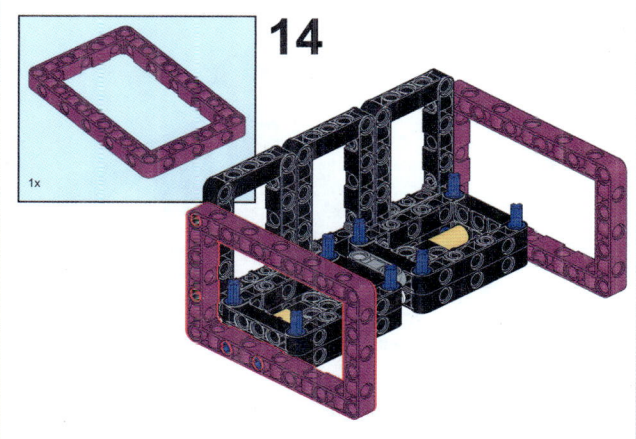

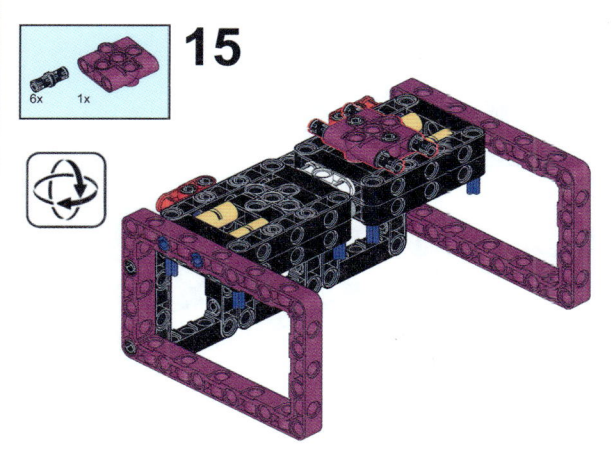

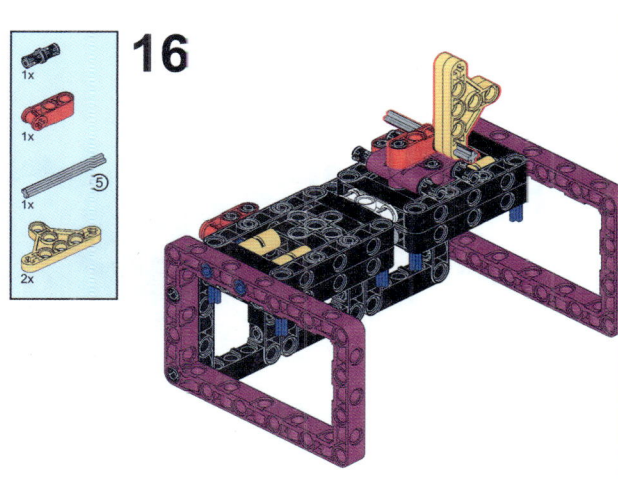

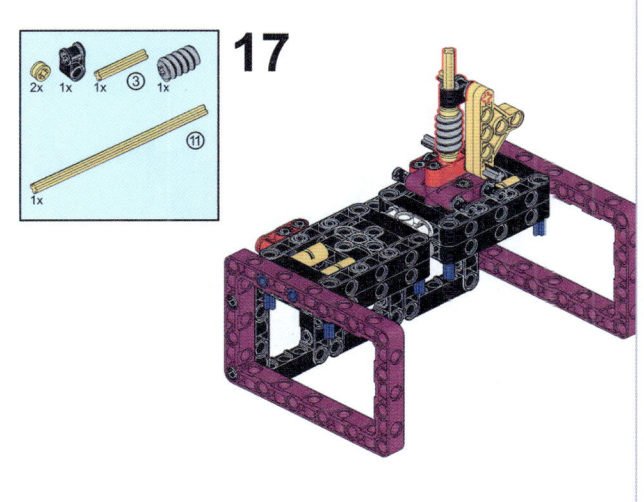

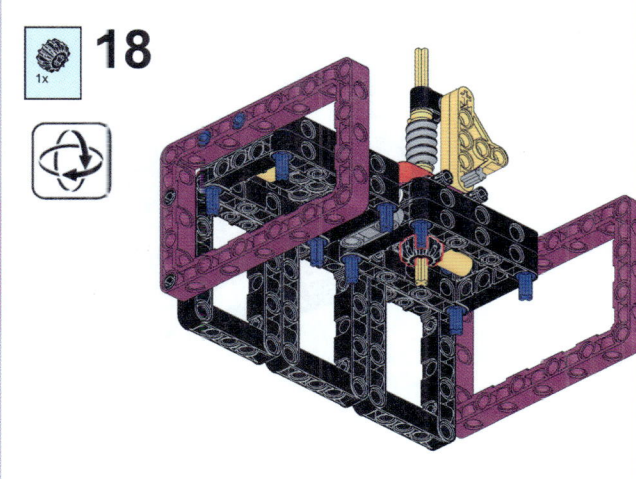

웜기어

웜기어

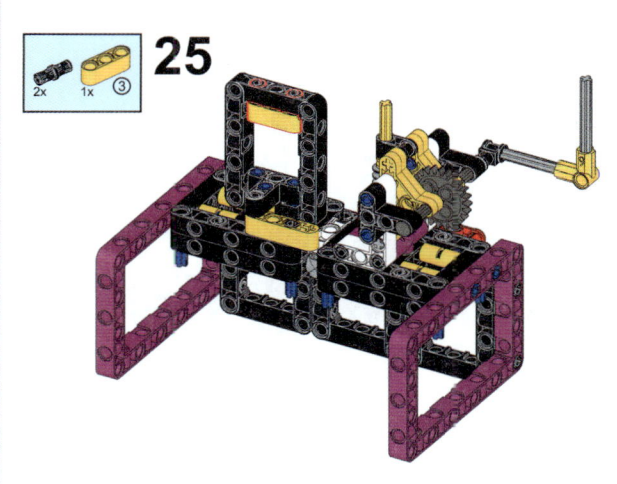
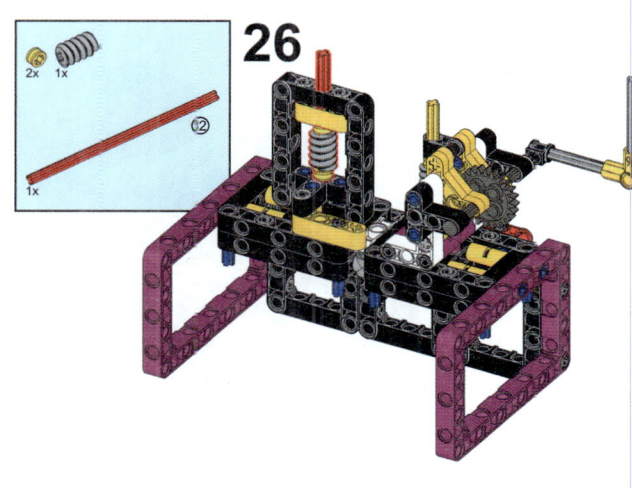
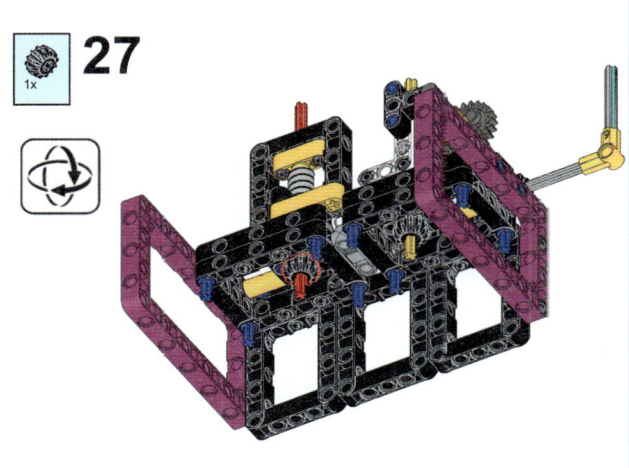
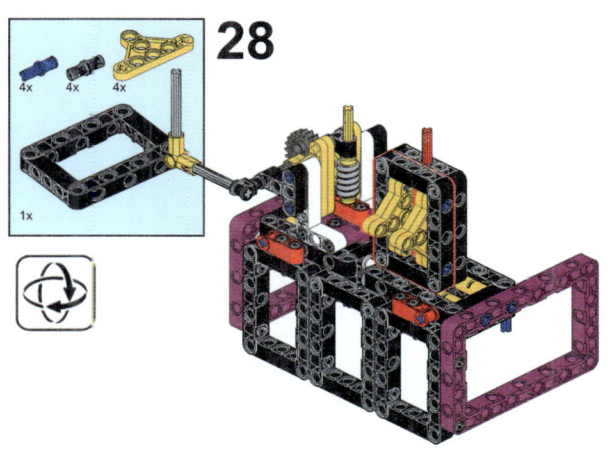
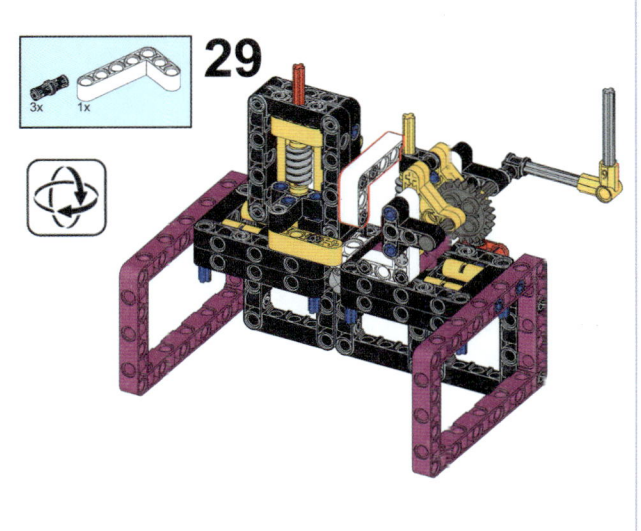
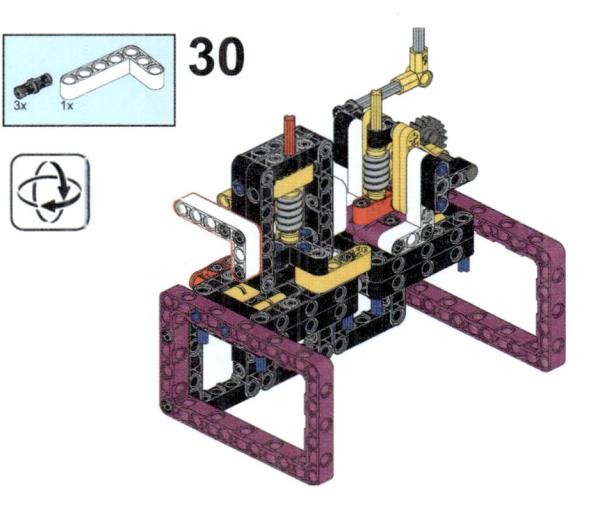

웜기어

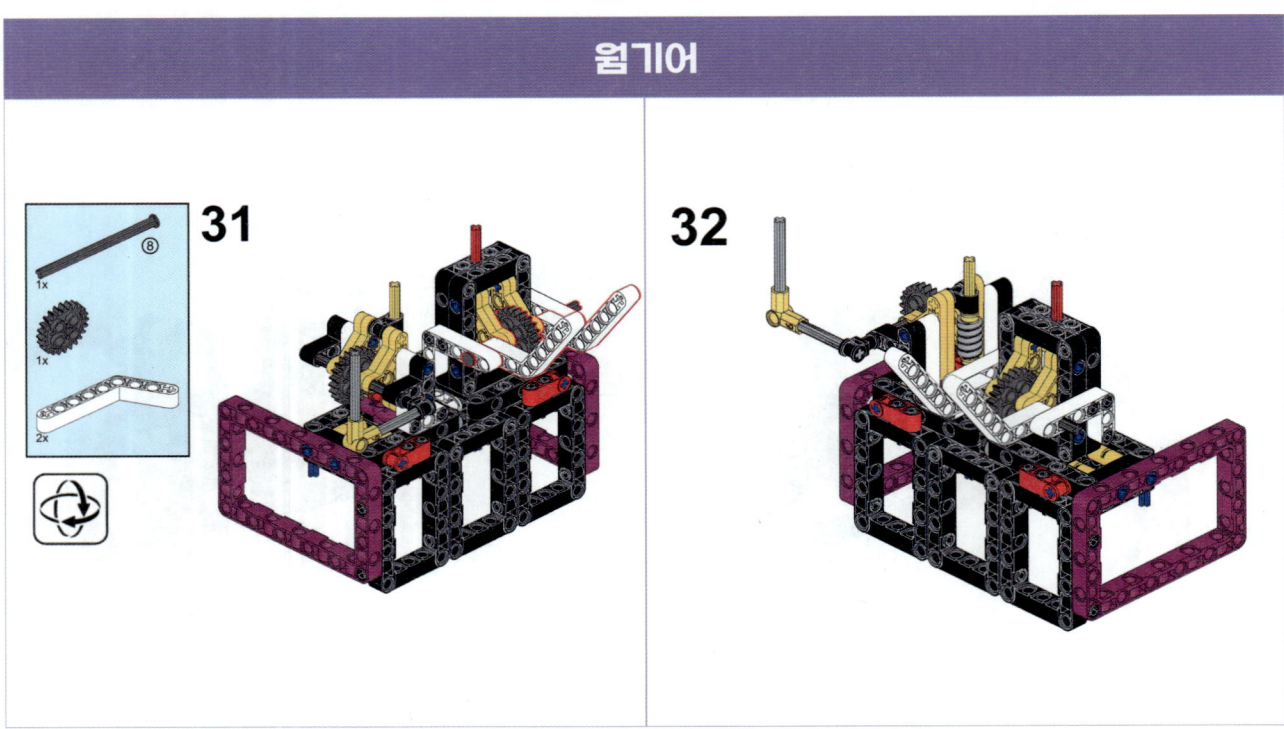

3. 차별화되고 혁신적인 코드 설명

이 챕터에서는 미션을 해결하기 위한 코딩 예시를 다룹니다. 미션 해결은 [해당 미션 앞으로 이동], [모듈로 미션 해결]로 구분할 수 있습니다. 모듈로 미션을 해결하는 것은 모듈에 따라 방법이 달라지므로 기초적인 부분만 다루고, 해당 미션 앞으로 이동하는 여러 가지 방법에 대하여 집중적으로 다루어 보도록 하겠습니다.

1 구동을 위한 모터의 초기 설정

구동을 시작할 때 최대한 정확한 움직임을 위해 작동 방식을 미리 설정해 놓는 것이 필요합니다. 모터 초기 설정은 사용자가 원하는대로 모터를 구동시키기 위해 포트 정하기, 속도 정하기, 멈추는 방식, 이동 거리 설정(바퀴), 기본 동작모드(위치제어 모드, 속도제어 모드) 등이 있습니다.

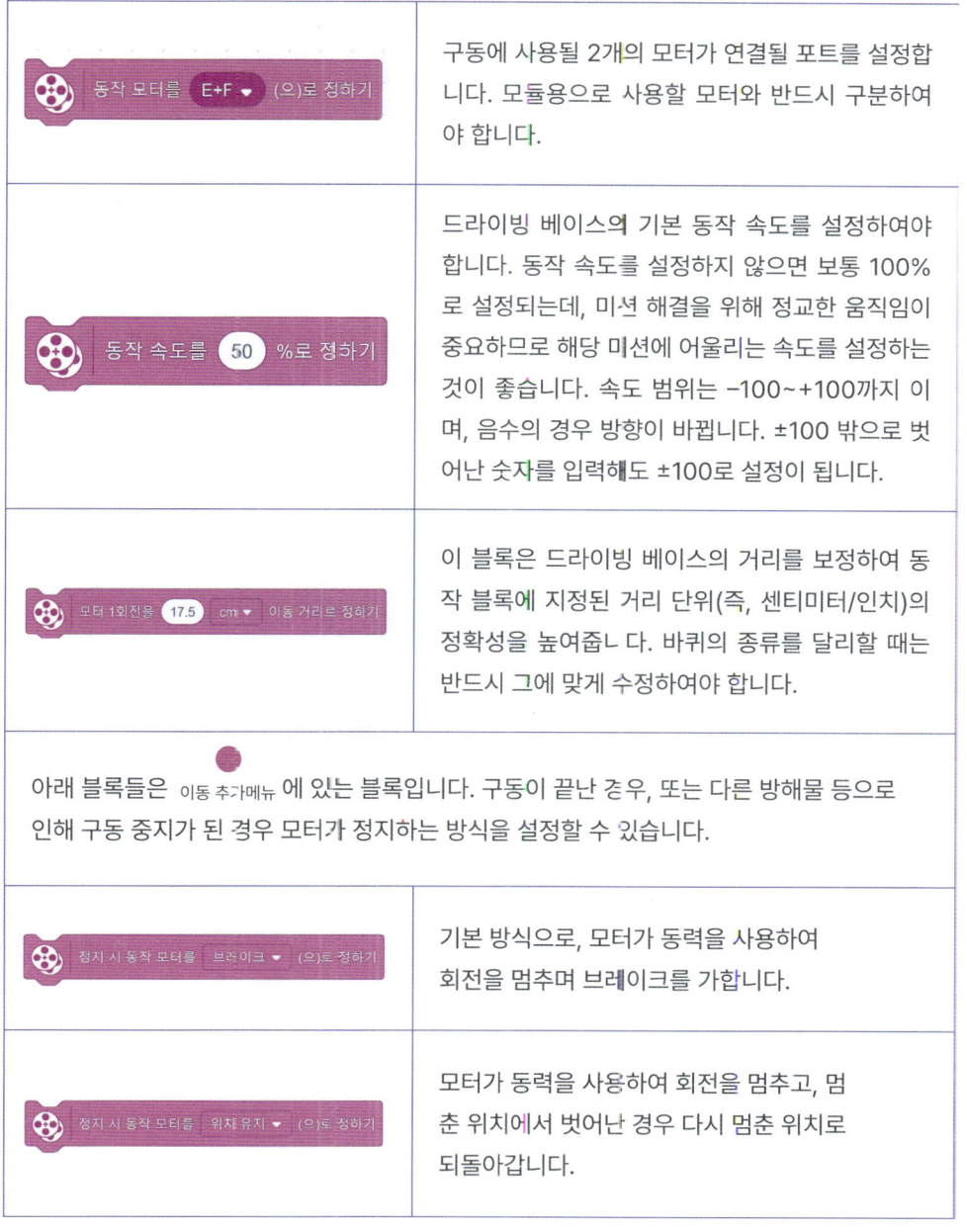

동작 모터를 E+F (으)로 정하기	구동에 사용될 2개의 모터가 연결될 포트를 설정합니다. 모듈용으로 사용할 모터와 반드시 구분하여야 합니다.
동작 속도를 50 %로 정하기	드라이빙 베이스의 기본 동작 속도를 설정하여야 합니다. 동작 속도를 설정하지 않으면 보통 100%로 설정되는데, 미션 해결을 위해 정교한 움직임이 중요하므로 해당 미션에 어울리는 속도를 설정하는 것이 좋습니다. 속도 범위는 –100~+100까지 이며, 음수의 경우 방향이 바뀝니다. ±100 밖으로 벗어난 숫자를 입력해도 ±100로 설정이 됩니다.
모터 1회전을 17.5 cm 이동 거리로 정하기	이 블록은 드라이빙 베이스의 거리를 보정하여 동작 블록에 지정된 거리 단위(즉, 센티미터/인치)의 정확성을 높여줍니다. 바퀴의 종류를 달리할 때는 반드시 그에 맞게 수정하여야 합니다.

아래 블록들은 이동 추가메뉴 에 있는 블록입니다. 구동이 끝난 경우, 또는 다른 방해물 등으로 인해 구동 중지가 된 경우 모터가 정지하는 방식을 설정할 수 있습니다.

정지 시 동작 모터를 브레이크 (으)로 정하기	기본 방식으로, 모터가 동력을 사용하여 회전을 멈추며 브레이크를 가합니다.
정지 시 동작 모터를 위치유지 (으)로 정하기	모터가 동력을 사용하여 회전을 멈추고, 멈춘 위치에서 벗어난 경우 다시 멈춘 위치로 되돌아갑니다.

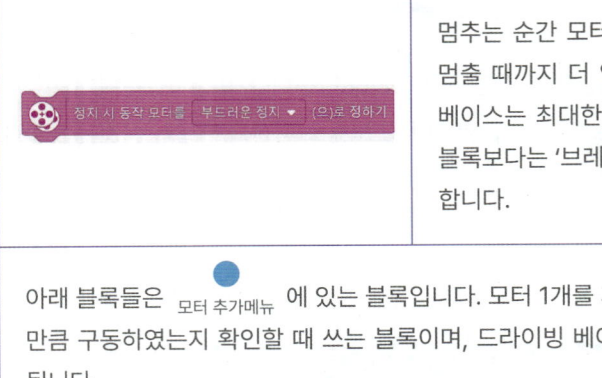	멈추는 순간 모터의 전력이 차단되며, 자연적으로 멈출 때까지 더 앞으로 갈 수 있습니다. 드라이빙 베이스는 최대한 정확하게 구동하여야 하므로, 이 블록보다는 '브레이크' 또는 '위치 유지하기'를 권장합니다.
아래 블록들은 모터 추가메뉴 에 있는 블록입니다. 모터 1개를 개별적으로 사용하거나, 현재 얼마만큼 구동하였는지 확인할 때 쓰는 블록이며, 드라이빙 베이스의 구동과 모듈의 사용에 활용됩니다.	
	모터의 상대 위치를 초기화합니다.
	상대 위치를 초기화한 후 이 블록을 사용하면, 구동한 정도를 확인하여 모터를 원하는 만큼만 정확하게 구동시킬 수 있습니다.

2 변수 사용하기

변수는 처음 접하는 이에게는 '여러 가지 값으로 변할 수 있는 수' 정도로 이해될 수 있는데, 위의 뜻과 더불어 일종의 '정보를 담는 그릇', '저장 상자'로 생각하면 됩니다. 변수는 자유롭게 이름을 붙여줄 수 있으며, 하나의 변수에는 숫자 또는 문자값을 한 번에 하나씩만 저장할 수 있습니다.

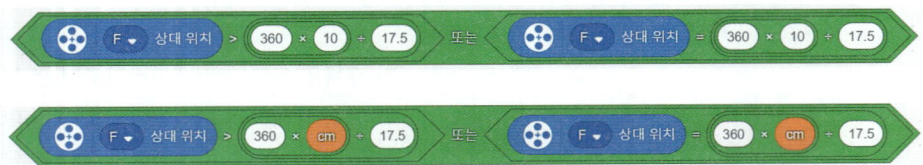

위의 첫 번째 코드 블록에서는 이동 거리를 변경하려면 "10"이라는 값을 두 번 수정해야 하는 불편함이 있습니다. 하지만 두 번째 블록과 같이 변수를 사용하면 하는 블록을 통해 한 번에 변경할 수 있어 매우 편리합니다. 입력해야 할 양이 많아질수록 변수 사용의 편리함은 더욱 극대화됩니다.

변수 사용의 이점

유지보수성	이동 거리를 변경할 때 코드의 여러 부분을 수정할 필요 없이 변수만 수정하면 됩니다.
가독성	코드를 읽을 때 변수의 이름을 통해 해당 값이 무엇을 의미하는지 쉽게 알 수 있습니다.

변수 사용의 이점

재사용성	변수를 사용하면 동일한 값을 여러 곳에서 재사용할 수 있어 코드가 더 간결해집니다.
편리함	입력해야 할 값이 많아질수록 변수를 사용하면 훨씬 편리하게 값을 관리할 수 있습니다.

3 모듈을 사용하기 위한 모터제어

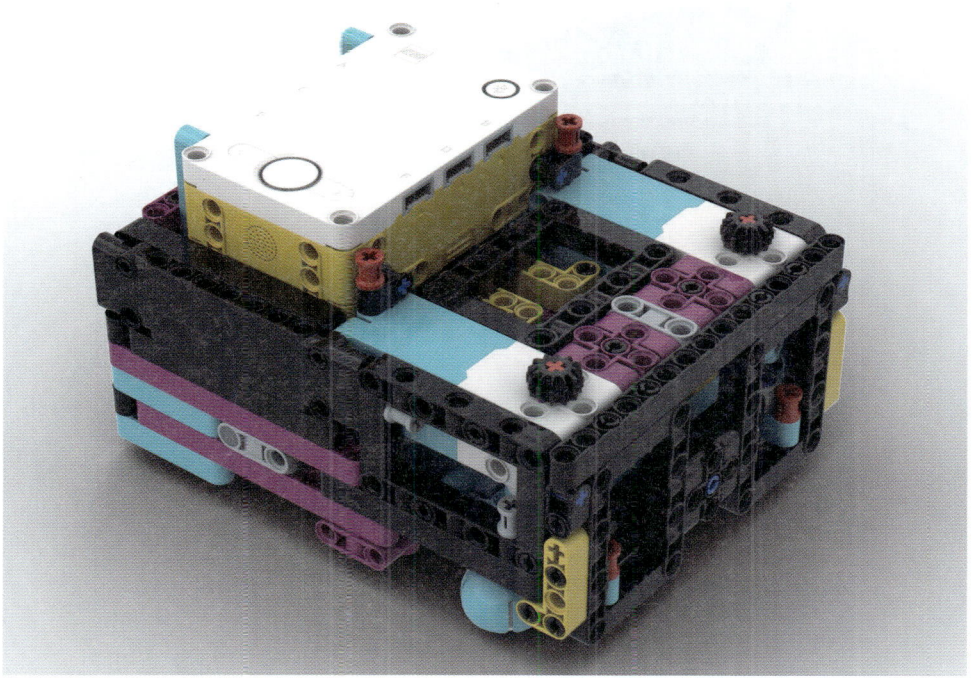

FLL 미션 하나를 수행하기 위해서는 크게 두 가지 동작을 하여야 합니다. 첫 번째는 미션장소로 이동을 하는 것이며, 두 번째는 장착된 모듈을 이용하여 미션을 수행하는 것입니다. 여기에서는 모듈을 사용하기 위한 모터 초기화를 다루며, 모듈마다 움직이는 형태가 다르고 제작된 모듈에 따라 코드는 달라지므로 기본적인 예시만 제시합니다.

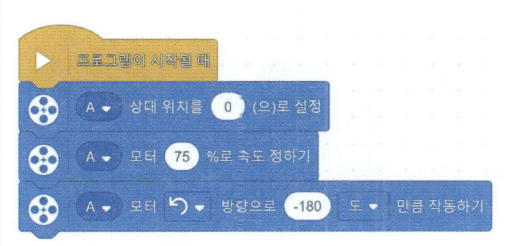

정확한 구동을 위해 상대 위치를 0으로 정하고, 모터의 동작 속도를 설정합니다. 그리고 현재 기준으로 원하는 각도만큼 작동할 수 있도록 정합니다. 방향은 미션에 맞게 설정하면 됩니다.

4 마이 블록 만들기

블록 만들기 를 활용하여 나만의 블록을 만들 수 있으며, 만든 블록은 마이 블록 메뉴에 저장됩니다. 이동, 모듈 움직임 유형을 몇 개 설정하여 마이 블록을 구성해놓으면 보기에 매우 편리할뿐더러 **디버깅*** 작업도 매우 수월해집니다. 아래는 미션을 수행하기 위해 모듈을 내렸다가 올리는 코드입니다.

***디버깅**
개발 중 발생하는 버그, 오류 또는 결함을 찾아내고 수정하는 과정

모듈 내리기　　　　　모듈 올리기

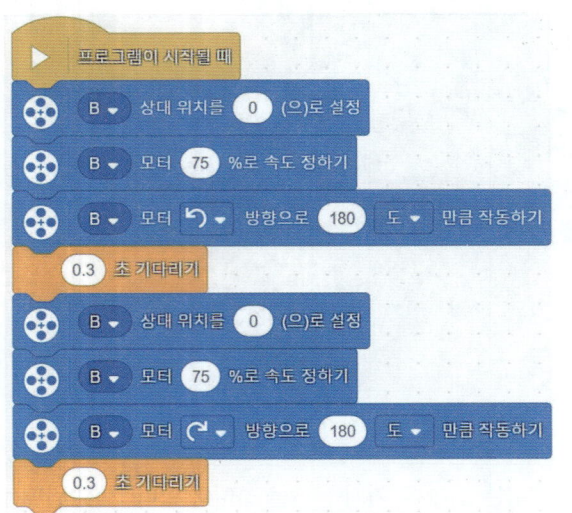

모듈 내리기

모듈 올리기

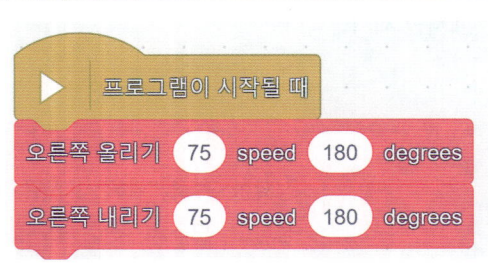

이렇게 마이 블록으로 만들어놓으면, 코드의 가독성이 좋아지며, 디버깅을 할 때도 매우 편리한 것을 느낄 수 있습니다. 또한 비슷한 유형의 미션을 실행할 때도 수치만 바꾸어 그대로 적용할 수 있습니다.

위에 제시되었던 `오른쪽 내리기 ◯ speed ◯ degrees` 를 만들어 보도록 합시다.

1. 마이 블록 → `블록 만들기` 를 선택합니다.

2. 블록 이름을 선택하고 '오른쪽 내리기' 라고 이름 붙입니다.

3. 움직일 속도를 정하기 위해 `입력 추가 (숫자 또는 텍스트)` 를 선택하고 speed라고 이름 붙입니다.

4. 블록에서 speed의 레이블이 표시될 수 있도록 `레이블 추가` 를 눌러 speed라 이름 붙입니다.

5. 3-4번을 반복하여 degrees를 만듭니다.

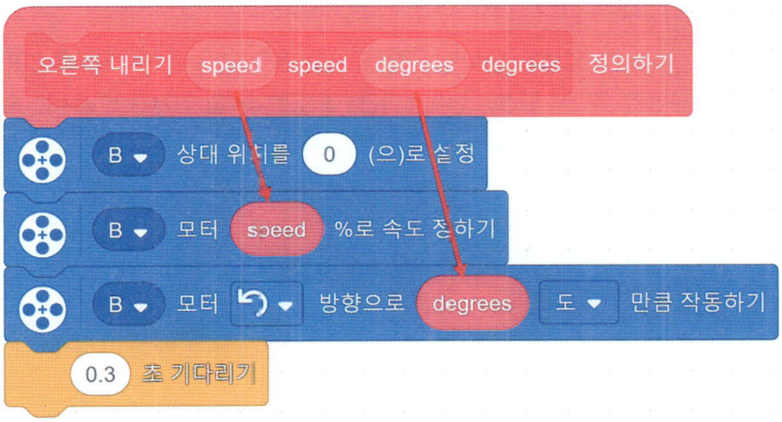

6. 정의하기 블록 아래에 움직임을 위한 블록을 조립하고, 수치를 바꿀 부분을 드래그하여 블록에 넣은 후, 마이 블록 안에 생성된 블록을 활용하면 됩니다.

5 센서 없이 구동하기

미션 수행을 위해 이동할 때는 센서를 사용하는 것이 정확도를 높여주기 때문에, 센서를 활용할 수 있는 위치까지 도달할 수 있도록 최대한 정확하게 구동을 하는 것이 중요합니다. 다음은 원하는 거리만큼 정확하게 구동할 수 있는 예시입니다.

◆ 원하는 거리만큼 구동하기

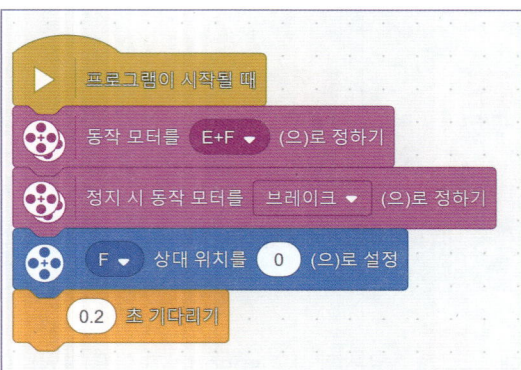

모터의 초기설정 부분입니다. 구동에 사용하는 모터(E+F) 중 포트F에 연결된 모터의 상대 위치를 0으로 설정합니다. 이를 기준으로 입력값만큼 구동할 것입니다.

이동거리 에 입력한 거리만큼 구동합니다. 동작 모터 중 하나인 F를 기준으로 원하는 거리만큼 구동할 때까지 명령을 반복하다가, 설정한 거리와 같거나 넘어가는 순간 구동을 멈추게 됩니다.

※책에 제시된 드라이빙 베이스 기준으로 설명하였습니다. E로 설정하는 경우 바퀴의 상대 위치가 음수가 되므로 계속 움직이는 모습을 보입니다. 따라서 이때는 조건(판단)을 바꾸어야 합니다.

이 블록은 이동거리 에 35를 입력했다면, 1회전이 17.5cm인 바퀴를 장착한 상태에서 35cm를 구동하므로 720도를 회전하여야 한다는 의미입니다. 따라서 바퀴의 크기가 달라진다면 상수 17.5를 바퀴의 원주로 바꾸어 주어야 합니다.

※설명의 용이성을 위해 변수를 삽입하였습니다. 직접 수치를 입력하여도 무방하며, 변수 또는 마이 블록을 사용할 수도 있습니다.

◆ 원하는 시간만큼 구동하기

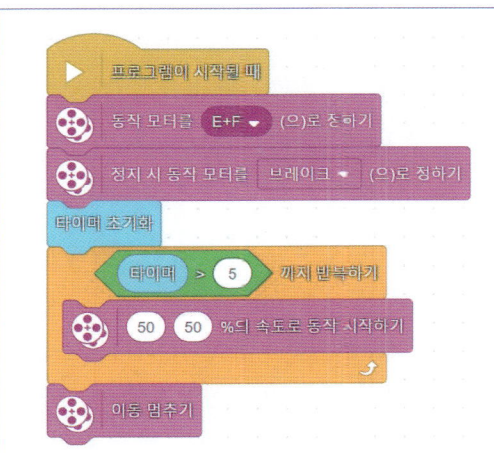

1) 동작 모터 포트를 설정합니다.
2) 멈춤 방식을 브레이크로 정합니다.
3) 타이머를 초기화합니다.
4) 구동을 시작하며, 타이머가 5초가 되기 직전까지 동작합니다.
5) 구동을 멈춥니다.

6 센서로 정확하게 구동하기

◆ 자이로 센서

1) 정확하게 회전하기

오른쪽으로 정확하게 회전하기 위한 블록 구성입니다. 기본적인 모터 초기화가 이루어져야 하며, 중요한 부분은 요(yaw)* 각도의 초기화와 동작 속도 설정입니다. 요(yaw)는 평면에서 좌우회전을 의미합니다.

오른쪽 방향으로 회전을 시작하며, 요(yaw)가 원하는 각도 -10(상수)이 될 때까지 기다렸다가 구동을 멈춥니다. -10(상수)은 회전각보다 더 회전하는 경우 때문에 설정한 것으로, 동작 속도에 따라 달라지니 테스트를 해가면서 적절한 상수값을 찾도록 해야 합니다.

*롤, 요, 피치란?

롤(Roll): 물체의 앞을 기준으로 좌우로 회전을 의미하여, 비행기의 오른쪽 날개가 올라가면 왼쪽 날개가 내려가는 움직임입니다. 고개를 좌우로 갸우뚱하는 것에 비유할 수 있습니다.

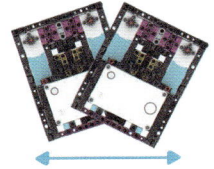

요(Yaw): 평면에서의 좌우 회전을 의미하며, 고개를 도리도리 돌리는 것에 비유할 수 있습니다.

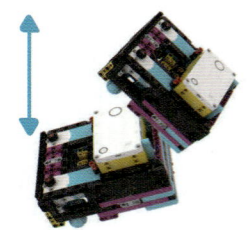

피치(Pitch): 물체가 위아래로 움직이는 움직임입니다. 고개를 끄덕이는 것에 비유할 수 있습니다.

2) 앞으로 구동하기

 드라이빙 베이스로 직진하도록 코딩하면 실제로는 원하는 대로 직진하지 않는 경우가 많습니다. 현재 물리적 환경, 즉 바닥의 상태, 먼지, 바퀴 상태 등이 직진의 방해요소가 되기 때문입니다. 이를 자이로 센서를 이용하여 올바르게 앞으로 갈 수 있도록 보정해 줄 수 있습니다. 다음은 자이로 센서를 활용한 직진 예시입니다.

`이동거리 ▼ 을(를) 0 로 정하기` 에 원하는 거리를 입력합니다.

 모터, 속도, 요 각도를 초기화하고, 직진하다가 틀어진 요 각도의 반대 방향으로 갈 수 있도록 방향을 보정하며 직진하며, 원하는 거리만큼 구동한 후 멈추는 코드입니다. 요 각도를 초기화하고, 구동하다가 생긴 요 각도의 변화량을 `각도오차` 변수에 저장합니다. 이는 그만큼 구동 중 각도가 틀어졌다는 것을 의미하는데, 이를 보정하기 위해 틀어진 만큼의 반대 방향으로 가야 하므로, `각도오차 × -2` 값을 `자이로보정` 변수에 저장하여 이 변수의 값 방향으로 동작하는 것입니다.[1]

 이러한 방식으로 여러 가지 오차가 생길 수 있는 경우를 자이로 센서로 보정하며 직진할 수 있습니다. 선이 그려져 있지 않을 때 기준선이 있는 곳 가까이까지 자이로를 활용하여 구동한 후 선을 찾아 정렬하면 미션 수행의 정확도를 높일 수 있을 것입니다.

---

1) -2가 아닌 +2를 넣게 되면 어떻게 움직일지, 절대값 숫자의 크기의 변화에 따라 드라이빙 베이스의 움직임이 어떻게 달라지는지 생각해 봅시다.

◆ 컬러 센서

1) 라인트레이싱 하기

미션을 살펴보면 미션 지점까지 안내해 주는 선(line)이 존재하는 경우가 있습니다. 이때 이 선을 이용하여 따라간다면 정확하게 미션 지점까지 도착할 수 있습니다. 다음은 컬러 센서 1개를 활용하여 라인트레이싱을 하기 위한 기본 코딩 예시입니다.

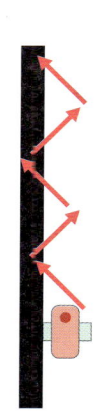
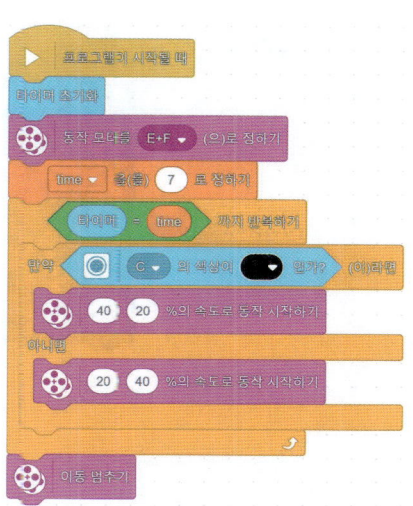

타이머를 0으로 초기화하고 원하는 시간(time 변수)을 설정합니다. 드라이빙 베이스는 흰색을 발견하면 왼쪽으로 구동 검은색을 발견하면 오른쪽으로 구동하는데, 그림처럼 검은색과 다른 색의 경계를 대각선으로 오가며 앞으로 나아가게 됩니다. 설정된 시간 동안만 구동하므로, 원하는 위치로 구동하기 위해서는 테스트를 통해 얼마만큼의 시간이 필요한지 측정이 필요합니다.

2) 라인 정렬하기

짧은 시간 내에 최대한 많은 미션을 수행하기 위해서는 한 번 출발 구역에서 출발했을 때 가능한 많은 미션을 수행하고 돌아와야 합니다. 하지만 미션을 수행하는 도중 점점 오차가 생기기 마련인데, 이때 검은 선, 벽 등을 활용한 정렬로 오차를 줄일 수 있습니다. 그중 선을 이용한 정렬을 소개하고자 합니다.

베이스에서 출발한 로봇이 미션 지점 앞에서 정확한 각도를 맞추어 멈추거나, 하나의 미션을 마치고 다른 곳으로 이동하기 전에 정확한 위치나 각도를 맞추어야 하는 경우, 주변에 그려진 선을 이용하여 미션을 지속할 수 있습니다. 아래는 두 개의 컬러 센서를 활용한 라인 정렬 방법의 예시입니다.

- **단순한 형태의 라인 정렬**

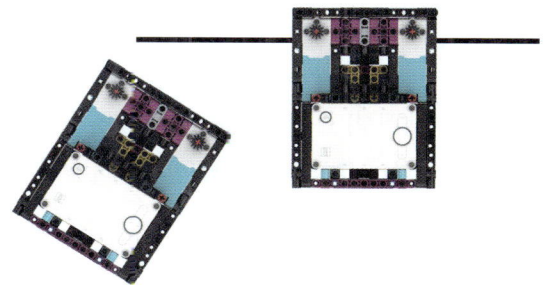

○ 오차를 줄이기 위한 라인 정렬

오른쪽 왼쪽 센서가 둘 다 검은색을 찾을 때까지 움직이다가, 두 센서 모두 검은색을 인식하면 (1차 정렬) 검은 선 바로 위쪽의 흰색을 감지할 때까지 앞으로 간 후, 다시 그 뒤 검은색을 찾아 정렬하는(2차 정렬) 형태입니다. 이 방식은 이중으로 정렬하는 방식이기 때문에 정렬의 정확도가 매우 높습니다.

7 미션을 위한 조합하기

지금까지 자이로 센서, 컬러 센서를 활용하여 구동하는 다양한 방법을 살펴보았습니다. 위의 방법들은 실제 경기에서 1개만 활용하여 사용하는 경우는 많지 않으며 다양한 방법들을 조합하여 사용하게 됩니다. 여기에서는 여러 가지 조합 예시들을 제시하고자 합니다.

◆ 라인트레이싱 - 라인 정렬

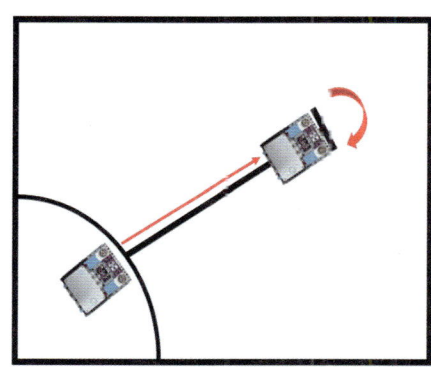

이동하고자 하는 미션지 앞, 그리고 가이드 역할을 해줄 수 있는 선이 있는 경우입니다. 적당한 시간만큼 라인트레이싱을 실시하고, 목적지 부근에 도착한 후 라인 정렬을 실시합니다.

◆ 자이로 직진 + 라인 정렬

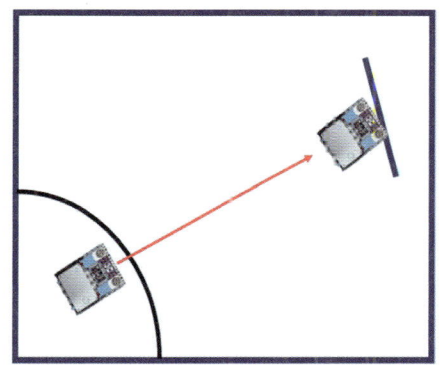
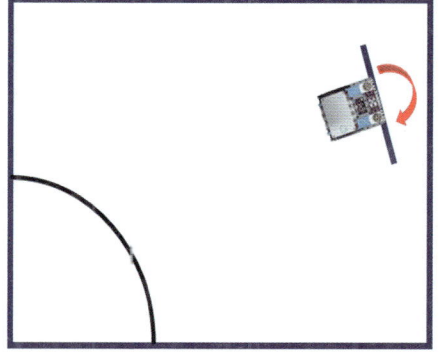

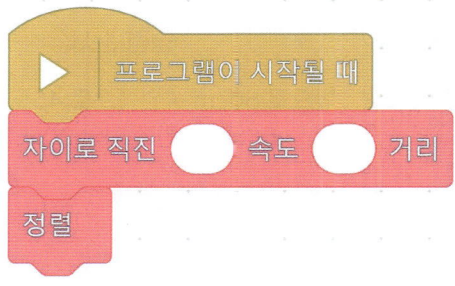

이동하려는 미션장소 앞에 선이 있지만 그 사이에 가이드로 삼을만한 것이 없을 경우, 자이로 센서를 이용하여 원하는 거리만큼 직진하고, 도착한 곳에서 미션을 수행하기 위해 선에 맞춰 서는 라인 정렬을 실시한 예시입니다.

◆ 자이로 직진 + 라인트레이싱

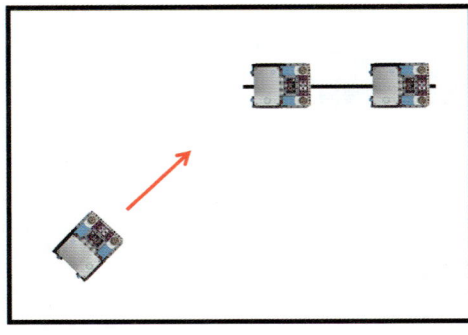 

바로 앞에는 가이드가 되어줄 선이 없지만 어느 정도 이동하면 선을 만날 수 있는 경우입니다. 자이로 직진을 이용하여 선이 있는 부근까지 이동한 후, 라인트레이싱으로 선을 찾아 따라가는 예시입니다.

◆ 차별화되고 혁신적인 이동 경로 설명

드라이빙 베이스와 모듈을 제작하였고, 코드까지 어느 정도 모양을 갖추었다면, 우리 팀만의 차별화되고 혁신적인 이동 경로를 작성하고 설명해 봅시다.

47페이지 <2022/2023 SUPERPOWERED[SM] 추천 이동 경로>의 예시처럼 드라이빙 베이스의 움직임을 구체적으로 작성해가며 로봇 게임을 어떤 식으로 운영할 것인지 설계하여 봅시다.

Try	이동 경로	경로 설명
1	▬	오른쪽 출발 구역에서 시작! 미션 10 : 에너지 유닛 2개 얻기 / 1개는 반대쪽 출발 구역으로 굴러감.

<47페이지 SUPERPOWERED[SM] 추천 이동 경로 예시>

작성해 봅시다!

코드 이름	미션	획득 점수	명령 순서
step 1	1, 2, 3	30+30+30	앞으로 50cm → 왼쪽으로 45도 → 앞으로 50cm → 왼쪽 기어 90도 회전

3 창작

앞선 발견과 설계 단계에서의 내용을 바탕으로 우리 팀만의 드라이빙 베이스, 모듈을 창작해 봅시다! 그리고 2~3분의 로봇 디자인 발표를 위해 구체적인 설명을 적어봅시다.

<로봇 디자인 발표문 예시>

드라이빙 베이스 구조	우리 팀의 드라이빙 베이스는 직육면체 모양으로 만들었습니다. 스파이크 프라임의 특징을 살려서 최대한 작게 만들어 경기장에서 자유롭게 움직일 수 있게 했습니다. 라지 모터 2개에 바퀴를 연결했는데, 이렇게 하면 로봇이 빠르고 정확하게 움직일 수 있습니다. 위쪽에는 미디움 모터 2개를 달아 여러 가지 기능을 할 수 있게 했습니다. 예를 들어, 이 모터들을 사용해 물건을 집어 올리거나 밀어내는 등의 동작을 할 수 있습니다. 또한 로봇 아래쪽에 컬러 센서 2개를 달았는데, 이는 선을 따라가거나 로봇을 정확한 위치에 놓는 데 매우 중요합니다.
드라이빙 베이스 센서의 기능	드라이빙 베이스 아래에 달린 컬러 센서 2개는 빛이 얼마나 반사되는지 측정합니다. 이를 이용해 두 가지 중요한 기능을 수행합니다. 첫째, 검은 선을 따라가는 라인 트레이싱입니다. 예를 들어, 경기장의 특정 지점으로 이동할 때 이 기능을 사용합니다. 둘째, 로봇을 정확한 위치에 맞추는 라인 정렬입니다. 이는 미션을 시작하기 전 로봇의 위치를 정확히 잡는 데 사용됩니다. 이 두 기능 덕분에 우리 로봇은 매우 정밀하게 움직일 수 있습니다.
모듈	우리 팀은 여러 미션을 해결하기 위해 다양한 모듈을 개발했습니다. 한 번 출발할 때 더 많은 미션을 해결할 수 있도록 여러 기능을 하나의 모듈에 합쳤습니다. 예를 들어, 한 모듈에 물건을 집는 기능과 회전하는 기능을 함께 넣어 두 가지 미션을 연속으로 수행할 수 있게 했습니다. 또한 기어를 사용하는 모듈과 기어 없이 작동하는 모듈을 따로 만들어 정확도를 높이고 더 많은 점수를 얻을 수 있게 했습니다. 기어를 사용하는 모듈은 힘이 많이 필요한 미션에, 기어 없는 모듈은 빠른 동작이 필요한 미션에 사용했습니다. 이렇게 함으로써 각 미션의 특성에 맞는 최적의 해결 방법을 찾을 수 있었습니다.
우리 팀 코드의 핵심적인 내용	스파이크 프라임에 내장된 자이로 센서를 활용해 로봇이 경기장에서 정확하게 움직이도록 프로그래밍했습니다. 자이로 센서가 완벽하지는 않지만, 우리 팀은 거의 정확한 주행을 할 수 있게 되었습니다. 예를 들어, 90도 회전이 필요할 때 자이로 센서를 이용해 정확히 90도를 돌 수 있게 했습니다. 또한 마이 블록을 사용해 코드를 간단하게 만들었습니다. 마이 블록은 자주 사용하는 코드를 하나의 블록으로 만드는 기능입니다. 덕분에 로봇 게임을 테스트하다가 문제가 생겨도 쉽게 해결할 수 있었습니다. 예를 들어, 라인 트레이싱 코드를 하나의 마이 블록으로 만들어 여러 곳에서 쉽게 사용할 수 있었고, 문제가 생겼을 때도 그 부분만 빠르게 수정할 수 있었습니다. 마이 블록 덕분에 코드가 간결해져서 오류를 쉽게 찾고 고칠 수 있었습니다.

4 테스트와 개선

창작 단계에서 드라이빙 베이스와 모듈을 제작하고, 코드를 구성하여 미션을 해결해 보았지만 한 번에 모든 것이 해결되지는 않았을 것입니다. 우리는 잘못된 것을 수정하고 부족한 것을 보충하는 작업이 필요합니다. 다음은 FLL에 학생들을 지도하고 대회에 참여한 저자들의 팁을 정리하였습니다. 각 항목들을 체크해보면 보다 완성도를 높여갈 수 있을 것입니다.

기어를 활용한 모듈의 움직임에서 힘이 부족할 경우

기어를 활용한 모듈을 사용하다 보면 모듈이 구조물을 누르거나 들어 올리는 힘이 부족하여 미션을 수행하지 못하는 경우가 있습니다. 이때 기어비의 변화를 통해 문제를 해결할 수 있습니다.

모터의 작동 속도가 같다면, **작은 기어가 큰 기어를 돌릴 때** 더 큰 힘을 전달할 수 있습니다.

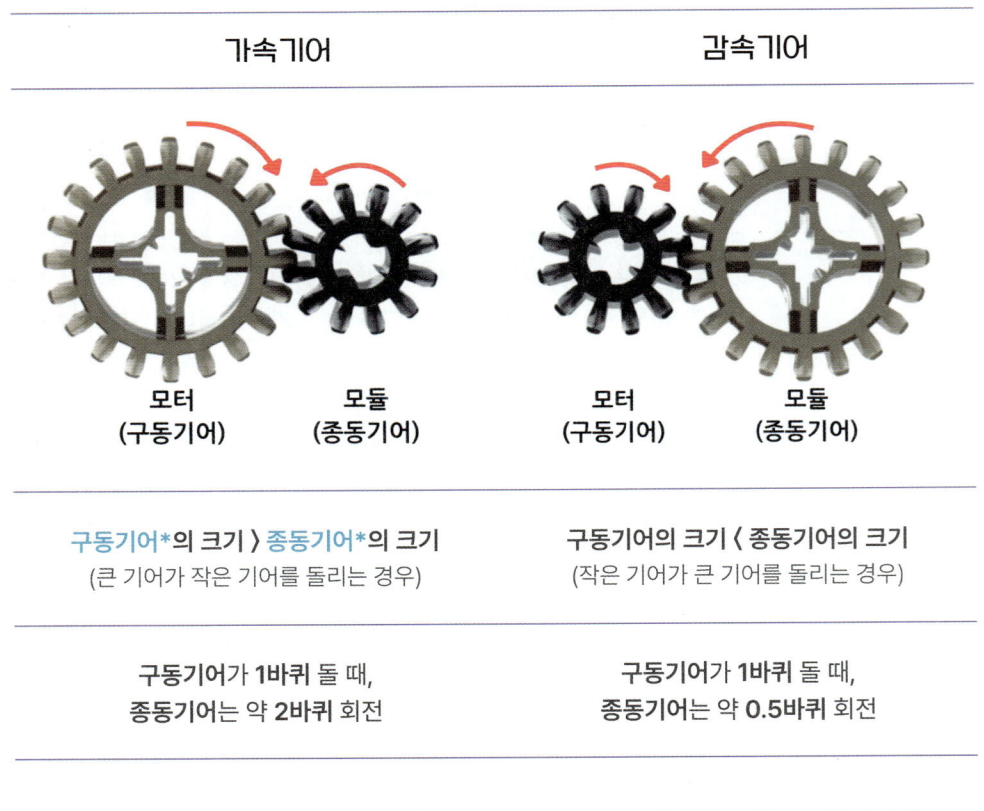

가속기어	감속기어
모터 (구동기어) / 모듈 (종동기어)	모터 (구동기어) / 모듈 (종동기어)
구동기어*의 크기 〉 종동기어*의 크기 (큰 기어가 작은 기어를 돌리는 경우)	구동기어의 크기 〈 종동기어의 크기 (작은 기어가 큰 기어를 돌리는 경우)
구동기어가 1바퀴 돌 때, 종동기어는 약 **2바퀴** 회전	구동기어가 1바퀴 돌 때, 종동기어는 약 **0.5바퀴** 회전
힘은 약하지만 **빠른 움직임**이 필요할 때 사용	느리지만 **큰 힘**을 만들어야 할 때 사용

*구동기어 (원동기어)
구동축(모터)로부터 동력을 전달하는 기어

*종동기어
구동기어로부터 동력을 전달받는 기어

| 발견 | 설계 | 창작 | 테스트와 개선 | 의사소통 |

미션을 해결할 수 있는 다양한 방법 생각하기

각 시즌마다 로봇 게임 미션에 대한 배점 및 해결 방법을 사단법인 상상의 FLL Korea 유튜브 채널(https://www.youtube.com/@사단법인상상)에서 확인할 수 있습니다. 이때, 손으로 각 미션 해결을 위한 메커니즘을 설명해 주는데 그 메커니즘을 그대로 따라 하지 않아도 됩니다. 로봇 게임은 경기 종료 후 미션 모형의 상태를 보고 점수를 부여하기 때문에 어떻게 미션을 수행했는지는 중요하지 않습니다. 각 팀별로 전략을 잘 세워 제한 시간 안에 효율적으로 미션을 수행하는 게 중요합니다.

2022/2023 SUPERPOWERED   ▬ FLL 해설   ▬ 다르게 해결하기

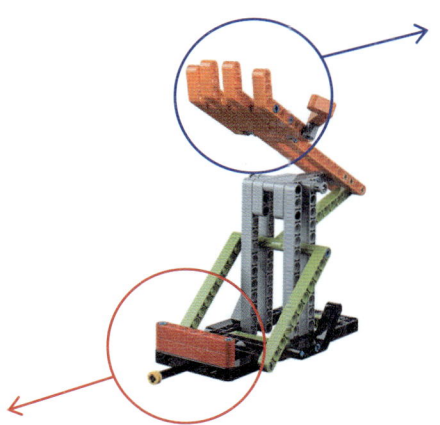

미션 5

스마트 그리드는 주황색 커넥터를 완전히 올려야 성공하는 미션입니다. 아래쪽 빨간 그립을 잡아 당겨 커넥터를 올릴 수 있지만 주황색 커넥터 자체를 밀어서 미션을 해결할 수 있습니다.

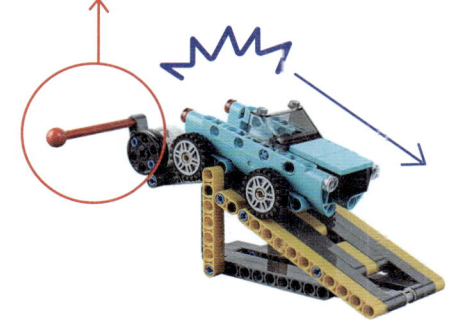

미션 6

하이브리드 자동차는 뒤쪽의 빨간색 바를 들어 올려 하이브리드 유닛을 자동차에 삽입하고 하이브리드 자동차가 경사로에 닿아있지 않게 밀어내는 미션입니다. 하이브리드 유닛 삽입과 하이브리드 자동차 밀기를 모두 해내면 20점 만점을 획득하지만 빨간색 바를 들어올리기 힘들거나 시간이 부족하다면 하이브리드 자동차만 쭉 밀어내 부분 점수를 획득하는 전략을 세울 수 있습니다.

미션 11

수력발전 댐은 상단에 있는 빨간색 바를 올려 물 유닛을 내려보내면 터빈바퀴가 돌아가 에너지 유닛을 분리하는 미션입니다. 이 미션에서 물 유닛은 아래쪽에 터빈을 돌리는 역할이기 때문에 따로 획득하거나 아래로 꼭 내려보낼 필요는 없습니다. 아래쪽에 있는 터빈을 돌리기만 해도 미션을 성공할 수 있습니다.

2023/2024 MASTERPIECE℠   🟥 FLL 해설   🟦 다르게 해결하기

미션 1

3D 영화관은 모델 뒤쪽에 있는 주황색 레버를 내려 용의 몸통에 있는 빨간색 빔이 검은색 프레임의 오른쪽까지 오도록 하는 미션입니다. 주황색 레버가 경사가 있어 누르기 모듈로 수행하기에는 어려움이 있을 수 있습니다. 따라서 용의 머리 부분을 끌어오거나 용의 몸통 뒤편을 밀어서 미션을 해결할 수 있습니다.

미션 3

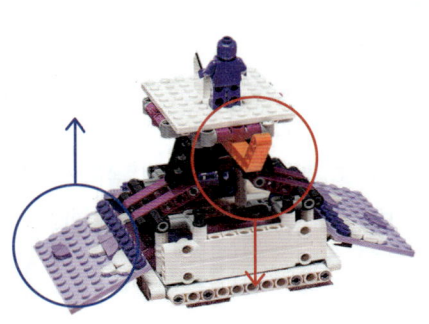

몰입형 경험은 주황색 레버를 내려 화면 3개를 올리는 미션입니다. 이때 레버를 내리는 대신 화면을 직접 들어 올리기만 해도 미션을 해결할 수 있습니다.

미션 8

움직이는 카메라는 주황색 레버를 당겨 탄성을 이용해 튕겨내듯이 카메라를 이동시키는 미션입니다. 레버를 당기는 메커니즘을 생각하면 복잡하지만 레버 지지대 틈으로 기다란 바를 이용해 카메라를 툭 쳐내기만 해도 미션을 수행할 수 있습니다.

로봇 게임에서 놓치지 말아야 할 테크니션의 역할

테크니션은 미션을 수행하는 참가자를 말합니다. 경기를 할 때 테크니션의 역할은 정말 중요합니다. 서로 다른 출발 구역에 위치해있고 직접적으로 드라이빙 베이스나 모듈을 주고받을 수 없기 때문에 자신이 맡은 역할을 정확하게 숙지해야 합니다.

1 사용할 모듈 기억하기

경기장에는 출발 구역이 나누어져 있기 때문에 각각의 위치에서 효율적으로 해결할 수 있는 미션들을 분류해야 합니다. 이때, 각 출발 구역이나 홈 구역에 자신이 맡은 모듈을 위치시켜 놓아야 합니다. 경기 당일 당황하지 않고 모듈을 잘 결합하도록 충분히 연습해야 합니다.

| 발견 | 설계 | 창작 | 테스트와 개선 | 의사소통 |

2 허브 명령 번호 기억하기

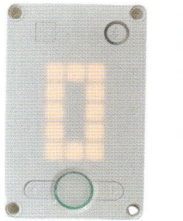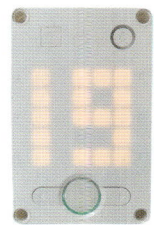

스파이크 프라임은 0~19번까지 명령을 구분해 저장할 수 있습니다. 기존에 텍스트로 명령을 저장할 수 있었던 EV3와 달리 숫자로만 저장하기 때문에 테크니션이 명령번호를 착각하지 않는 것이 중요합니다. 또한, 각 명령에 따른 출발 위치와 출발 각도를 잘 기억해야 합니다.

3 미션 유닛 관리하기

테크니션은 경기 중에 필요한 유닛들을 안정적으로 관리 해야 합니다. 미션에서 획득한 에너지 유닛을 재사용해야 하는 2022/2023 SUPERPOWERED[SM] 같은 경우 에너지 유닛이 다시 경기장으로 굴러 들어가거나 다른 모듈들과 섞이지 않도록 잘 관리를 해야 합니다.

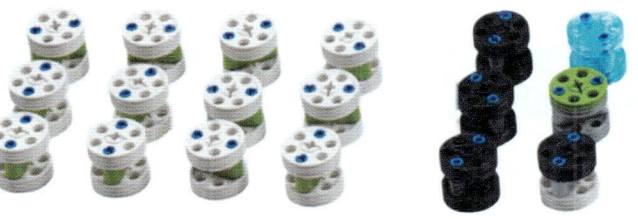

<2022/2023 SUPERPOWERED[SM]에서 사용되는 유닛>

2023/2024 MASTERPIECE[SM]는 **미션 4, 미션 14, 미션 15**를 위해 테크니션이 관리해야 할 것들이 많습니다. 특히 다른 미션을 수행하는 과정에서 경기장에 위치해 있던 전문가를 이동시킬 경우 계획대로 경기가 운영되지 않을 수 있기 때문에 이동 경로를 잘 고려해야 합니다.

<미션 14 관객들>   <미션 15 전문가 이동>

기어를 활용한 모듈의 초기값 설정하기

미션 수행 시 팀원들은 서로 협력하며 자신이 맡은 역할을 침착하게 수행하여야 합니다. 다만, 주어지는 시간(2분 30초)은 매우 짧은 시간이기 때문에 침착하여야 하는데, 이때 종종 하는 실수가 모듈의 초기 상태를 미처 확인하지 못하는 것입니다.

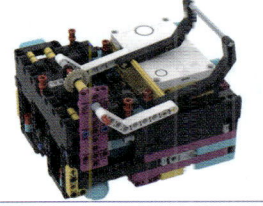

모듈이 기 상태에서 장착이 된 상태에서 180도를 회전시켜야 올바르게 동작이 된다고 가정해 봅시다.

만약 이 모듈이 위로 서있거나 앞을 향한 상태에서 출발하게 된다면, 미션장소로 가서 180도를 회전시켰을 때 바닥에 닿거나 미처 180도를 다 돌지 못하기 때문에 다음 동작으로 넘어가지 못하는 경우가 생깁니다.

이처럼 모듈이 정확한 각도를 이동하여 작동하여야 하는 방식인 경우, 모터가 원하는 각도까지 돌지 않아 그다음 움직임을 실행하지 못합니다. 그러므로 모듈의 초기 상태를 꼭 잊지 않고 확인하여야 합니다.

오류가 발생했을 때, 순차적으로 디버깅하기

하나의 미션을 해결하기 위해 코딩을 해보면 한 번에 성공하는 경우는 드물고, 성공하기까지는 많은 디버깅 과정이 필요합니다. 원하는 대로 동작이 되지 않을 때(거리, 드라이빙 베이스 회전 각도, 모듈 모터의 회전 각도 등) 코드를 한 번에 고치려고 하면 변인 통제가 되지 않아 무엇이 문제인지 알 수 없는 경우가 많습니다. 이때는 차근차근 순차적으로 문제를 분해하여 한 단계씩 해결하여야 합니다. 모든 블록을 떼어놓고, 첫 움직임 하나를 성공하면 다음 움직임과 관련된 블록을 붙여나가며 수정하고, 성공하면 또 다음 단계의 블록을 붙여나가는 방식으로 문제를 해결하는 것이 좋습니다.

모듈에 고정핀을 추가하여 에너지를 집중시키기

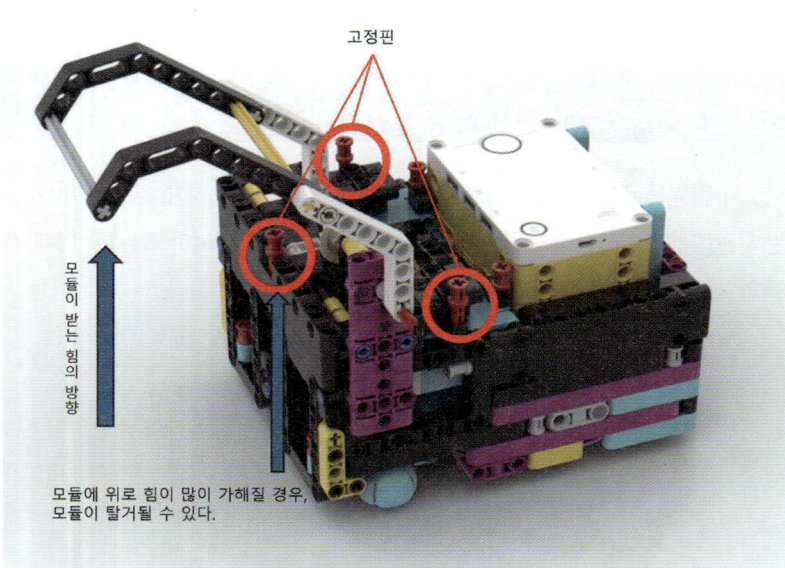

십자형 연결핀
43093

고정용 연결핀
32054

힘을 많이 받는 모듈이거나 정밀함이 필요한 경우, 흔들리지 않게 고정용 연결핀을 추가할 수 있습니다. 모듈을 쉽게 끼우고 교체하기 편리하도록, 주로 십자형 연결핀을 사용합니다. 하지만 이는 드라이빙 베이스와 단단하게 결합되지 않아 모듈이 들뜨거나 움직여서 힘이 정확하고 강하게 전달되지 않을 수 있습니다. 따라서 십자형 연결핀과 더불어 고정용 연결핀을 추가하면, 십자형 연결핀으로는 모듈의 위치를 잡아주고 고정용 연결핀으로는 모듈과 드라이빙 베이스를 단단하게 고정시켜 줄 수 있습니다. 고정용 연결핀으로는 쉽게 누르고 뺄 수 있는 위와 같은 형태의 핀을 사용하는 것이 좋습니다.

정확한 위치에서 출발하는 출발 가이드 만들기

미션을 해결하기 위해서는 홈 구역에서 미션 위치까지 정확한 각도와 거리로 도착하는 것이 우선입니다. 똑같은 로봇과 코딩으로 똑같은 미션을 반복 수행해도 계속 오차가 생겨서 일정하게 수행되지 않을 때가 있습니다. 이는 똑같은 위치와 각도에서 시작하지 않았을 가능성이 있습니다. 눈 대중으로 시작 위치를 잡는 것은 오차가 늘어나게 됩니다. 따라서 각 미션의 출발 위치와 방향을 정확하게 하기 위해 경기장의 홈 구역에 '출발 가이드'라는 것을 만들어서 로봇을 작동한다면 오차 없이 일정하게 출발을 할 수 있을 것입니다.

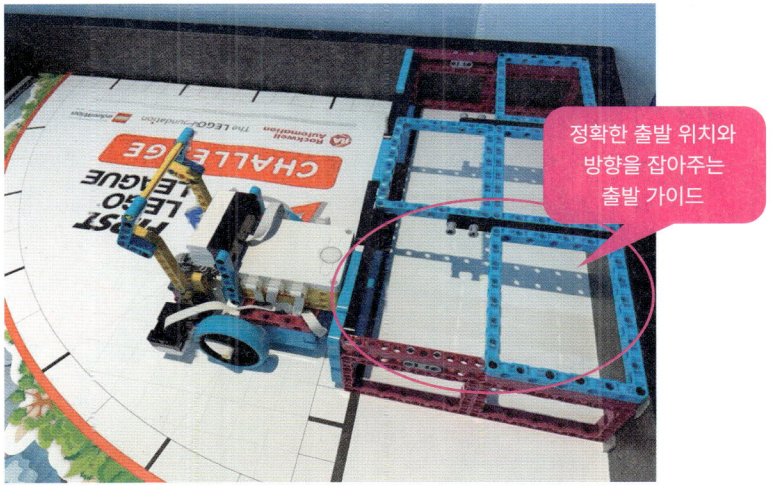

<출발 가이드 예시>

미션 해결 후 오차 범위를 줄일 수 있는 방법 생각하기

로봇 경기는 2분 30초라는 짧은 시간에 10여 개의 많은 미션들을 수행해야하기 때문에 한 번에 한 미션만 수행하는 경우는 거의 없고, 대부분 한 미션을 수행한 후 바로 다른 미션들을 수행하는 식으로 여러 미션들을 묶어서 수행합니다. 이때 한 미션을 해결한 후 다른 미션을 해결하기 위해서는 이동을 해야하므로 정확한 회전과 이동 거리가 매우 중요합니다. 같은 동작을 여러 번 시도해 보았을 때 허용할 수 있는 오차 범위를 넘어선다면 다음을 점검하거나 고려해 보는 것이 도움이 됩니다.

1 로봇의 문제

① 바퀴의 이물질 닦기

바퀴의 이물질 때문에 마찰력이 달라지는 문제입니다. 생각보다 이 원인인 경우가 많습니다. 깨끗한 휴지로 닦아주기만 해도 안정적인 주행이 가능해집니다.

② 로봇의 유격 확인하기

로봇 내에서 연결된 부위들이 헐거워지는 경우가 있습니다. 다시 제대로 끼우는 방법도 있고, 같은 문제가 반복된다면 연결 부위를 수정하거나 다른 부품을 더 사용하여 보강하는 방법도 있습니다.

2 코딩의 문제

① 회전 방향의 오차가 크다면 자이로 센서를 사용하여 회전하기

코딩을 바퀴의 회전수로만 설정했을 때, 상황에 따라 바퀴와 경기장 사이의 마찰이 달라지는 경우와 전 미션 해결에서 로봇의 무게중심이 틀어지는 경우 등으로 일정하게 회전이 유지되지 않을 수 있습니다. 이때 컨트롤러 내에 있는 자이로센서의 요(yaw) 값을 이용하여 일정한 각도가 되면 멈추게 설정할 수 있습니다.

② 정확한 위치에서 멈추지 않는다면 컬러 센서 활용하기

이 경우는 바닥에 라인이 있을 경우에 한정됩니다. 미션과 로봇과의 거리를 정확히 할 수 있어야 정확한 미션 수행이 가능한 경우가 있습니다. 이때 만약 미션 모형 앞에 라인이 있을 경우에는 드라이빙 베이스의 컬러 센서를 활용하여 로봇을 멈추게 하고 거리를 조정하는 방법을 사용할 수 있습니다. 이 방법을 사용하면 거리뿐 아니라 라인과 로봇을 가지런하게 정렬할 수도 있습니다.

3 경기장의 문제

① 경기장 바닥의 요철 확인하기

경기장의 매트가 팽팽하게 고정되지 않아 들뜨거나 매트 아래 바닥에 먼지나 이물질로 인해 미세한 요철이 생길 경우, 드라이빙 베이스의 바퀴가 요철에 걸려 움직임이 달라질 수 있습니다. 자그마한 변수에도 로봇의 움직임이 달라질 수 있는 만큼 경기장의 바닥이 평평하고 깨끗한 상태인지 확인해야 합니다.

② 여분의 매트 준비하기

경기 연습을 많이 하다보면 경기장 매트의 마찰력이 줄어들어 새로운 매트를 준비할 필요가 있습니다.

하나의 미션을 여러 번 시도에 걸쳐서 해결하기

한 미션을 수행할 때 여러 동작을 해야 하는 경우가 있습니다. 한 번에 한 미션의 모든 동작을 해결할 수도 있지만 미션을 여러 동작을 나누어서 수행할 경우가 더욱 효과적인 경우도 있습니다. 2023/2024 MASTERPIECE^{SM}의 미션 8번을 예로 설명하 보겠습니다.

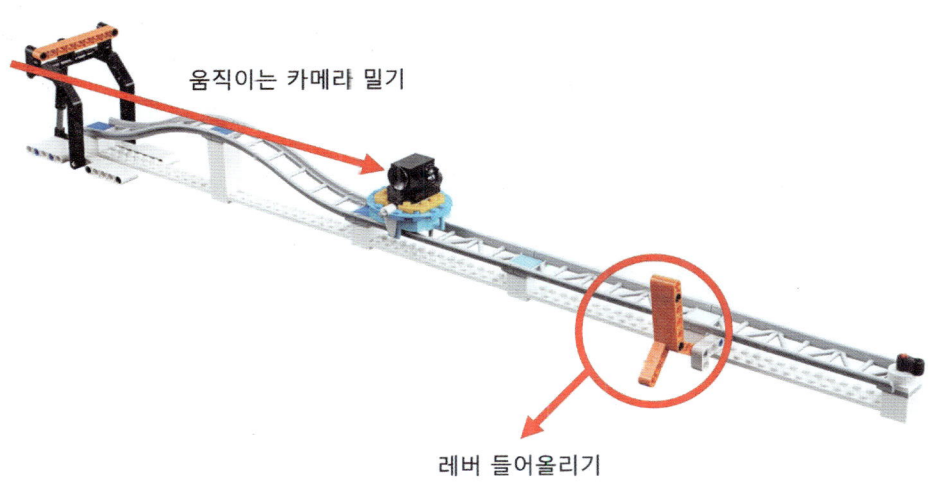

<2023/2024 MASTERPIECE^{SM}의 미션 8번>

이 미션에서 높은 점수를 얻기 위헤서는 레버를 먼저 올린 후 카메라를 밀어야 합니다. 미션 모형이 길기 때문에 한 번어 해결하기에는 효율성이 떨어집니다. 따라서 왼쪽 홈에서 출발하여 처음에 레버 들어 올리기를 하고 가까운 다른 미션들을 수행한 다음에 오른쪽 홈에서 출발할 때 움직이는 카메라를 민다면 더욱 미션을 효율적으로 해결할 수 있습니다.

기타

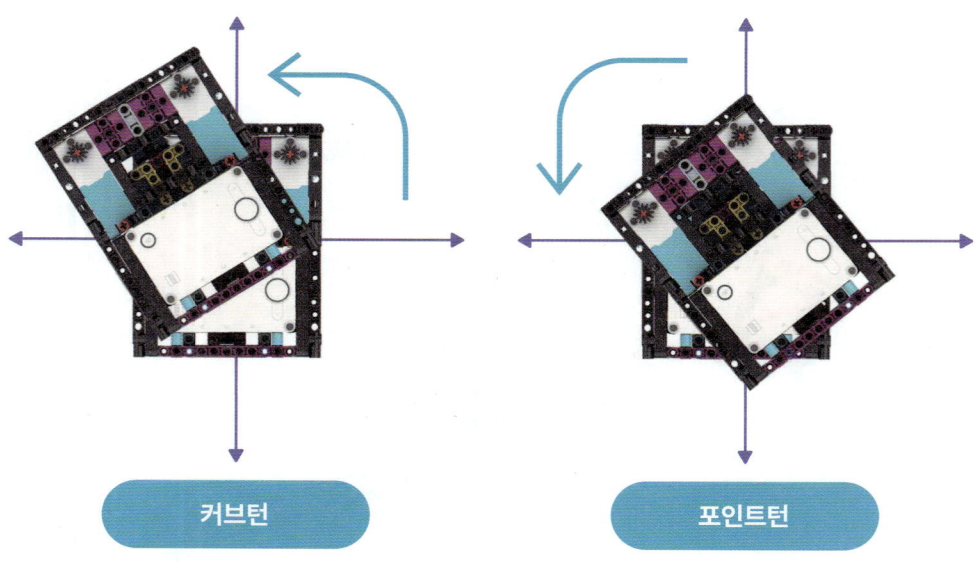

드라이빙 베이스의 회전은 커브턴과 포인트턴 두 가지가 있습니다.

커브턴은 회전 안쪽 바퀴와 바깥쪽 바퀴를 같은 방향으로 구동하되, 바깥쪽 바퀴를 더 많이 돌립니다. 사진처럼 커브턴은 부드러운 곡선 형태의 회전을 만들어냅니다. 포인트턴은 회전 안쪽 바퀴와 바깥쪽 바퀴를 반대 방향으로 구동합니다. 안쪽 바퀴는 뒤로, 바깥쪽 바퀴는 앞으로 같은 횟수만큼 회전시킵니다. 따라서 포인트턴을 하면 로봇이 제자리에서 회전할 수 있습니다.

 정확한 움직임이 요구되는 경우, 커브턴보다는 포인트턴을 사용하는 것이 좋습니다. 커브턴은 바닥 표면, 바퀴의 마찰, 로봇의 무게 분포 등 여러 변수로 인해 오차가 발생할 가능성이 큽니다. 반면 포인트턴은 이러한 변수의 영향을 덜 받아 더 정확한 회전이 가능합니다.

 로봇 게임에서는 상황에 따라 두 회전 방식을 적절히 선택하는 것이 중요합니다. 넓은 공간에서 부드러운 이동이 필요할 때는 커브턴을, 정확한 방향 전환이나 좁은 공간에서의 회전이 필요할 때는 포인트턴을 활용하면 효과적입니다.

| 발견 | 설계 | 창작 | 테스트와 개선 | 의사소통 |

5 의사소통

우리 팀은 이제 마무리 단계에 도착했습니다. 로봇 게임을 진행하기 위해서 준비해온 모든 과정들을 되돌아보며 어떠한 과정으로 로봇을 설계하였는지, 팀원들은 각자 어떤 역할들을 하였는지를 정리하며 발표를 준비해 봅시다.

1. 채점기준표(루브릭)에 따라 가장 효율적으로 발표할 수 있는 방법 생각하기

	시작단계 1	발전단계 2	완성단계 3	탁월함 4 어떤 점에서 탁월했나요?
발견 – 팀은 어떤 미션을 시도할지 결정하고 설계 및 코딩 기술을 탐색하고, 필요에 따라 지도를 받았다.			
	□ 미션 전략의 최소한의 증거	□ 미션 전략의 부분적 증거	□ 미션 전략의 명확한 증거	□
	⚙ 설계 또는 코딩 기술의 최소 사용	⚙ 설계 또는 코딩 기술의 일부 사용	⚙ 미션 전략 지원을 위한 설계 또는 코딩 기술의 명확한 사용	⚙
설계 – 팀원들은 디자인을 공동 작업하고 필요한 설계 및 코딩 기술을 개발했다.			
	⚙ 모든 팀원이 아이디어에 기여했다는 최소한의 증거	⚙ 모든 팀원이 아이디어에 기여했다는 부분적 증거	⚙ 모든 팀원이 아이디어에 기여했다는 명확한 증거	⚙
	□ 모든 팀원의 설계 및 코딩 역량에 대한 최소한의 증거	□ 모든 팀원의 설계 및 코딩 역량에 대한 부분적 증거	□ 모든 팀원의 설계 및 코딩 역량에 대한 명확한 증거	□
창작 – 팀은 미션 전략에 따라 독창적인 디자인을 개발하거나 기존 디자인을 개선했다.			
	□ 부속 장치 및 그 용도에 대한 불명확한 설명	□ 부속 장치 및 그 용도에 대한 간단한 설명	□ 부속 장치 및 그 용도에 대한 명확한 설명	□
	□ 코드 및/또는 센서 사용에 대한 불명확한 설명	□ 코드 및/또는 센서 사용에 대한 간단한 설명	□ 혁신적인 코드 및/또는 센서 사용에 대한 명확한 설명	□
테스트와 개선 – 팀은 개선을 위해 로봇과 코드를 반복적으로 테스트하고, 그 결과를 솔루션에 적용했다.			
	□ 로봇과 코드의 테스트에 대한 최소한의 증거	□ 로봇과 코드의 테스트에 대한 부분적 증거	□ 로봇과 코드의 반복적인 테스트에 대한 명확한 증거	□
	⚙ 테스트를 기반으로 개선된 최소한의 증거	⚙ 테스트를 기반으로 개선된 부분적 증거	⚙ 테스트를 기반으로 개선된 명확한 증거	⚙
의사소통 – 팀은 로봇 설계 과정에서 배운 점을 효과적으로 설명하고, 팀의 발전을 축하했다.			
	⚙ 과정 및 배운 점에 대한 불명확한 설명	⚙ 과정 및 배운 점에 대한 간단한 설명	⚙ 과정 및 배운 점에 대한 상세한 설명	⚙
	⚙ 결과에 대한 최소한의 자부심 또는 열정을 보여주는 팀	⚙ 결과에 대한 부분적인 자부심 또는 열정을 보여주는 팀	⚙ 결과에 대한 명확한 자부심 또는 열정을 보여주는 팀	⚙

채점 기준표의 완성 단계 내용을 살펴봅시다. 발표를 준비하기 위해 어떤 증거자료들을 수집해야 하고 어떤 내용을 발표해야 하는지 팀원들과 구체적으로 이야기를 나누어봅시다. 예상 질문을 작성하고 그에 따라 답변을 작성해 보며 우리 팀의 발표를 좀 더 짜임새 있게 준비해 봅시다.

만약 내가 심사위원이라면 어떤 질문을 할까요?

예상 질문과 그에 따른 답변을 작성하며 로봇 디자인 발표를 준비해 봅시다!

단계	예상질문	답변
발견		
설계		
창작		
테스트와 개선		
의사소통		

IV. 혁신 프로젝트 마스터하기: 발견에서 의사소통까지

1. 혁신 프로젝트의 의의와 교육적 가치

FLL(FIRST® LEGO® League)의 목적은 단순히 로봇을 만들고 경쟁하는 데 그치지 않습니다. 혁신 프로젝트는 FLL의 폭넓은 교육 목표를 실현하는 핵심 요소입니다.

○ 현실 세계 문제 해결
매년 제시되는 주제를 탐구하는 과정에서 학생들은 과학자, 발명가, 엔지니어로서의 실질적인 경험을 쌓습니다. 이는 교과서 학습을 넘어서는 살아있는 교육의 장입니다.

○ 문제 해결 능력 개발
실생활 문제를 직접 해결하며, 학생들은 창의적으로 생각하고 문제 해결 능력을 키웁니다. 이는 미래사회에서 꼭 필요한 역량입니다.

○ 발표 및 의사소통 능력 향상
대회 날 8분 내외의 발표와 질의응답 시간은 학생들이 자기 생각을 명확히 표현하는 능력을 향상시킵니다. 복잡한 아이디어를 간단하게 요약하는 능력은 모든 분야에서 중요한 역량입니다.

○ 자기 성장의 기회
학생들은 프로젝트를 준비하고 발표하면서 자신의 강점과 약점을 발견하고, 이를 통해 스스로 성장합니다.

○ 협업 능력 배양
팀 프로젝트를 통해 학생들은 효과적인 협업 방법을 배우고, 다양한 의견을 모아 조율하는 능력을 키웁니다.

○ 창의융합적 학습
혁신 프로젝트는 과학, 기술, 공학, 수학뿐만 아니라 사회과학, 예술 등 다양한 분야를 아우르는 종합적인 접근을 요구합니다. 이를 통해 학생들은 복잡한 문제에 대한 다각적인 시각을 기르게 됩니다.

○ 지속가능한 혁신 정신 함양
매년 새로운 주제로 프로젝트를 수행함으로써, 학생들은 지속적인 학습과 혁신의 중요성을 체득하게 됩니다. 매년 새로운 주제가 제시되며, 최근 주제들은 다음과 같습니다.

연간 제시된 시즌 주제 목록

2024/2025	2023/2024	2022/2023	2021/2022	2020/2021

<출처: 사단법인 상상의 FLL KOREA 홈페이지(www.firstlegoleague.or.kr)>

이렇듯 혁신 프로젝트는 단순한 대회가 아니라, 학생들이 미래를 이끌어갈 주인공으로 성장할 수 있는 종합 교육 프로그램입니다. 이 과정을 통해 학생들은 자신의 잠재력을 발견하고, 미래 사회에 꼭 필요한 능력을 갖춘 인재로 성장할 수 있습니다.

2. 혁신 프로젝트 개요

TIP

심사위원들은 루브릭을 기준으로 평가하며, 추가적으로 궁금한 사항에 대해 질문합니다. 이에 대해 답변을 준비해야 합니다.

<출처: 사단법인 상상의 FLL KOREA 홈페이지(www.firstlegoleague.or.kr)>

혁신 프로젝트의 각 단계를 이해하기 쉽도록 예시를 들어 간단히 설명해 드리겠습니다. FLL 챌린지를 처음 접하는 팀에게 혁신 프로젝트가 생소할 수 있습니다. 따라서 여러분의 이해를 돕기 위해 다음과 같이 각 단계를 설명하고자 합니다. 이를 통해 프로젝트의 전체적인 흐름을 파악하고, 각 단계에서 무엇을 해야 하는지 더 명확히 알 수 있을 것입니다. 그럼 지금부터 혁신 프로젝트의 주요 단계들을 실제 상황에 적용해 볼 수 있는 예시와 함께 살펴보겠습니다.

발굴: 팀은 주어진 시즌 주제와 관련된 실제 문제를 식별하고 연구합니다. 이 단계에서는 문제를 명확하게 정의하고 다양한 출처를 통해 상세한 연구를 수행하는 것이 중요합니다.

제설: 문제에 대한 이해를 바탕으로, 팀은 해결책을 구상합니다. 이 단계에서는 브레인스토밍을 통해 가능한 많은 아이디어를 제시합니다. 예를 들어, 물 낭비 문제에 대해 '스마트 수도꼭지', '빗물 재활용 시스템', '물 절약 교육 앱' 등의 아이디어가 나올 수 있습니다. 모든 팀원의 의견을 듣고, 토론을 통해 가장 효과적이고 실현 가능한 아이디어를 선택합니다. 선택된 아이디어에 대해 상세한 계획을 세웁니다.

창작: 선택된 아이디어를 실제로 구현하는 단계입니다. 물 절약 앱을 만들기로 했다면, 앱의 기능을 구체화하고 간단한 프로토타입을 만듭니다. 이 과정에서 앱 디자인 프로토타입(종이에 그려보기), 3D 모델, 기초적인 코딩 등 다양한 방법을 사용할 수 있습니다. 목표는 팀의 아이디어를 눈으로 볼 수 있고 이해하기 쉬운 형태로 만드는 것입니다.

테스트와 개선: 만들어진 프로토타입 앱을 실제 사용자들(예: 학교 친구들, 가족)과 관련 분야 전문가(예: 환경 공학자, 앱 개발자)에게 보여주고 의견을 받습니다. 예를 들어, 앱의 사용성, 효과성, 개선점 등에 대한 피드백을 수집합니다. 이 피드백을 바탕으로 초기 아이디어를 수정하고 보완합니다. 이 과정을 여러 번 반복하여 솔루션의 품질을 높입니다.

의사소통: 마지막으로, 팀은 자신들의 솔루션을 효과적으로 발표합니다. 이는 단순히 아이디어를 설명하는 것을 넘어, 문제의 중요성, 해결책의 혁신성, 예상되는 영향 등을 포함합니다. 발표는 구두 설명, 시각 자료, 데모 등을 포함할 수 있으며, 심사위원들이 프로젝트의 전 과정과 결과를 명확히 이해할 수 있도록 해야 합니다.

3. 평가표 집중 분석

혁신 프로젝트의 성공적인 수행을 위해서는 평가표를 철저히 분석하고 이해하는 것이 매우 중요합니다. 평가표는 단순한 채점 기준이 아니라, 프로젝트 진행의 전체적인 로드맵을 제시하고 있기 때문입니다.

평가표 분석을 통해 우리는 프로젝트의 각 단계에서 중점을 두어야 할 요소들을 파악할 수 있습니다. 문제 인식과 연구, 혁신적 아이디어 도출, 프로토타입 제작, 사용자 및 전문가와의 소통, 테스트와 개선, 그리고 효과적인 발표에 이르기까지, 각 단계별로 평가표가 요구하는 핵심 사항들을 명확히 이해하고 준비해야 합니다.

따라서, 팀은 프로젝트를 시작하기 전에 평가표를 꼼꼼히 분석하고, 이를 바탕으로 세부적인 계획을 수립해야 합니다. 평가표의 각 항목이 프로젝트의 질적 향상을 위한 지침이라는 점을 인식하고, 이에 맞춰 프로젝트를 진행한다면 더욱 체계적이고 효과적인 혁신 프로젝트를 수행할 수 있을 것입니다. 결과적으로, 평가표에 대한 깊이 있는 이해와 분석은 성공적인 혁신 프로젝트의 기초가 될 것입니다.

4. 준비하기

주어진 시즌 주제에 대한 문제상황을 찾아내고, 그 현황과 원인 그리고 문제를 해결할 수 있는 혁신적인 제안을 연구하여 발표함

연구조사하는 과정에서 아이디어를 도출해냄
아이디어를 검증하기 위한 실험 또는 테스트를 수행
혁신적인 솔루션을 지역사회 또는 관계자와 나누고 공유
이 모든 과정을 팀원들이 수행하고 발표

<출처: 사단법인 상상의 FLL Korea 홈페이지(www.firstlegoleague.or.kr)>

책에서 제공하는 구조는 주로 다음과 같은 과정을 참고하여 만들어졌습니다.

- FLL (FIRST® LEGO® League)의 공식 가이드라인과 자료
- 일반적인 공학 설계 프로세스 (Engineering Design Process)
  2023. 김대수, 김경동. 창의적공학설계. 생능출판
  2017. 홍현필외 2명. 창의공학설계입문2판
- FLL Tutorials Innovation Project Engineering
  (참고 https://flltutorials.com/en/Worksheets.html)

이러한 정보를 조합하고 구조화하여 FLL 프로젝트에 적합한 형태로 제시한 예시 자료입니다. 하지만 다음 사항을 반드시 유념해야 합니다.

1. 참조할 수 있는 유연한 가이드라인

제시된 과정은 기본적으로 FLL Challenge 혁신 프로젝트 수행을 위한 예시적인 과정입니다. 팀은 이 과정을 참고하여 자신의 필요와 상황에 맞게 조정할 수 있습니다. 특히, FLL의 공식 가이드라인과 상충하지 않도록 유의해야 합니다.

FLL Challenge 혁신 프로젝트를 준비하는 과정에서 제시된 가이드라인을 활용할 수 있으나, 항상 팀의 상황에 맞게 조정하고, 공식 자료를 참조하여 최신 트렌드를 반영하는 것이 좋습니다. 이러한 접근은 팀이 혁신 프로젝트를 이해하는 데 도움을 줄 뿐 완벽한 과정이 아님을 알려 드립니다.

2. FLL 공식 자료와 최신 정보 참고

이 과정은 일반적인 공학 설계 프로세스를 기반으로 하므로, FLL의 특정 규칙이나 최신 트렌드를 완벽히 반영하지 않을 수 있습니다. 따라서 프로젝트 진행 중 항상 FLL의 최신 공식 자료를 참고하는 것이 중요합니다. 공식 가이드라인은 대회 준비의 핵심이며, 변화하는 대회 규칙에 대한 이해를 돕습니다.

3. 시간 관리와 효율성

제시된 모든 단계를 완전히 따를 경우 시간이 많이 소요될 수 있습니다. 특히 예선대회 준비를 위한 시간적 제약이 있는 팀들은 이 가이드를 적절히 축약하거나 조정할 필요가 있습니다. 효율적인 시간 관리와 팀의 역량에 맞춘 접근이 필요합니다.

4. 팀의 상황에 맞춘 조정

팀의 상황, 구성원들의 역량, 그리고 프로젝트 목표에 따라 제시된 단계를 재구성하는 것이 필요할 수 있습니다. 모든 단계를 따르기보다는, 팀의 특성에 맞게 창의적이고 유연하게 접근하는 것이 중요합니다.

1 발견

발견 단계는 혁신 프로젝트의 시작이자 핵심입니다. 주변을 새로운 시각으로 바라보며 해결해야 할 문제를 찾아내고, 그 문제의 본질을 이해하며 기존 해결 노력을 파악하는 단계입니다. 발견 단계의 중요한 요소는 다음과 같습니다.

- 문제 상황 인식 및 선정
- 전문가 의견 수렴
- 데이터 수집 및 분석
- 선정된 문제에 대한 깊이 있는 분석
- 지역 사회 자원 활용
- 브레인스토밍 및 창의적 아이디어 생성

이 단계를 충실히 수행하면 혁신적인 해결책을 위한 탄탄한 기반을 다질 수 있습니다. 문제를 제대로 이해하지 못하고 해결책을 찾는 것은 캄캄한 곳에서 길을 찾는 것과 같습니다. 따라서 발견 단계에 충분한 시간과 노력을 투자해야 합니다.

1-1 문제 상황 인식 및 선정

2024/2025 SUBMERGED 시즌을 예로 들면, 단순히 바다와 관련된 문제를 나열하는 것이 아니라 우리 팀에게 의미 있고 해결 가능한 문제를 찾아내는 것이 중요합니다.

문제 상황을 탐색할 때 고려해 볼만한 질문들

- Q 우리 지역의 수중 환경은 어떤 특징을 가지고 있나요?
- Q 최근 뉴스나 연구 보고서에서 자주 언급되는 수중 환경 문제는 무엇인가요?
- Q 우리 팀원들이 평소에 관심을 가졌던 수중 환경 관련 주제는 무엇인가요?

문제의 다양한 측면을 고려해 봅시다

- 문제의 규모와 우리 팀의 능력 사이의 균형
  선택한 문제가 너무 크거나 복잡하면 해결하기 어려울 수 있습니다. 반면, 너무 작은 문제는 충분한 도전이 되지 않을 수 있습니다. 우리 팀의 지식, 기술, 가용 시간 등을 고려하여 적절한 규모의 문제를 선택해 봅시다.

- 팀원들의 관심사와 강점
  각 팀원이 가진 특별한 관심사나 재능을 활용할 수 있는 문제를 선택하면 좋습니다. 예를 들어, 생물에 관심 있는 팀원과 기술을 좋아하는 팀원이 있다면, 두 분야를 결합할 수 있는 문제를 찾아봅시다.

| 발견 | 설계 | 창작 | 테스트와 개선 | 의사소통 |

- 문제 해결이 가져올 수 있는 잠재적 영향
    우리의 해결책이 실제로 얼마나 많은 사람들이나 환경에 도움을 줄 수 있을지 생각해 봅시다. 작은 규모라도 실질적인 변화를 만들어낼 수 있는 문제를 선택하는 것이 중요합니다.

팀 활동 제안

브레인스토밍을 통해 각자가 중요하다고 생각하는 수중 환경 문제들을 나열해 봅시다. 그 후, 팀원들과 함께 각 문제의 장단점을 논의하며 우선순위를 정해봅시다.

선정한 문제의 적절성 확인

- 이 문제가 이번 시즌의 주제와 얼마나 부합하는지 확인해 봅시다.
- 우리 팀이 이 문제에 대해 혁신적인 접근을 할 수 있는지 생각해 봅시다.
- 이 문제를 해결하는 과정에서 우리 팀이 어떤 것을 배우고 성장할 수 있을지 고려해 봅시다.

이러한 과정을 통해, 팀은 이번 시즌에 적합하면서도 팀의 특성과 강점을 살릴 수 있는 문제를 선정할 수 있을 것입니다.

1-2 문제 분석 및 기존 해결책 검토

문제를 선정했다면, 이제 그 문제에 대해 더 깊이 이해하고 현재까지의 해결 노력을 파악해야 합니다. 이 과정은 혁신적인 해결책을 개발하는 데 중요한 기초가 됩니다.

문제 분석을 위한 주요 질문들

- **Q** 이 문제의 근본 원인은 무엇일까요?
- **Q** 이 문제로 인해 누가, 어떤 영향을 받고 있나요?
- **Q** 이 문제가 지속되면 장기적으로 어떤 결과가 발생할 수 있을까요?

문제의 다양한 측면을 고려해 봅시다

- 환경적 측면
    생태계에 미치는 영향은 무엇인가요?

- 사회적 측면
    지역 사회나 특정 집단에 어떤 영향을 주나요?

- 경제적 측면
    이 문제로 인한 경제적 손실이나 영향은 무엇인가요?

기존 해결책 조사

- 현재 이 문제를 해결하기 위해 어떤 노력들이 이루어지고 있나요?
- 정부, 기업, 연구 기관, 시민 단체 등 다양한 주체들의 접근 방식을 조사해 봅시다.

기존 해결책의 장단점 분석

- 각 해결책의 강점은 무엇인가요?
- 현재 해결책들의 한계점은 무엇인가요?
- 어떤 부분에서 개선이 필요할까요?

팀 활동 제안

SWOT 분석을 통해 기존 해결책을 체계적으로 평가해 봅시다.
강점(Strengths), 약점(Weaknesses), 기회(Opportunities), 위협(Threats)을 파악하며 각 해결책을 분석합니다.

이 단계를 통해 얻고자 하는 것

- 문제에 대한 깊이 있는 이해
- 현재 접근 방식의 한계점 파악
- 혁신의 여지가 있는 영역 발견
- 우리 팀만의 독특한 해결책을 위한 아이디어 도출

이 과정에서 비판적 사고와 창의적 사고를 동시에 활용하는 것이 중요합니다. 현재의 상황을 정확히 이해하면서도, 그 틀을 벗어나 생각할 수 있는 능력을 키워봅시다.

1-3 전문가 자문 및 정보 수집

문제에 대한 초기 분석을 마쳤다면, 이제 더 깊이 있는 정보와 전문적인 견해를 수집할 차례입니다. 전문가의 조언은 우리의 이해를 넓히고 새로운 관점을 제공할 수 있습니다.

전문가 범위 고려

- **학계 전문가**: 연구자, 교수 등
- **현장 전문가**: 관련 분야 종사자, 기술자 등
- **지역 전문가**: 지역 사회 리더, 관련 NGO 활동가 등
- **경험 전문가**: 해당 문제로 직접적인 영향을 받는 사람들

전문가 접촉 준비

- 우리 팀이 궁금한 핵심 질문들을 미리 준비해 봅시다.
- 전문가의 배경을 사전에 조사하여 효과적인 대화를 준비합시다.
- 정중하고 전문적인 태도로 접근하는 것을 잊지 맙시다.

효과적인 인터뷰 방법

- 개방형 질문을 활용하여 더 많은 정보를 얻어봅시다.
- 적극적으로 경청하고, 필요시 추가 질문을 준비합시다.
- 전문가의 동의를 구하고 대화 내용을 기록하거나 녹음해 봅시다.

추가 정보 수집 방법

- 관련 학술 논문이나 연구 보고서를 찾아봅시다.
- 신뢰할 수 있는 온라인 자료나 데이터베이스를 활용해 봅시다.
- 필요하다면 직접 현장을 방문하여 관찰하고 정보를 수집해 봅시다.

수집한 정보 정리

- 팀원들과 함께 수집한 정보를 공유하고 토론해 봅시다.
- 핵심 내용을 요약하고, 중요한 통계나 데이터를 정리해 봅시다.
- 전문가들의 의견 중 일치하는 부분과 상충하는 부분을 비교해 봅시다.

주의할 점

- 한 명의 전문가 의견에만 의존하지 말고, 다양한 관점을 들어봅시다.
- 전문가의 견해도 주관적일 수 있음을 인지하고, 비판적으로 수용합시다.
- 정보의 출처와 신뢰성을 항상 확인합시다.

이 과정을 통해 우리는 문제에 대한 더 깊고 넓은 이해를 갖게 될 것입니다. 이는 혁신적인 해결책을 개발하는 데 중요한 기반이 됩니다. 전문가의 조언을 참고하되, 우리만의 독창적인 아이디어를 발전시키는 것도 잊지 않아야 합니다.

1-4 지역 사회 자원 활용

문제 해결을 위해 노력할 때, 우리 주변의 자원을 활용하는 것이 매우 중요합니다. 지역 사회는 팀의 프로젝트에 큰 도움이 될 수 있는 다양한 자원을 가지고 있습니다.

지역 사회 자원 파악

- 관련 지역 기관이나 단체는 어떤 것들이 있을까요?
- 우리 지역의 특성과 관련된 고유한 자원은 무엇일까요?
- 지역 내 전문가나 관심 있는 시민들은 누가 있을까요?

자원 유형 고려

- **인적 자원**: 전문가, 자원봉사자, 지역 대표 등
- **물적 자원**: 시설, 장비, 예산 등
- **정보 자원**: 지역 특성 데이터, 역사적 정보 등

지역 사회와의 협력 방안

- 지역 행사나 캠페인에 참여해 봅시다.
- 지역 학교나 도서관과 협력 프로그램을 만들어 봅시다.
- 지역 기업이나 단체와 파트너십을 맺어 봅시다.

효과적인 네트워크 구축

- 정중하고 열정적인 태도로 지역 사회와 소통합시다.
- 우리 프로젝트의 목표와 비전을 명확히 전달해 봅시다.
- 상호 이익이 될 수 있는 협력 방안을 제안해 봅시다.

지역 특성 고려

- 우리 지역의 문화적, 환경적 특성은 무엇일까요?
- 이러한 특성이 문제 해결에 어떤 영향을 미칠 수 있을까요?
- 지역 특성을 고려한 독특한 해결책은 무엇이 있을까요?

지역 사회 자원 활용의 이점

- 실질적이고 현실적인 해결책 개발 가능
- 프로젝트의 지속가능성 향상
- 더 큰 영향력 창출 기회
- 팀원들의 사회적 책임감 및 리더십 개발

이 과정을 통해 우리는 지역 사회와 연계된, 더욱 실질적인 해결책을 만들어낼 수 있습니다. 또한 이는 우리 팀이 지역 사회의 일원으로서 성장하고 기여할 수 있는 좋은 기회가 될 것입니다.

1-5 데이터 수집 및 분석

문제에 대한 객관적인 이해를 위해 데이터를 수집하고 분석하는 것은 매우 중요합니다. 이 과정을 통해 우리의 가설을 검증하고 새로운 통찰을 얻을 수 있습니다.

데이터 수집 방법

- 설문조사를 실시해 관련 당사자들의 의견을 모아봅시다.
- 직접 현장을 방문하여 상황을 관찰하고 기록해 봅시다.
- 가능하다면 간단한 실험을 통해 직접 데이터를 수집해 봅시다.
- 신뢰할 수 있는 기관의 기존 통계 자료를 활용해 봅시다.

데이터 분석

- 수집한 데이터를 체계적으로 분류하고 정리해 봅시다.
- 그래프나 차트를 활용하여 데이터를 시각화해 봅시다.
- 데이터에서 의미 있는 패턴이나 추세를 찾아봅시다.
- 분석 결과가 우리의 문제 해결에 어떤 의미를 갖는지 토론해 봅시다.

주의할 점

- 데이터의 출처와 신뢰성을 항상 확인합시다.
- 개인정보 보호에 유의하며 윤리적으로 데이터를 수집하고 사용합시다.
- 데이터의 양에 압도되지 말고, 우리 문제와 직접 관련된 핵심 정보에 집중합시다.
- 데이터 해석 시 편견이나 선입견에 주의하고, 객관적인 태도를 유지합시다.

이 과정을 통해 우리는 문제에 대한 더 깊은 이해를 얻고, 효과적인 해결책 개발을 위한 근거를 마련할 수 있습니다. 데이터는 우리의 아이디어를 뒷받침하는 강력한 도구가 될 수 있습니다.

1-6 브레인스토밍 및 아이디어 생성

지금까지 수집한 정보와 분석한 데이터를 바탕으로, 이제 창의적인 해결책을 모색할 시간입니다. 브레인스토밍은 팀의 집단 지성을 활용하여 다양한 아이디어를 생성하는 효과적인 방법입니다.

예시: 해양 플라스틱 오염 문제에 대한 브레인스토밍

중심 주제: "해양 플라스틱 쓰레기 줄이기"
- 쓰레기 수거: 수중 드론, 해변 청소 로봇, 쓰레기 수거 그물
- 대체 재료: 생분해성 플라스틱, 해조류 기반 포장재, 식용 포장재
- 재활용: 플라스틱 업사이클링, 재활용 인센티브 프로그램, 스마트 분리수거 시스템
- 교육: 해양 환경 앱 개발, 학교 교육 프로그램, 지역 사회 캠페인

아이디어 정리 및 선별

- 유사한 아이디어들을 그룹화해 봅시다.
- 팀원들과 함께 각 아이디어의 장단점을 논의해 봅시다.
- 가장 유망해 보이는 아이디어 몇 가지를 선정합시다.

주의할 점

- 모든 팀원이 참여할 수 있도록 격려합시다.
- 한두 사람의 의견에 치우치지 않도록 주의합시다.
- 처음부터 완벽한 아이디어를 기대하지 맙시다. 점진적으로 발전시킬 수 있습니다.

이 과정을 통해 우리는 문제 해결을 위한 다양하고 창의적인 아이디어를 얻을 수 있습니다. 이 아이디어들은 앞으로의 프로젝트 발전에 중요한 기반이 될 것입니다.

1-7 발견 단계 체크리스트

발견 단계를 마무리하기 전에, 우리가 필요한 모든 과정을 거쳤는지 확인하는 것이 중요합니다. 다음 체크리스트를 통해 발견 단계의 완성도를 점검해 봅시다.

1. 문제 상황 인식 및 선정

- ☐ 다양한 수중 환경 문제를 탐색했나요?
- ☐ 팀의 관심사와 능력을 고려하여 문제를 선정했나요?
- ☐ 선정된 문제의 중요성과 영향력을 평가했나요?

| 발견 | 설계 | 창작 | 테스트와 개선 | 의사소통 |

2. 문제 분석 및 기존 해결책 검토

- ☐ 선정된 문제의 근본 원인을 분석했나요?
- ☐ 문제가 미치는 다양한 영향(환경적, 사회적, 경제적)을 고려했나요?
- ☐ 기존의 해결책들을 조사하고 그 장단점을 분석했나요?

3. 전문가 자문 및 정보 수집

- ☐ 관련 분야의 전문가를 최소 한 명 이상 인터뷰했나요?
- ☐ 다양한 관점의 전문가 의견을 수집했나요?
- ☐ 수집한 정보를 팀원들과 공유하고 토론했나요?

4. 지역 사회 자원 활용

- ☐ 지역 사회의 관련 기관이나 단체를 파악했나요?
- ☐ 지역 특성을 고려한 해결 방안을 모색했나요?
- ☐ 지역 사회와의 협력 가능성을 탐색했나요?

5. 데이터 수집 및 분석

- ☐ 문제와 관련된 객관적인 데이터를 수집했나요?
- ☐ 수집한 데이터를 체계적으로 정리하고 분석했나요?
- ☐ 데이터 분석 결과가 주는 의미에 대해 토론했나요?

6. 브레인스토밍 및 아이디어 생성

- ☐ 팀원 모두가 참여하는 브레인스토밍 세션을 가졌나요?
- ☐ 다양한 브레인스토밍 기법을 활용했나요?
- ☐ 생성된 아이디어들을 정리하고 평가했나요?

7. 전반적인 과정

- ☐ 모든 팀원이 각 단계에 적극적으로 참여했나요?
- ☐ 발견한 내용을 체계적으로 기록하고 정리했나요?
- ☐ 이 과정을 통해 문제에 대한 이해가 깊어졌나요?

※이 체크리스트는 상황에 따라 수정·보완될 수 있습니다.

이 체크리스트는 팀의 혁신 프로젝트 전반에 대해 체계적으로 생각할 수 있게 해주는 도구입니다. 각 항목을 검토하면서 프로젝트의 강점과 약점을 파악하고 앞으로의 개선 방향을 설정하는 데 도움을 받을 수 있습니다.

항목을 체크하는 것에만 집중하지 말고, 각 질문이 왜 중요한지, 어떻게 더 발전시킬 수 있을지 팀원들과 깊이 있게 토론해 봅시다. 이러한 과정을 통해 여러분의 프로젝트는 더욱 견고해지고 혁신적으로 발전할 수 있을 것입니다.

1-8 실제 사례 연구 (예시)

이 사례는 가상의 팀을 기반으로 실제 FLL 대회의 접근 방식을 반영하려고 노력했습니다. "블루팀"은 해안 도시에 사는 5명의 중학생으로 구성된 FLL 팀입니다. 그들의 발견 단계 과정을 살펴보겠습니다.

1. 문제 상황 인식 및 선정

블루팀은 처음에 '해양 쓰레기', '산호초 백화현상', '과잉 어업' 등 여러 문제를 고려했습니다. 팀 토론 후, 그들은 지역과 직접적으로 연관된 '해변의 미세플라스틱 오염'을 주제로 선정했습니다.

2. 문제 분석 및 기존 해결책 검토

팀은 미세플라스틱이 해양 생태계와 인간 건강에 미치는 영향을 조사했습니다. 또한 현재 사용 중인 해변 청소 방법과 그 한계점을 분석했습니다.

3. 전문가 자문

지역 해양생물학자와 환경 NGO 활동가를 인터뷰했습니다. 이를 통해 미세플라스틱의 발생원과 확산 경로에 대한 전문적 견해를 들었습니다.

4. 지역 사회 자원 활용

지역 해변 관리사무소와 협력하여 현재의 해변 관리 실태를 파악했고, 지역 주민들의 인식 조사를 하였습니다.

5. 데이터 수집 및 분석

팀은 직접 해변의 여러 지점에서 모래 샘플을 채취하여 미세플라스틱 농도를 측정했습니다. 이 데이터를 지도에 시각화하여 오염 패턴을 분석했습니다.

6. 브레인스토밍 및 아이디어 생성

SCAMPER 기법을 활용한 브레인스토밍 세션에서 '미세플라스틱 흡착 해조류 배양', '자외선 분해 촉진 해변 타일' 등의 아이디어가 나왔습니다.

7. 체크리스트 확인

발견 단계 체크리스트를 통해 각 단계를 충실히 수행했는지 확인했고, 부족한 부분(예: 경제적 영향 분석)을 보완했습니다.

결과

이 과정을 통해 블루팀은 미세플라스틱 문제에 대한 깊은 이해를 얻었고, 혁신적인 해결책 개발을 위한 기초를 마련했습니다. 특히 지역 특성을 고려한 접근 방식과 실제 데이터 수집 경험은 그들의 프로젝트에 큰 가치를 더했습니다.

이 사례는 발견 단계의 각 요소들이 어떻게 실제로 적용될 수 있는지 보여줍니다. 물론 각 팀의 상황과 관심사에 따라 과정은 다양하게 나타날 수 있습니다.

2 설계

설계 단계는 발견 단계에서 얻은 통찰력과 아이디어를 바탕으로 구체적인 해결책을 개발하는 단계입니다. 이 단계에서는 창의적 사고와 비판적 사고를 균형 있게 활용하여 혁신적이면서도 실현 가능한 해결책을 만들어냅니다.

- 아이디어 평가 및 선정
- 해결책 구체화
- 프로토타입 계획
- 피드백 수집 계획
- 설계 단계 체크리스트

2-1 아이디어 평가 및 선정(예시)

앞서 발견 단계에서 예시로 든 "블루팀"의 미세플라스틱 문제 해결 아이디어를 평가해 봅시다.

발견 단계에서 "블루팀"은 다음과 같은 아이디어들을 생성했습니다

- 미세플라스틱 흡착 해조류 배양
- 자외선 분해 촉진 해변 타일
- 미세플라스틱 필터링 해변 청소 로봇
- 생분해성 비치용품 대여 서비스

평가 기준 설정

실현 가능성 (1-5점) 우리 팀의 능력과 자원으로 구현할 수 있는가?
혁신성 (1-5점) 기존 해결책과 차별화되는 새로운 접근인가?
영향력 (1-5점) 문제 해결에 실질적인 도움이 될 수 있는가?
지속가능성 (1-5점) 장기적으로 유지 가능한 해결책인가?

평가 결과 (예시)

아이디어	실현가능성	혁신성	영향력	지속가능성	합계
해조류 배양	3	5	4	5	17
해변 타일	2	4	3	4	13
청소 로봇	4	3	5	4	16
비치용품 대여	5	2	3	5	15

팀 토론 후, "블루팀"은 가장 높은 점수를 받은 "미세플라스틱 흡착 해조류 배양" 아이디어를 주요 해결책으로 선정하고, 보조적으로 "미세플라스틱 필터링 해변 청소 로봇" 아이디어를 결합하여 발전시키기로 결정했습니다.

이러한 과정을 거쳐, 팀은 가장 유망한 아이디어를 선정하고 다음 단계인 해결책 구체화로 나아갈 준비를 하게 됩니다.

2-2 해결책 구체화

선정된 아이디어를 실현 가능한 해결책으로 발전시키는 단계입니다. 이 과정에서는 아이디어의 세부 사항을 명확히 하고, 실제 구현 방법을 계획합니다.

주요 고려사항

- **기술적 실현 가능성**: 필요한 기술과 자원을 파악하고 확보할 방법을 고민해 봅시다.
- **사용자 경험**: 해결책이 실제 사용자들에게 어떤 영향을 미칠지 고려해 봅시다.
- **환경적 영향**: 해결책이 환경에 미칠 수 있는 긍정적, 부정적 영향을 분석해 봅시다.
- **경제성**: 해결책의 비용 효율성과 지속 가능한 운영 방안을 검토해 봅시다.

구체화 과정

- **핵심 기능 정의**: 해결책의 가장 중요한 기능들을 나열해 봅시다.
- **작동 원리 설명**: 해결책이 어떻게 작동하는지 단계별로 설명해 봅시다.
- **필요한 자원 파악**: 재료, 기술, 인력 등 필요한 자원을 목록화해 봅시다.
- **제약 조건 고려**: 예산, 시간, 기술적 한계 등을 고려하여 현실적인 계획을 세워봅시다.
- **시각화**: 스케치, 도표, 또는 간단한 모델을 만들어 아이디어를 시각화해 봅시다.

팀 활동 제안

- **역할 분담**: 팀원들의 강점을 고려하여 세부 작업을 분담해 봅시다.
- **전문가 자문**: 필요한 경우 관련 분야 전문가의 조언을 구해봅시다.
- **정기적 회의**: 진행 상황을 공유하고 문제점을 함께 해결하는 시간을 가집시다.

주의할 점

- 너무 완벽을 추구하지 마세요. 초기 단계에서는 다략적인 계획으로 충분합니다.
- 융통성을 유지하세요. 구체화 과정에서 초기 아이디어가 수정될 수 있습니다.
- 팀원 모두의 의견을 존중하고 반영하려 노력합시다.

이 과정을 통해 아이디어는 점차 구체적이고 실현 가능한 형태로 발전하게 될 것입니다. 다음 단계인 프로토타입 계획으로 넘어가기 전에, 해결책의 주요 특징과 작동 방식이 명확히 정의되었는지 확인해 보시기 바랍니다.

2-3 프로토타입 계획

프로토타입은 아이디어를 실제로 구현해 보는 초기 모델입니다. 이를 통해 아이디어의 실현 가능성을 테스트하고, 개선점을 찾을 수 있습니다.

프로토타입의 목적

- 아이디어의 실현 가능성 검증
- 사용자 경험 테스트
- 기술적 문제점 파악
- 팀원 간 아이디어 공유 촉진
- 잠재적 후원자나 협력자에게 아이디어 설명

프로토타입 유형 선택

- **개념 프로토타입**: 아이디어의 기본 개념을 시각화 (예: 스케치, 도면)
- **작동 프로토타입**: 주요 기능이 실제로 작동하는 모델
- **외형 프로토타입**: 제품의 외관과 사용자 인터페이스를 보여주는 모델
- **종합 프로토타입**: 기능과 외형을 모두 구현한 모델

프로토타입 계획 단계

- **목표 설정**: 프로토타입을 통해 검증하고자 하는 주요 가설이나 기능을 정의합니다.
- **범위 결정**: 어느 수준까지 구현할지 결정합니다. 모든 기능을 구현할 필요는 없습니다.
- **재료 및 도구 선택**: 사용 가능한 재료와 도구를 파악하고 선택합니다.
- **일정 수립**: 프로토타입 제작, 테스트, 수정에 필요한 시간을 계획합니다.
- **역할 분담**: 팀원들의 강점을 고려하여 작업을 분담합니다.

주의사항

- 완벽함보다는 빠른 구현과 피드백 수집에 초점을 맞추세요.
- 안전을 최우선으로 고려하세요. 특히 작동 프로토타입의 경우 안전 문제에 유의해야 합니다.
- 실패를 두려워하지 마세요. 실패로부터 얻는 교훈도 중요한 성과입니다.
- 프로토타입 제작 과정과 결과를 꼼꼼히 기록하세요.

프로토타입 제작은 팀의 아이디어를 현실화하는 첫 단계입니다. 이 과정을 통해 아이디어의 강점과 약점을 파악하고, 더 나은 해결책으로 발전시킬 수 있을 것입니다.

2-4 피드백 수집 계획

피드백은 팀의 해결책을 개선하고 실제 사용자의 요구사항을 반영하는 데 매우 중요합니다. 효과적인 피드백 수집을 위해 다음과 같은 계획을 세워봅시다.

1. 피드백 대상 선정

- 주요 이해관계자: 문제의 직접적 영향을 받는 사람들
- 전문가: 관련 분야의 전문 지식을 가진 사람들
- 일반 대중: 다양한 관점을 얻기 위한 대상
- 팀 외부 멘토나 코치: 객관적인 시각 제공

2. 피드백 수집 방법

- 인터뷰: 심층적인 의견 수집에 적합
- 설문조사: 많은 사람들의 의견을 빠르게 수집
- 관찰: 사용자가 프로토타입과 상호작용하는 모습 관찰
- 집단 토론: 소그룹 토론을 통한 다양한 의견 수집
- 온라인 플랫폼: 웹사이트나 소셜 미디어를 통한 피드백 수집

3. 질문 설계

- 개방형 질문: "어떻게 개선할 수 있을까요?"
- 폐쇄형 질문: "이 기능이 유용하다고 생각하십니까? (예/아니오)"
- 척도 질문: "이 해결책의 효과성을 1-10 사이로 평가해 주세요."

4. 피드백 세션 계획

- 시간과 장소 선정
- 필요한 자료 준비 (프로토타입, 설명 자료 등)
- 역할 분담 (진행자, 기록자 등)

5. 피드백 분석 방법

- 수집된 데이터 정리 및 분류
- 주요 테마나 패턴 식별
- 긍정적 피드백과 개선점 구분

6. 피드백 반영 계획

- 우선순위 설정: 가장 중요하고 실현 가능한 피드백부터 반영
- 개선 사항 구체화
- 수정된 프로토타입 계획 수립

주의사항

- 객관성 유지: 모든 피드백을 열린 마음으로 수용하세요.
- 윤리적 고려: 참가자의 동의를 구하고 개인정보를 보호하세요.
- 지속적인 과정: 한 번의 피드백으로 끝내지 말고 지속적으로 수집하세요.
- 감사 표현: 피드백 제공자에게 감사를 표현하고 결과를 공유하세요.

이러한 체계적인 피드백 수집 계획을 통해, 팀은 해결책의 장단점을 더 명확히 파악하고 실제 사용자의 요구사항을 충족시키는 방향으로 프로젝트를 발전시킬 수 있을 것입니다.

2-5 설계 단계 체크리스트

설계 단계를 마무리하기 전에 다음 체크리스트를 통해 모든 중요한 요소를 고려했는지 확인해 봅시다.

| 발견 | **설계** | 창작 | 테스트와 개선 | 의사소통 |

1. 아이디어 평가 및 선정

- 모든 팀원이 아이디어 평가에 참여했나요?
- 객관적인 기준으로 아이디어를 평가했나요?
- 선정된 아이디어의 장단점을 충분히 분석했나요?

2. 해결책 구체화

- 해결책의 핵심 기능을 명확히 정의했나요?
- 작동 원리를 단계별로 설명할 수 있나요?
- 필요한 자원(재료, 기술, 인력 등)을 파악했나요?
- 해결책의 환경적, 사회적 영향을 고려했나요?

3. 프로토타입 계획

- 프로토타입의 목적과 검증할 가설을 명확히 했나요?
- 적절한 프로토타입 유형을 선택했나요?
- 프로토타입 제작에 필요한 재료와 도구를 확보했나요?
- 제작 일정과 팀원 역할 분담이 이루어졌나요?

4. 피드백 수집 계획

- 다양한 이해관계자로부터 피드백을 받을 계획인가요?
- 피드백 수집 방법(인터뷰, 설문 등)을 결정했나요?
- 효과적인 질문들을 준비했나요?
- 피드백 분석 및 반영 방법을 계획했나요?

5. 전반적인 고려사항

- FLL 대회의 평가 기준을 충족하고 있나요?
- 팀의 능력과 가용 자원 내에서 실현 가능한 계획인가요?
- 혁신성과 실용성의 균형을 잘 맞추었나요?
- 설계 과정에서 나온 아이디어와 결정 사항을 모두 문서화 했습니까?

6. 다음 단계 준비

- 창작 단계로 넘어갈 준비가 되었나요?
- 팀원 모두가 현재 설계에 대해 이해하고 동의하나요?

※이 체크리스트는 상황에 따라 수정·보완될 수 있습니다.

3 창작

창작 단계는 팀의 아이디어를 실제로 구현하는 핵심 과정입니다. 이 단계에서는 설계 단계에서 계획한 내용을 바탕으로 프로토타입을 제작하고, 이를 테스트하며 개선합니다. 창의성과 기술적 능력이 조화를 이루는 단계로, 팀워크가 특히 중요합니다.

창작 단계의 주요 목표

- 아이디어의 실현 가능성 검증
- 실제 작동하는 프로토타입 개발
- 반복적인 테스트와 개선을 통한 해결책 최적화
- 프로젝트 결과의 효과적인 문서화 및 발표 준비

이 과정을 통해 팀은 아이디어를 현실로 만들어내는 경험을 하게 될 것입니다. 실패를 두려워하지 말고, 각 단계에서 배운 점을 다음 단계에 적용하며 지속적으로 발전시켜 나가는 것이 중요합니다.

- 프로토타입 제작
- 개선 및 최적화
- 창작 단계 체크리스트
- 테스트 및 평가
- 문서화 및 발표 준비

이렇게 구성하면 창작 단계의 전반적인 개요와 중요성을 이해하는 데 도움이 될 것 같습니다.

3-1 프로토타입 제작

프로토타입 제작은 팀의 아이디어를 실제 형태로 구현하는 과정입니다. 이 단계에서는 설계 단계에서 계획한 내용을 바탕으로 실제 작동하는 모델을 만듭니다.

주요 고려사항

- 가용 자원을 효율적으로 활용합니다.
- 안전을 최우선으로 고려합니다.
- 필요에 따라 전문가의 조언을 구합니다.
- 제작 과정을 상세히 기록합니다.

3-2 테스트 및 평가

제작된 프로토타입의 성능과 효과를 검증하는 단계입니다. 다양한 조건에서 프로토타입을 테스트하고 그 결과를 평가합니다.

주요 활동

- 테스트 계획 수립
- 다양한 상황에서의 성능 테스트
- 데이터 수집 및 분석
- 예상치 못한 문제점 파악

3-3 개선 및 최적화

테스트 결과를 바탕으로 프로토타입을 개선하고 최적화하는 단계입니다. 이는 반복적인 과정으로, 만족스러운 결과를 얻을 때까지 계속됩니다.

핵심 포인트

- 테스트 결과를 바탕으로 개선점 파악
- 우선순위에 따른 개선 사항 적용
- 개선된 프로토타입 재테스트
- 최적의 성능을 위한 미세 조정

3-4 문서화 및 발표 준비

프로젝트의 전 과정과 결과를 체계적으로 정리하고, 이를 효과적으로 발표할 준비를 하는 단계입니다.

주요 작업

- 프로젝트 일지 정리
- 문서 작성
- 시각 자료 준비 (그래프, 도표, 사진 등)
- 발표 전략 수립 및 연습

3-5 창작 단계 체크리스트

창작 단계의 모든 요소들을 점검하는 단계입니다. 이를 통해 누락된 부분이 없는지 확인하고, 다음 단계로 넘어갈 준비가 되었는지 평가합니다.

1. 프로토타입 제작

- ☐ 설계 계획에 따라 프로토타입을 제작했나요?
- ☐ 사용한 재료와 도구를 모두 기록했나요?
- ☐ 제작 과정에서 발생한 문제와 해결 방법을 기록했나요?
- ☐ 안전 수칙을 준수하며 제작했나요?

2. 테스트 및 평가

- ☐ 체계적인 테스트 계획을 수립했나요?
- ☐ 다양한 조건에서 프로토타입을 테스트했나요?
- ☐ 테스트 결과를 정확히 기록하고 분석했나요?
- ☐ 예상치 못한 문제점이나 한계를 파악했나요?

3. 개선 및 최적화

- ☐ 테스트 결과를 바탕으로 개선점을 파악했나요?
- ☐ 우선순위에 따라 개선 사항을 적용했나요?
- ☐ 개선된 프로토타입을 반복 테스트했나요?
- ☐ 최적화를 위한 조정을 완료했나요?

4. 문서화

- ☐ 프로젝트의 전 과정을 상세히 기록했나요?
- ☐ 기술 문서(설계도, 사양서 등)를 작성했나요?
- ☐ 사진, 비디오 등 시각 자료를 충분히 확보했나요?
- ☐ 프로젝트 일지를 꾸준히 작성했나요?

5. 발표 준비

- ☐ 프로젝트의 핵심 내용을 간결하게 정리했나요?
- ☐ 시각 자료(그래프, 차트, 이미지 등)를 준비했나요?
- ☐ 발표 대본을 작성하고 연습했나요?
- ☐ 예상 질문에 대한 답변을 준비했나요?

6. 팀워크 및 역할 분담

- ☐ 모든 팀원이 창작 과정에 적극적으로 참여했나요?
- ☐ 팀원 간 의견 충돌이 있었다면 원만히 해결했나요?
- ☐ 각 팀원의 강점을 살려 역할을 분담했나요?

7. 혁신성 및 실용성

- ☐ 우리의 해결책이 기존 방식과 차별화되는 점이 있나요?
- ☐ 실제 문제 해결에 효과적으로 적용될 수 있나요?
- ☐ 경제성과 확장성을 고려했나요?

8. 윤리적 고려사항

- ☐ 우리의 해결책이 환경에 미치는 영향을 고려했나요?
- ☐ 사회적 책임과 윤리적 측면을 고려했나요?

9. 최종 점검

- ☐ FLL 대회의 평가 기준을 모두 충족했나요?
- ☐ 다음 단계로 넘어갈 준비가 되었나요?

※이 체크리스트는 상황에 따라 수정·보완될 수 있습니다.

이 과정에서 부족한 부분이 발견된다면 그것을 보완하는 기회로 삼을 수 있습니다. 모든 항목에 만족스럽게 체크할 수 있을 때, 여러분은 다음 단계로 자신있게 나아갈 준비가 된 것입니다.

4 테스트와 개선

테스트와 개선 단계는 팀이 만든 해결책의 효과를 검증하고 보완하는 중요한 과정입니다. 이 단계를 통해 프로토타입의 성능을 향상시키고, 실제 문제 해결에 더 가까워질 수 있습니다.

4-1 테스트 계획 수립

- 테스트 목표 설정: 무엇을 확인하고자 하는지 명확히 합니다.
- 테스트 방법 선택: 정량적, 정성적 방법 중 적절한 것을 선택합니다.
- 테스트 환경 준비: 실제 상황과 유사한 환경을 조성합니다.
- 데이터 수집 방법 결정: 어떤 데이터를 어떻게 수집할지 계획합니다.

4-2 테스트 실행

- 계획에 따른 테스트 수행
- 객관적이고 정확한 데이터 수집
- 예상치 못한 상황이나 결과도 꼼꼼히 기록
- 안전 수칙 준수

4-3 결과 분석

- 수집된 데이터의 체계적 정리
- 데이터 시각화 (그래프, 차트 등)
- 예상 결과와의 비교 분석
- 문제점과 개선 필요 사항 파악

4-4 개선 방안 도출

- 분석 결과를 바탕으로 개선점 목록 작성
- 개선 사항의 우선순위 설정
- 실현 가능한 개선 방안 구체화
- 팀 내 토론을 통한 최선의 개선 방안 선택

4-5 프로토타입 수정 및 개선

- 선택된 개선 방안 적용
- 수정 과정 상세 기록
- 변경 사항이 다른 부분에 미치는 영향 고려
- 개선된 프로토타입 완성

4-6 반복 테스트 및 검증

- 개선된 프로토타입에 대한 반복 테스트 실시
- 이전 결과와의 비고 분석
- 개선 효과 확인 및 문서화
- 필요시 추가 개선 사항 파악

4-7 반복 및 최적화

- 만족스러운 결과를 얻을 때까지 테스트-개선 과정 반복
- 각 반복 주기마다의 학습 내용 정리
- 시간과 자원의 제약을 고려한 최적화 지점 결정

예: 블루팀의 미세플라스틱 필터링 해변 청소 로봇 테스트와 개선

1. 테스트 계획 수립

- 목표: 로봇의 미세플라스틱 수거 효율성과 배터리 수명 확인
- 방법: 모래에 일정량의 미세플라스틱을 섞어 테스트 환경 조성
- 데이터 수집: 수거된 미세플라스틱 양, 작동 시간 측정

2. 테스트 실행

- 3회에 걸쳐 각 30분간 로봇 작동
- 수거된 미세플라스틱 양 측정 및 기록
- 배터리 소모량 체크

3. 결과 분석

- 평균 수거율: 70% (목표: 80%)
- 평균 작동 시간: 25분 (목표: 40분)
- 문제점: 모래 속 깊은 곳의 미세플라스틱 수거 어려움, 배터리 소모 빠름

4. 개선 방안 도출

- 필터 시스템 개선: 더 깊은 곳의 미세플라스틱도 수거할 수 있는 구조
- 에너지 효율성 향상: 모터 최적화 및 경량 소재 사용

5. 프로토타입 수정 및 개선

- 필터 깊이 2cm 증가
- 에너지 효율적인 모터로 교체
- 몸체 일부를 경량 소재로 변경

6. 반복 테스트 및 검증

- 개선된 로봇으로 동일한 조건에서 반복 테스트 실시
- 결과: 수거율 85%, 작동 시간 38분으로 향상

7. 반복 및 최적화

- 추가 개선점 파악: 방수 기능 강화 필요
- 다음 반복에서 방수 기능 개선 계획 수립

주의사항

- 객관성 유지: 긍정적인 결과뿐만 아니라 부정적인 결과도 솔직히 받아들입니다.
- 융통성 확보: 테스트 결과에 따라 초기 계획이나 가설을 수정할 수 있습니다.
- 꾸준한 기록: 모든 과정과 결과를 상세히 기록하여 나중에 참고할 수 있도록 합니다.
- 팀워크 강조: 모든 팀원이 테스트와 개선 과정에 참여하고 의견을 나눕니다.

이 단계를 통해 팀의 해결책은 더욱 견고해지고 효과적으로 발전할 것입니다. 끈기를 가지고 과정을 반복하며, 각 단계에서 얻은 통찰을 잘 활용하시기 바랍니다.

4-8 테스트와 개선 단계 체크리스트

1. 테스트 계획 수립

- ☐ 명확한 테스트 목표를 설정했나요?
- ☐ 적절한 테스트 방법을 선택했나요?
- ☐ 테스트 환경을 준비했나요?
- ☐ 데이터 수집 방법을 결정했나요?

2. 테스트 실행

- ☐ 계획에 따라 테스트를 수행했나요?
- ☐ 객관적이고 정확한 데이터를 수집했나요?
- ☐ 예상치 못한 상황이나 결과도 기록했나요?
- ☐ 안전 수칙을 준수했나요?

3. 결과 분석

- ☐ 수집된 데이터를 체계적으로 정리했나요?
- ☐ 데이터를 시각화(그래프, 차트 등) 했나요?
- ☐ 예상 결과와 실제 결과를 비교 분석했나요?
- ☐ 문제점과 개선 필요 사항을 파악했나요?

4. 개선 방안 도출

- ☐ 분석 결과를 바탕으로 개선점 목록을 작성했나요?
- ☐ 개선 사항의 우선순위를 설정했나요?
- ☐ 실현 가능한 개선 방안을 구체화했나요?
- ☐ 팀 내 토론을 통해 최선의 개선 방안을 선택했나요?

5. 프로토타입 수정 및 개선

- ☐ 선택된 개선 방안을 적용했나요?
- ☐ 수정 과정을 상세히 기록했나요?
- ☐ 변경 사항이 다른 부분에 미치는 영향을 고려했나요?
- ☐ 개선된 프로토타입을 완성했나요?

6. 반복 테스트 및 검증

- ☐ 개선된 프로토타입에 대한 반복 테스트를 실시했나요?
- ☐ 이전 결과와 새로운 결과를 비교 분석했나요?
- ☐ 개선 효과를 확인하고 문서화했나요?
- ☐ 추가 개선 사항이 필요한지 파악했나요?

7. 반복 및 최적화

- ☐ 필요한 경우 테스트-개선 과정을 반복했나요?
- ☐ 각 반복 주기마다의 학습 내용을 정리했나요?
- ☐ 시간과 자원의 제약을 고려한 최적화 지점을 결정했나요?

8. 전반적인 고려사항

- ☐ 객관성을 유지하며 모든 결과를 솔직히 받아들였나요?
- ☐ 필요에 따라 초기 계획이나 가설을 수정했나요?
- ☐ 모든 과정과 결과를 상세히 기록했나요?
- ☐ 모든 팀원이 테스트와 개선 과정에 참여하고 의견을 나눴나요?

※이 체크리스트는 상황에 따라 수정·보완될 수 있습니다.

이 체크리스트를 통해 프로젝트의 현재 상태를 정확히 파악하고, 앞으로의 발전 방향을 설정하는 데 도움을 받으시기 바랍니다.

5 의사소통

의사소통 단계는 여러분의 프로젝트 결과를 다른 사람들과 공유하고, 아이디어의 가치를 효과적으로 전달하는 중요한 과정입니다.

5-1 발표 자료 준비

TIP
SNS를 활용하여 우리 팀의 문제 해결 과정을 공유하는 것도 하나의 방법입니다.

- 프로젝트 요약 작성
- 시각적 자료 (포스터, 슬라이드 등) 제작
- 프로토타입 시연 계획 수립
- 발표 구성 5분(3분 발표+2분 질의 응답)

5-2 발표 기술 향상

- 명확하고 간결한 메시지 구성
- 청중을 고려한 언어 선택
- 비언어적 커뮤니케이션 (자세, 제스처 등) 연습
- 발표 방법은 연극, 뮤지컬, 자료 발표 등 팀에서 잘할 수 있는 부분으로 발표
- 영상이나 전자 장비 활용 가능(단, 준비 시간을 고려)
- 발견-설계-창작-테스트와 개선 내용-의사소통 방법의 핵심은 꼭 포함
- 시간 엄수(5분 0 내 발표 완료)
- 팀워크 강조
- 핵심 가치 강조

5-3 Q&A 준비

- 예상 질문 목록 작성 및 답변 준비
- 팀원 간 역할 분담 및 참여 확인

5-4 심사위원과 팀교류를 위한 소통

- 심사위원을 위한 전문적인 설명 준비
- 팀 교류를 위한 이해하기 쉬운 설명 준비

5-5 피드백 수집 및 반영

- 발표 후 피드백 수집 방법 계획
- 수집된 피드백을 향후 개선에 반영하는 방안 모색

5-6 의사소통 단계 체크리스트

1. 발표 자료 준비

- [ ] 프로젝트의 핵심 내용을 간결하게 요약했나요?
- [ ] 시각적 자료(포스터, 슬라이드 등)를 효과적으로 제작했나요?
- [ ] 프로토타입 시연 계획을 수립했나요?
- [ ] 발표 자료가 FLL 평가 기준에 부합하나요?

2. 발표 내용 구성

- [ ] 문제 정의, 해결 과정, 결과를 논리적으로 구성했나요?
- [ ] 팀의 창의성과 혁신성을 잘 보여주고 있나요?
- [ ] 프로젝트의 사회적 영향을 설명했나요?
- [ ] 팀워크와 협력 과정을 포함했나요?

3. 발표 기능

- [ ] 모든 팀원이 발표에 참여할 기회를 가졌나요?
- [ ] 명확하고 자신감 있는 말하기를 연습했나요?
- [ ] 적절한 자세와 제스처로 심사위원의 눈을 바라보며 발표할 수 있나요?
- [ ] 발표 시간 제한을 지킬 수 있나요?

| 발견 | 설계 | 창작 | 테스트와 개선 | **의사소통** |

4. 질의응답 준비

☐ 예상 질문 목록을 작성하고 답변을 준비했나요?
☐ 팀원 간 질의응답에 대한 역할 분담이 이루어졌나요?
☐ 모르는 질문에 대한 대처 방법을 준비했나요?

5. 다양한 청중 고려

☐ 심사위원을 위한 전문적인 설명을 준비했나요?
☐ 일반 대중을 위한 이해하기 쉬운 설명을 준비했나요?
☐ 다양한 연령대의 청중을 고려했나요?

6. 프로토타입 시연

☐ 프로토타입의 주요 기능을 효과적으로 보여줄 수 있나요?
☐ 시연 중 발생할 수 있는 문제에 대비했나요?
☐ 안전 수칙을 고려했나요?

7. 팀워크 표현

☐ 팀의 협력 과정을 보여주나요?
☐ 팀의 문제 해결 방식을 보여주나요?

8. 피드백 수집 계획

☐ 발표 후 피드백을 수집할 방법을 계획했나요?
☐ 수집된 피드백을 어떻게 활용할지 논의했나요?

9. 윤리적 고려사항

☐ 다른 팀이나 개인의 기여를 적절히 인정했나요?
☐ 정보의 출처를 정확히 밝혔나요?

10. 최종 점검

☐ 모든 발표 자료와 장비가 준비되었나요?
☐ 전체 발표를 최소 한 번 이상 리허설 했나요?
☐ 모든 팀원이 자신의 역할을 명확히 알고 있나요?

※이 체크리스트는 상황에 따라 수정·보완될 수 있습니다.

이 과정을 통해 효과적인 프로젝트 발표를 준비할 수 있을 뿐만 아니라, 의사소통 능력 전반을 향상시키고 프로젝트의 가치를 극대화할 수 있을 것입니다.

TIP

혁신 프로젝트
준비과정 중
일어날 수 있는 실수

1. 문제 정의를 너무 넓게 하는 실수와 해결 방안

실수 너무 광범위한 문제를 다루려 하면 초점을 잃기 쉽습니다.

해결 구체적이고 측정 가능한 문제로 좁히세요. 예를 들어, "환경 오염"보다는 "지역 하천의 플라스틱 오염"으로 구체화하세요.

2. 팀 내 의견 충돌 해결

실수 의견 차이를 개인적 갈등으로 여기는 것입니다.

해결 모든 의견을 존중하며 경청하고, 객관적 기준을 세워 결정합니다. 필요시 중재자 역할을 정해 공정한 논의를 합니다.

3. 시간 관리 실패 극복하기

실수 계획 없이 즉흥적으로 프로젝트를 진행하는 것입니다.

해결 전체 일정을 단계별로 나누고 각 단계에 기한을 정합니다. 정기적으로 진행 상황을 점검하고 필요시 일정을 조정해야 합니다.

4. 피드백을 효과적으로 수용하는 방법

실수 피드백을 비판으로 여기거나 무시하는 것입니다.

해결 피드백을 개선의 기회로 여깁니다. 수정할 부분을 찾아 혁신 프로젝트에 반영하고, 팀 내에서 피드백에 대해 열린 토론을 합니다.

5. 발표 준비 부족 문제 해결하기

실수 발표를 프로젝트의 부수적인 요소로 여기는 것입니다.

해결 발표를 프로젝트의 핵심 부분으로 인식하고 충분한 시간을 할애해야 합니다. 여러 차례 리허설을 통해 자신감을 키우고, 팀원 모두가 내용을 숙지하도록 해야 합니다.

4. 마무리

1 전체 프로세스 요약

혁신 프로젝트는 문제 인식, 아이디어 도출, 프로토타입 제작, 테스트 및 개선, 발표의 단계로 구성됩니다. 각 단계는 유기적으로 연결되어 있으며, 전체 과정을 통해 실제적인 문제 해결 능력을 기를 수 있습니다.

2 각 단계의 연계성 강조

모든 단계는 상호 연결되어 있습니다. 예를 들어, 철저한 문제 인식은 더 나은 아이디어로 이어지고, 이는 효과적인 프로토타입 제작의 기반이 됩니다. 따라서 각 단계에 균형 있게 노력을 기울이는 것이 중요합니다.

3 혁신 프로젝트를 통한 개인 및 팀의 성장

 이 프로젝트를 통해 창의적 사고, 문제 해결 능력, 팀워크, 의사소통 능력 등 다양한 역량을 키울 수 있습니다. 실제 세계의 문제에 대한 이해와 해결 의지를 갖게 되어, 미래의 혁신가로 성장할 수 있는 기회를 얻게 됩니다.

Ⅴ 핵심 가치 : 미래 인재의 윤리적 나침반

1. FLL 핵심 가치 개요

모든 FLL 프로그램에 적용되는 6개의 핵심 가치가 있습니다. 이것은 **발견, 혁신, 임팩트, 포용, 팀워크, 즐거움**입니다.

팀은 6개의 핵심 가치를 대회의 모든 과정에서 보여주어야 합니다. 심사위원들은 각 팀의 혁신 프로젝트와 로봇 디자인 발표 등에서 각 핵심 가치가 어떻게 드러나는지 기대하고 지켜보고 있습니다.

 팀워크 — 우리는 함께할 때 더 강해집니다.

 포용 — 우리는 서로를 존중하며 서로의 다름을 받아들입니다.

 임팩트 — 우리는 세상을 개선하기 위해 배운 것을 적용합니다.

 즐거움 — 우리는 우리가 하는 일을 즐기고 축하합니다!

 발견 — 우리는 새로운 기술과 아이디어를 탐구합니다.

 혁신 — 우리는 창의력과 끈기를 발휘하여 문제를 해결합니다.

<출처: 사단법인 상상의 FLL KOREA 홈페이지 (www.firstlegoleague.or.kr)>

1 발견 (Discovery)

"우리는 새로운 기술과 아이디어를 탐구합니다."

발견의 가치는 FLL 참가자들에게 호기심과 학습에 대한 열정을 심어줍니다. 로봇을 만들고 프로그래밍하는 과정에서, 또는 혁신 프로젝트를 위해 연구하는 동안, 학생들은 끊임없이 새로운 것을 발견합니다. 이는 평생 학습자로서의 태도를 기르는 데 큰 도움이 됩니다.

2 혁신 (Innovation)

"우리는 창의성을 발휘하여 문제를 해결합니다."

FLL의 모든 과정은 혁신을 요구합니다. 주어진 미션을 해결하기 위한 독창적인 로봇 설계, 실제 세계의 문제에 대한 혁신적인 해결책 제안 등을 통해 학생들은 창의적 문제 해결 능력을 기릅니다.

3 임팩트 (Impact)

"우리는 배운 것을 적용하여 세상을 개선합니다."

FLL은 참가자들에게 자신들의 지식과 기술이 실제 세상에 미칠 수 있는 긍정적인 영향을 인식하게 합니다. 이는 사회적 책임감을 가진 미래 리더를 양성하는 데 중요한 역할을 합니다.

4 포용 (Inclusion)

"우리는 서로를 존중하고 우리의 차이를 포용합니다."

다양한 배경과 능력을 가진 팀원들과 협력하는 과정에서, 학생들은 포용의 가치를 배웁니다. 이는 글로벌 시대에 필수적인 다양성 존중 태도를 기르는 데 도움이 됩니다.

5 팀워크 (Teamwork)

"우리는 함께 일할 때 더 강해집니다."

FLL의 모든 활동은 팀 기반으로 이루어집니다. 학생들은 팀워크를 통해 더 나은 결과를 얻을 수 있다는 것을 경험하며, 이는 미래 직장에서도 중요한 역량이 됩니다.

6 즐거움 (Fun)

"우리는 우리가 하는 일을 즐기고 축하합니다."

FLL은 학습과 성취의 과정이 즐거울 수 있다는 것을 보여줍니다. 이는 내적 동기부여를 강화하고, 평생 학습에 대한 긍정적인 태도를 형성하는 데 도움이 됩니다.

또한 FLL의 핵심 가치는 단순히 대회를, FLL을 위한 지침이 아닙니다. 이는 참가자들이 미래 사회의 리더로 성장하는 데 필요한 윤리적 기반을 제공합니다. 기술적 능력과 더불어 이러한 가치관을 갖춘 FLL 참가자들은, 앞으로 다가올 복잡한 사회 문제들을 해결하고 더 나은 세상을 만드는 데 중요한 역할을 할 것입니다.

2. FLL Challenge에서 핵심 가치 평가

핵심 가치는 FLL 활동 전반에 걸쳐 평가되고 강조됩니다. 로봇 게임에서의 협력 정신, 혁신 프로젝트에서의 창의성과 사회적 영향력, 그리고 팀 활동 전반에서의 포용성과 존중 등이 모두 평가의 대상이 됩니다. '2024/2025 SUBMERGED^{SM} FLL에서는 핵심 가치로 별도의 발표는 없지만, 로봇 디자인과 혁신 프로젝트에서 통합되어 평가됩니다.

대회 준비를 위해, 우리가 FLL을 준비하는 과정들을 각각의 핵심 가치와 연계해서 정리해 볼 수 있습니다. 팀 내의 문제 상황, 언쟁 등을 어떻게 극복했는지, 팀워크를 향상시키기 위해 팀원들이 문제를 어떻게 해결했는지, 어떤 것을 배웠는지, 팀이 배운 내용을 어떻게 적용할 것인지 등에 대해 생각해야 합니다.

TIP
6가지의 가치에 연결 지을 수 있는 내용을 정리해두는 것이 좋습니다.

핵심 가치	로봇 디자인	엔지니어링 디자인 프로세스	혁신 프로젝트
발견, 포용	미션 전략 지원을 위한 설계 또는 코딩 기술의 명확한 사용	발견	다양한 출처의 명확하고 상세한 연구
팀워크, 포용	개발 과정에 모든 팀원이 참여했다는 명확한 증거	설계	모든 팀원이 아이디어에 기여했다는 명확한 증거
혁신	-	창작	혁신적인 솔루션의 상세한 설명
혁신, 팀워크	테스트를 기반으로 개선된 명확한 증거	테스트와 개선	-
임팩트	과정 및 배운 점에 대한 상세한 설명	의사소통	솔루션과 그 잠재적 영향력에 대한 명확한 설명
즐거움	결과에 대한 명확한 자부심 또는 열정을 보여주는 발표		결과에 대한 명확한 자부심 또는 열정을 보여주는 팀

매시간 팀 활동이 끝나면 되돌아보기 활동을 통해서 오늘 알게 된 점, 새롭게 도전하고 싶은 점, 소감 등을 정리하여 활동을 마무리합니다. 그리고 핵심 가치와 연결 지을 수 있는 부분을 함께 찾아보도록 합니다.

로봇 게임에서도 아름답고 소중한 프로정신® 평가

아름답고 소중한 프로정신®

발전 중	성취 완료	초과 달성	
심사를 통해 총 핵심 가치 점수에 *아름답고 소중한 프로정신* 점수가 추가됩니다. 모든 팀은 각 경기를 **성취 완료** 점수(3점)로 시작하며, 이 점수가 대부분의 경기에서 얻을 수 있는 점수입니다.	심판이 기대 이상의 스포츠맨십을 관찰하여 **초과 달성** 점수(4점)를 부여하거나, 스포츠맨십이 낮은 행동을 관찰하여 **발전 중** 점수(2점)를 부여하는 경우에만 변경됩니다.		팀이 경기에 출전하지 않으면 *아름답고 소중한 프로정신* 점수를 얻지 못합니다. 하지만, 팀이 도착하여 로봇을 실행하지 않더라도 무슨 일이 있었는지 설명하면 그들이 보여주는 *아름답고 소중한 프로정신*에 따라 2점, 3점 또는 4점의 점수를 얻을 수 있습니다.

<출처: 사단법인 상상의 FLL KOREA 홈페이지(www.firstlegoleague.or.kr)>

3. 가치 평가를 위한 체크리스트

이 체크리스트는 로봇 게임, 로봇 디자인, 그리고 혁신 프로젝트 전반에 걸쳐 적용될 수 있는 예시입니다.

FLL 핵심 가치 체크리스트

1. 발견

- [ ] 다양한 출처에서 정보를 수집하고 연구했나요?
- [ ] 새로운 기술이나 아이디어를 적극적으로 탐구했나요?
- [ ] 미션 해결을 위한 전략과 기술을 명확하게 설명할 수 있나요?

2. 혁신

- [ ] 창의적이고 독창적인 해결책을 제시했나요?
- [ ] 기존 아이디어를 새롭게 개선하거나 결합했나요?
- [ ] 테스트 결과를 바탕으로 지속적인 개선이 이루어졌나요?

3. 영향

- [ ] 프로젝트가 실제 세계에 미칠 수 있는 잠재적 영향을 고려했나요?
- [ ] 학습한 내용을 실제 상황에 적용하려고 시도했나요?
- [ ] 과정에서 배운 점을 명확하게 설명할 수 있나요?

4. 포용

- [ ] 모든 팀원이 프로젝트에 의미 있게 기여했나요?
- [ ] 다양한 아이디어와 의견을 수용하고 존중했나요?
- [ ] 팀원들의 다양한 능력과 배경을 활용했나요?

5. 팀워크

- [ ] 개발 과정에 모든 팀원이 적절히 참여했나요?
- [ ] 효과적인 의사소통과 협력이 이루어졌나요?
- [ ] 팀 내 갈등이나 어려움을 건설적으로 해결했나요?

6. 즐거움

- ☐ 프로젝트 수행 과정을 즐겼나요?
- ☐ 결과에 대한 자부심과 열정을 보여주나요?
- ☐ 어려움 속에서도 긍정적인 태도를 유지했나요?

추가 평가 항목

- ☐ 프로젝트의 각 단계(발견, 설계, 창작, 테스트와 개선, 의사소통)가 명확히 드러나나요?
- ☐ 혁신적인 솔루션에 대해 상세히 설명할 수 있나요?
- ☐ 프로젝트 결과를 효과적으로 전달할 수 있나요?

이 체크리스트를 활용하여 팀은 프로젝트 진행 중 정기적으로 자신들의 활동을 평가하고, 핵심 가치를 얼마나 잘 실천하고 있는지 확인할 수 있습니다. 또한, 개선이 필요한 영역을 파악하고 보완할 수 있을 것입니다.

VI 대회 가이드: 성공을 위한 준비

1. 대회 전

1 로봇 게임 및 로봇 디자인 준비

TIP
대회 당일 연습 경기장이 설치되지만, 사용 시간에 제한이 있고 대기가 필요해 연습용 매트를 준비하는 것이 좋습니다.

- ☐ 코딩이 완료된 경기용 로봇+코딩이 완료된 예비용 로봇
- ☐ 모듈 1, 모듈 2, 모듈 3, 모듈 4, 모듈 5 등
- ☐ 충전이 완료된 배터리 여러 개
- ☐ USB 케이블
- ☐ 충전기
- ☐ 예비 부품
- ☐ 코딩이 저장되어 수정 가능한 로봇 경기용 노트북(태블릿 PC)
- ☐ 로봇 디자인 발표 물품
- ☐ (선택사항) 로봇 경기 매트

로봇 준비

경기용 로봇 2대를 준비하는 것은 매우 중요합니다. 주 로봇에 문제가 생겼을 때 신속하게 대체할 수 있어야 하기 때문입니다. 두 로봇의 성능이 동일한지 확인하고, 둘 다 최신 버전의 프로그램이 설치되어 있는지 점검합니다.

각종 모듈과 예비 부품

센서, 모터 등 주요 모듈의 여분을 준비합니다. 대회 중 예기치 못한 고장에 대비하기 위함입니다. 또한, 자주 사용하는 LEGO 부품들의 여분도 충분히 가져갑니다.

배터리 관리

충전된 배터리를 여러 개 준비하는 것은 매우 중요합니다. 대회 동안 여러 번의 경기와 연습이 있을 수 있으므로, 최소 3-4개의 완전히 충전된 배터리를 준비하는 것이 좋습니다.

연습용 매트

대회장에 도착해서도 최종 조정과 연습이 필요할 수 있으므로, 휴대용 연습 매트를 가져가는 것이 좋습니다. 이를 통해 대기 시간을 효율적으로 활용할 수 있습니다.

로봇 디자인 발표 준비

팀원 모두가 로봇의 설계, 기능, 프로그래밍에 대해 충분히 이해하고 있어야 합니다. 각자 담당 부분뿐만 아니라 로봇 전체에 대해 설명할 수 있도록 준비합니다. 특히 로봇의 독창적인 기능이나 효율적인 설계 부분을 강조할 수 있도록 준비합니다.

FLL 대회 장면
<출처: 사단법인 상상의 FLL KOREA 홈페이지(www.firstlegoleague.or.kr)>

2 혁신 프로젝트 준비

TIP

대회 당일 혁신 프로젝트 포스터를 준비합니다.

심사위원 앞에서 발표할 때, 포스터를 게시할 이젤 혹은 선반을 준비하는 것이 좋습니다.

혁신 프로젝트 산출물이나 시제품 같은 경우, 바닥에 배치하는 것 보다는 이동식 선반 위에 게시하는 것을 추천합니다.

☐ 혁신 프로젝트 포스터 및 시각자료 점검
☐ 혁신 프로젝트 산출물
☐ 혁신 프로젝트 발표 증빙 자료
☐ 혁신 프로젝트 발표 대본
☐ 혁신 프로젝트 발표를 위한 준비물(이젤, 이동식 선반 등)
☐ 발표용 소품 또는 시제품 기능 확인

혁신 프로젝트 발표를 위한 산출물이나 시제품이 있다면, 이를 안전하게 운반할 방법을 고려합니다. 혁신 프로젝트를 대회 당일 발표하기 위해서는 산출물(모형)과 발표 포스터가 필요합니다. 학생들은 5분간 자유롭게 발표할 수 있도록 대본을 가지고 역할을 나누어 발표하는 연습이 필요합니다. 또한 질의응답을 준비하기 위해 모의 질문 및 답변 연습을 해야 합니다.

혁신 프로젝트 발표는 팀의 창의성, 문제 해결 능력, 협력 정신을 종합적으로 보여주는 기회입니다. 충분한 준비와 연습을 통해 팀의 노력과 성과를 효과적으로 전달할 수 있도록 합니다.

3 팀 부스 설치 준비

<출처: 사단법인 상상의 FLL KOREA 홈페이지(www.firstlegoleague.or.kr)>

팀 부스는 팀의 정체성과 프로젝트 성과를 보여주는 중요한 공간입니다. 효과적인 팀 부스 설치를 위해 다음 사항들을 고려합니다.

- ☐ 팀 소개 자료
- ☐ 팀 포스터
- ☐ 발표용 물품 보관함
- ☐ 필기용 네임펜, 유성 마카
- ☐ 팀 부스 꾸미기용 물품(칼, 가위, 풀, 테이프, 자석 등)
- ☐ 옷 보관용 보관함
- ☐ 간식
- ☐ 물
- ☐ 도시락
- ☐ 구급약품
- ☐ (선택사항) 이름표 핀 버튼(참가팀 수X10개)
- ☐ (선택사항) 우리 팀의 준비 과정을 영상으로 제공할 수 있는 노트북(태블릿 PC)

팀 소개 자료 및 포스터
팀의 특징, 목표, 그리고 프로젝트 과정을 한눈에 볼 수 있는 자료를 준비합니다. 포스터는 시각적으로 매력적이고, 정보가 명확해야 합니다. 멀리서도 읽을 수 있도록 글자 크기에 유의합니다.

발표용 물품 관리
발표에 필요한 모든 물품을 체계적으로 보관할 수 있는 보관함을 준비합니다. 이는 부스를 깔끔하게 유지하고 필요한 물품을 신속하게 찾는 데 도움이 됩니다.

부스 꾸미기 도구
칼, 가위, 풀, 테이프, 자석 등 부스를 꾸미는 데 필요한 도구들을 빠짐없이 준비합니다. 예기치 못한 상황에 대비해 여분을 가져가는 것이 좋습니다.

팀 아이덴티티 강화
팀을 대표하는 색상이나 로고를 활용하여 부스를 꾸밉니다. 일관된 디자인은 팀의 이미지를 전달하는 데 도움이 됩니다.

교류 준비
다른 팀과의 교류를 위한 기념품(예: 팀 배지)을 준비합니다. 이는 학생 간의 네트워킹을 촉진하고, 좋은 인상을 남기는 데 도움이 됩니다.

멀티미디어 활용
가능하다면 노트북이나 태블릿 PC를 활용하여 팀의 준비 과정 영상을 보여줍니다. 이는 방문자들의 관심을 끌고 팀의 노력을 효과적으로 보여줄 수 있습니다.

부스 설치 시 주의사항
부스 설치에 할당된 시간을 확인하고, 그 시간 내에 효율적으로 설치를 완료할 수 있도록 팀원들과 역할을 분담합니다. 안전에 주의하며, 주변 팀들을 방해하지 않도록 조용히 작업합니다.

팀 부스는 팀을 대표하는 공간입니다. 창의적이고 전문적인 부스 설치를 통해 팀의 노력과 성과를 효과적으로 전달할 수 있도록 준비합니다.

4 기타 준비

 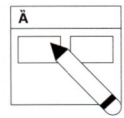 

* 팀 이름과 로고 정하기
* 팀 구호 만들기
* 팀 유니폼 디자인 및 준비

* 공유 캘린더(구글, 네이버 등) 활용으로 일정 관리
* SNS(밴드, 인스타그램 등)를 통한 활동 기록

* 팀 빌딩 활동(MBTI 자기소개, 즉석 미션, 운동 등) 진행

* 각종 SNS(밴드, 인스타 등)를 활용하여 팀원의 활동을 기록하는 것이 필요

* 점심 식사가 제공되지 않으니 미리 도시락 등을 준비
* 음료 준비
* 간식

* 전국대회는 오전에 시작되므로 미리 교통편 준비
* 숙박이 필요한 경우 호텔 예약 정보와 체크인 시간 재확인

* 팀의 물품들을 보관할 보관함 필요.(옷, 로봇 교구 등 물품 보관)

* 팀 교류 활동을 위한 준비 (배지, 부스 꾸미기 재료-자석 및 기타 공작 도구 필요)

준비를 통해 대회 참가의 효율성을 높이고, 팀원들의 편의를 도모할 수 있습니다. 또한, 다른 팀들과의 교류를 통해 더 풍부한 경험을 쌓을 수 있습니다. 모든 준비 사항을 체크리스트로 만들어 빠짐없이 확인하는 것이 중요합니다.

2. 대회 당일 아침

-집합 시간 및 장소 확인

-**팀원 건강 상태 확인 및 대비책**

☐ 각 팀원의 전반적인 건강 상태 확인
☐ 특별한 의료 조치가 필요한 팀원 체크
☐ 복용해야 할 약물이 있는 팀원 확인
☐ 가벼운 증상 (두통, 소화불량 등)을 호소하는 팀원 체크
☐ 긴장이나 불안을 느끼는 팀원 파악

-개인 준비물

- ☐ 팀 유니폼 착용
- ☐ 개인 위생 용품 (마스크, 손소독제 등)
- ☐ 신분증 또는 학생증
- ☐ 개인 물병
- ☐ 필기구

-기타사항

- ☐ 비상 연락망 (코치, 학부모, 팀원)
- ☐ 간단한 응급 키트 준비
- ☐ 우산 또는 우비 (날씨에 따라)

-코치가 마지막으로 상기시켜야 할 사항

- ☐ 대회의 주요 목표는 팀이 재미를 느끼고 학생들이 준비하는 과정에서 노력한 것이 가치 있다고 느끼는 것임을 상기시킴
- ☐ 팀이 대회에 참가하는 것은 배울 수 있는 좋은 경험이며, 학생들이 전문가가 되는 것이 목표가 아니라는 점을 상기시킴
- ☐ 팀이 다른 팀과 협력해 배운 내용을 공유하고 서로를 지원하도록 격려

팀원들의 건강 상태를 수시로 확인하고, 문제가 발생했을 때 신속하게 대응할 수 있도록 준비합니다. 건강한 신체와 마음이 대회에서 최선의 결과를 얻는 데 중요한 역할을 한다는 점을 팀원들에게 상기시킵니다.

3. 대회장 도착 후 절차

1 등록 및 오리엔테이션

- ☐ 대회 등록 데스크 찾기
- ☐ 팀 등록 및 필요 서류 제출
- ☐ 대회 자료집, 명찰, 기타 안내 자료 수령
- ☐ 대회 일정 및 규칙 변경사항 확인

보통 오전에 이루어지며 많은 팀이 참여하기 때문에 혼잡할 수 있어, 정해진 시간보다 일찍 와서 등록하는 것이 좋습니다. 팀이 준비해야 하는 물품은 다음과 같습니다.

대회용 물품(작품, 발표용 물품 등), 네임펜(핀 버튼에 이름 기재용), 팀 부스 꾸미기용 자석, 팀 교류 물품(보통 팀 배지를 교환함), 옷 보관 봉지 등입니다. 팀 등록 시에는 이름표 핀 버튼(팀 번호/팀명/팀원 이름 직접 기재) 및 시즌 스티커가 제공됩니다.

2 팀 부스 배정 및 설치

- ☐ 배정받은 팀 부스 구역 찾기
- ☐ 팀 장비 및 자료 정리
- ☐ 로봇 및 프로젝트 자료 배치
- ☐ 팀 포스터 및 배너 설치

FLL은 축제 형식으로 치러지는 대회입니다. 아이들의 오랜 노력과 연구 결과를 서로에게 공유하고 참가자들과 교류하는 의미 있는 자리입니다. 팀 교류의 방법은 팀 소개 자료와 팀 포스터, 팀 모형을 잘 전시하는 것입니다. 또한, 상대 팀과 교환할 기념품으로 팀 배지를 준비하는 것도 좋습니다.(팀 배지: 필수는 아님) 팀 테이블마다 번호가 부착되어 있으니, 우리 팀을 잘 보여줄 수 있도록 부스를 꾸미면 됩니다. 부스를 설치하는 데 필요한 재료(테이프, 칼, 가위, 풀, 우드락, 자석 등)는 팀에서 자체적으로 준비해야 합니다.

3 로봇 검사 준비 및 진행

- ☐ 로봇 게임 일정 확인
- ☐ 로봇 최종 점검

> **TIP**
> FLL 로봇 게임은 글로벌 기준 3회 운영이 원칙이나, 대회 운영기관마다 진행 횟수가 달라질 수 있습니다.

FLL 대회는 참여팀 수에 따라 다르게 운영되지만 보통 오전에 시작해서 오후까지 진행됩니다. 대회 순서는 팀에 따라 다르며 로봇 게임 2-3회, 로봇 디자인 발표는 로봇 게임이 끝나고 팀별로 정해진 시간에 1회만 이루어집니다. 혁신 프로젝트 발표는 8분 동안 심사실에서 이루어집니다.

참가번호	참가팀	로봇 게임 1라운드		로봇 게임 2라운드		로봇 디자인 심사		혁신 프로젝트 & 핵심 가치	
		시간	경기장	시간	경기장	시간	심사실	시간	심사실
(23FLL) C01		오전 9:50	1	오후 1:00	2	오전 10:00	1	오전 10:40	1
(23FLL) C02		오전 9:50	2	오후 1:00	3	오전 10:00	2	오전 10:40	2
(23FLL) C03		오전 9:50	3	오후 1:00	4	오전 10:00	3	오전 10:40	3
(23FLL) C04		오전 9:50	4	오후 1:00	5	오전 10:00	4	오전 10:40	4
(23FLL) C05		오전 9:50	5	오후 1:00	6	오후 1:10	1	오전 10:40	5
(23FLL) C06		오전 9:50	6	오후 1:00	7	오후 1:10	2	오전 10:30	3
(23FLL) C07		오전 9:50	7	오후 1:00	8	오후 1:10	3	오전 10:30	4
(23FLL) C08		오전 9:50	8	오후 1:00	1	오후 1:10	4	오전 10:30	5
(23FLL) C09		오전 10:00	1	오후 1:10	2	오전 10:10	1	오전 10:50	1

<출처: 2023-2024 FLL 코리아 챌린지 대회 안내문>

4 연습 시간 활용

- ☐ 연습 테이블 사용 일정 확인
- ☐ 로봇 주행 연습 실시
- ☐ 필요시 로봇 프로그램 미세 조정

예선대회 및 본선대회 대기 부스에는 대부분 연습경기장이 설치되어 있습니다. 팀 등록 이후부터 사용이 가능하며 한 팀당 5분 이내로 사용합니다. 대기 줄이 길어 충분히 사용하기 어렵기 때문에 많은 팀들이 각자 연습용 매트를 가져와서 연습을 하기도 합니다.

5 혁신 프로젝트 발표 준비

- ☐ 발표장 위치 확인
- ☐ 발표 자료 및 소품 최종 점검
- ☐ 팀원 간 발표 리허설 진행

6 개회식 참석 준비

- ☐ 개회식 시간 및 장소 확인
- ☐ 팀 전원 유니폼 착용 상태 점검
- ☐ 팀 배너 또는 식별 표지 준비

7 로봇 게임 일정 확인 및 전략 회의

- ☐ 세부 경기 일정표 수령 및 확인
- ☐ 팀 스케줄 작성
- ☐ 각 경기별 전략 최종 점검

8 팀 부스 운영 계획 수립

- ☐ 부스 운영 시간 확인
- ☐ 팀원 교대 일정 수립
- ☐ 방문객 응대 방법 논의

팀 교류 활동(혁신 프로젝트 판넬 위주로 부스 운영)

9 안전 및 비상 상황 대비

☐ 비상구 및 의무실 위치 파악
☐ 팀 비상 연락망 재확인
☐ 코치 또는 부모님과의 연락 방법 확인

10 팀 분위기 조성

☐ 팀 구호 연습
☐ 긍정적인 마인드셋 공유
☐ 서로 격려와 응원

 이러한 절차를 따르면 대회장 도착 후 체계적으로 준비를 진행할 수 있습니다. 각 단계마다 팀원들의 역할을 명확히 분담하고, 시간을 효율적으로 사용하는 것이 중요합니다. 또한, 예상치 못한 상황에 대비하여 유연하게 대처할 수 있는 자세를 갖추는 것도 잊지 말아야 합니다.

11 로봇 게임

◆ 경기 준비 및 수행

 일단 우리 팀의 로봇 경기 시간을 확인해야 합니다. 로봇 경기는 각 팀의 테크니션만 참여가 가능하며, 테크니션은 로봇 경기장 양쪽 홈 구역당 각각 2명씩 최대 4명만 로봇 경기장 안에 들어갈 수 있습니다. 시작 시간 10분 전에는 로봇 경기장 안에서 로봇과 모듈을 가지고 대기하며, MC가 팀을 소개하면 팀원들은 구호와 노래, 응원, 환호 등을 외치며 각오를 다집니다.

 입장이 완료되면 1분 정도의 준비 시간이 주어지며, 이때 테크니션은 경기장과 로봇을 최종 점검해야 합니다. 준비가 완료되면 경기가 시작되고, 2분 30초 동안 로봇을 활용하여 주어진 미션을 수행합니다.

 경기가 끝난 후에는 심사위원과 함께 테크니션이 채점 결과를 확인합니다. 만약 이의가 있을 경우, 테크니션만 심사 결과에 대하여 이의를 제기할 수 있습니다. 심사위원은 루브릭을 참조하여 테크니션과 협의한 후, 최종 점수를 확정합니다. 심사가 끝난 후에는 로봇과 모듈을 챙겨 퇴장하면 됩니다.

로봇 경기 장면
<출처: 사단법인 상상의 FLL KOREA 홈페이지(www.firstlegoleague.or.kr)>

12 로봇 디자인

로봇 디자인은 로봇 게임을 위해 팀원들이 열정을 쏟아 아이디어와 테스트, 개선 과정을 거쳐 완성한 로봇을 심사하는 종목입니다. 로봇 게임 후(1라운드 또는 2라운드 종료 후 진행되며, 시간은 당일에 확인) 5분 동안 진행됩니다. 2분 동안 팀은 로봇의 디자인, 기능, 프로그래밍 알고리즘, 혁신적 솔루션 등을 설명하고, 3분 동안 심사위원의 질문에 답변하며 로봇에 대한 전문가의 조언도 얻을 수 있습니다. 이때, 코치는 학생을 인솔, 입장만 가능하며, 심사 중에는 팀과 소통할 수 없습니다. (구체적인 시간 배분은 각 대회마다 다를 수 있습니다.)

로봇 디자인 심사 장면
<출처: 사단법인 상상의 FLL KOREA 홈페이지(www.firstlegoleague.or.kr)>

13 혁신 프로젝트

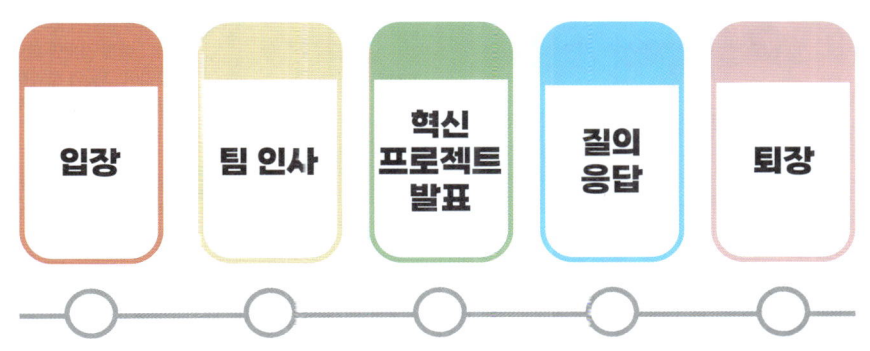

혁신 프로젝트 심사 진행 순서

TIP
심사위원이 "발표하세요"라고 말하기 전에 입장부터 퇴장까지 주도적으로 진행하면 됩니다. 준비한 발표를 자신감 있게 발표하는 것이 중요합니다.

혁신 프로젝트는 8분간 이루어집니다. 모든 팀원은 예정된 심사 시간에 맞춰 심사실 앞에서 대기해야 하며, 산출물 및 발표 자료(혁신 프로젝트는 전자 장비 사용 가능)를 준비해야 합니다. 발표 순서는 다음과 같습니다: 입장 - 팀 인사 - 혁신 프로젝트 5분 발표 - 3분 질의응답 - 마무리 인사 - 퇴장

미리 심사위원의 예상 질문에 대한 답을 준비하는 것이 필요합니다. 또한 심사실에 늦게 도착하면 남은 시간 동안만 발표 가능하기에 꼭 5분 전에 대기하는 것이 중요합니다.

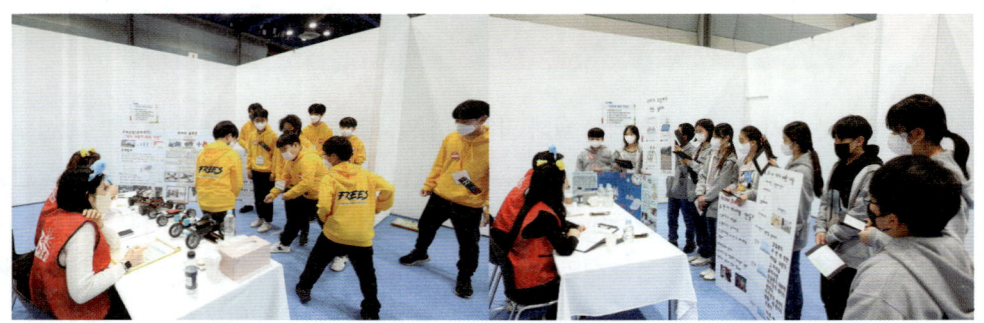

혁신 프로젝트 발표 장면
<출처: 사단법인 상상의 FLL KOREA 홈페이지(www.firstlegoleague.or.kr)>

심사 이해하기

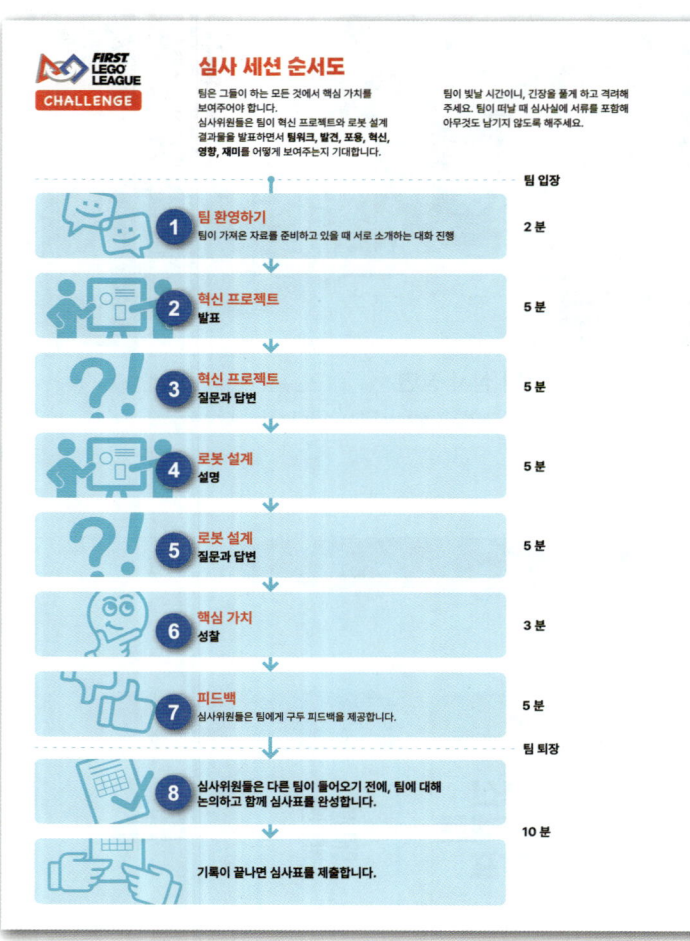

1. 준비하는 동안, 심사위원은 팀에 대해, 그리고 프로그램에서 어떤 경험을 했는지 알아보기 위해 질문을 할 것입니다.

2. 팀은 심사위원의 방해 없이 혁신 프로젝트를 발표할 수 있습니다.

3. 심사위원은 루브릭을 사용해 혁신 프로젝트 솔루션과 팀이 발표 동안 명확히 하지 않은 사항에 대해 자세히 알아봅니다.

4. 심사위원은 팀이 로봇 제작 방법을 설명하고 프로그램에 대한 이해도를 설명하는 것을 경청합니다.

5. 심사위원은 루브릭을 사용해 로봇공학과 코딩에 대한 팀의 이해도를 파악합니다.

6. 핵심 가치는 심사 세션 내내 평가되지만, 이 성찰 섹션은 심사위원이 추가 질문을 하는 것입니다.

7. 팀에게 영감을 주기 위해, 심사위원은 팀이 잘한 것뿐만 아니라 추가적인 작업이 그들의 성과를 향상시킬 수 있는지에 대해서도 즉각적인 구두 피드백을 줍니다.

8. 팀이 떠난 후, 심사위원들은 협력해 루브릭 심사표를 작성하고 제출합니다.

팀이 자세히 다루기에 너무 많은 정보가 있는 경우, 시각 자료는 매우 유용한 참고 자료가 될 수 있습니다. 팀이 평가 세션에서 이 자료들을 어떻게 사용할지 미리 연습하게 하세요.

<출처 : 사단법인 상상의 FLL KOREA 홈페이지(www.firstlegoleague.or.kr)>

4. 대회 후

1 장기자랑

로봇 게임, 로봇 디자인, 혁신 프로젝트의 모든 경기 및 심사가 끝난 후, 결과가 집계되는 동안 장기자랑이 진행됩니다. 장기자랑은 참가 팀들로부터 사전 신청을 받아 진행되며, 댄스, 노래, 로봇 공연 등 다양한 장기가 포함됩니다. 또한, 현장에서 즉석 공연 및 레크리에이션도 함께 진행됩니다. 사전 연습 없이 바로 진행되어 부담 없이 서로를 격려하는 시간이 됩니다. 집계 시간에 따라 장기자랑 시간은 조정될 수 있습니다.

경기장 정리 후 공연 진행

2 시상식

시상식은 모든 경기의 집계가 완료된 후 진행됩니다. 본선에 출전한 여러 팀이 수상할 수 있도록 아래 표와 같이 다양한 상들이 준비되어 있습니다.

- ⭐ 챔피언상 ⭐ 로봇 퍼포먼스 1위 ⭐ 로봇 퍼포먼스 2위 ⭐ 로봇 퍼포먼스 3위
- ⭐ 기계공학상 ⭐ 프로그래밍상 ⭐ 뛰어난 전략상 ⭐ 프로젝트 연구상
- ⭐ 혁신적인 솔루션상 ⭐ 창의적 발표상 ⭐ 열정적인 팀 정신상 ⭐ 팀 협동상
- ⭐ 아름답고 소중한 프로정신상 ⭐ 로봇 퍼포먼스 심판 ⭐ 뛰어난 공학상
- ⭐ 뛰어난 경기운영상 ⭐ 뛰어난 실현상 ⭐ 뛰어난 발명상 ⭐ 프로젝트 심판상
- ⭐ 뛰어난 아이디어상 ⭐ 뛰어난 혁신상 ⭐ 뛰어난 커뮤니케이션상
- ⭐ 뛰어난 통찰상 ⭐ 떠오르는 스타상 ⭐ 뛰어난 도전상

본선 진출 팀 중 다수의 팀이 상장과 수상 폼보드, 트로피를 받게 됩니다. 세계대회 진출 팀은 현장에서 발표되지 않으며, 세계대회 출전권을 최종 확인한 후 수상 팀 순서대로 개별 연락 및 홈페이지(https://firstlegoleague.or.kr)를 통해 발표됩니다.

3 메달리언

메달리언 행사는 시상식 후에 진행됩니다. 이 행사는 FLL에 참여한 모든 팀을 축하하기 위한 자리입니다. 각 팀원들은 메달을 받고, 심사위원 및 운영위원들과 하이파이브를 나누며 FLL에 참여한 모두를 격려합니다.

시상식   메달리언

오랜 기간 동안 준비해온 로봇 챌린지에서 학생들이 기대한 것보다 낮은 성적을 받았을 때, 그들이 느끼는 실망감은 매우 자연스러운 감정입니다. 이러한 감정을 인정하고 공감해 주는 것이 무엇보다 중요합니다. 동시에, 학생들에게 결과 못지않게 준비 과정에서의 배움과 성장이 중요하다는 점을 상기시켜 주어야 합니다.

메달리언 시스템은 단순한 평가 도구 이상의 교육적 가치를 지니고 있습니다. 이 시스템을 통해 학생들은 다양한 역량의 중요성, 지속적인 성장의 가치, 그리고 협력의 힘을 배우게 됩니다. 더 나아가 경쟁보다는 자기 발전에, 결과보다는 과정에 더 큰 가치를 두는 법을 익히게 됩니다.

이러한 접근을 통해 학생들은 일시적인 실망감을 극복하고 더 나은 미래를 향해 나아갈 수 있습니다. FLL 경험은 단순한 대회 참가를 넘어, 학생들에게 진정한 성장과 학습의 기회를 제공합니다. 이 과정에서 얻은 교훈과 경험은 앞으로의 삶에서 값진 자산이 될 것입니다.

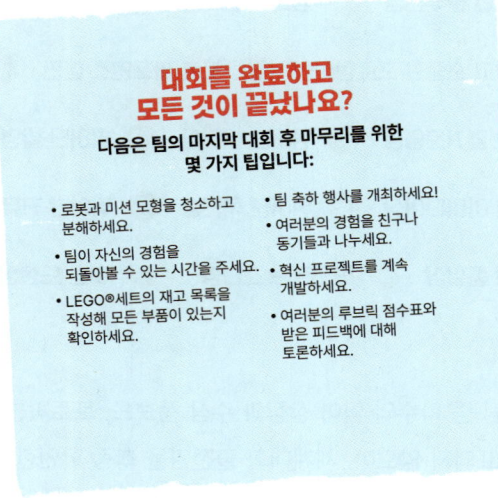

<출처 : 사단법인 상상의 FLL KOREA 홈페이지(www.firstlegoleague.or.kr)>

VII 대회 우승팀 사례 나눔과 성공 전략

FLL Challege 예선대회 사례

삼례초등학교 교사 송민규

우리 학교 로봇 동아리 팀이 FLL 예선대회에서 우승한 경험을 나누고자 합니다. FLL 대회를 준비하는 과정은 결코 쉽지 않았지만, 그만큼 많은 것을 배우고 성장할 수 있는 귀중한 기회였습니다.

대회 준비는 사실 1학기부터 시작되었다고 볼 수 있습니다. FLL 대회 미션이 보통 8월에 공개되기 때문에 2학기에 준비를 시작하면 시간이 매우 부족합니다. 그래서 우리는 1학기부터 전년도 미션을 활용해 연습을 시작했습니다. 이를 통해 로봇 프로그래밍과 문제 해결 능력을 키울 수 있었고, 팀워크도 다질 수 있었습니다.

예산 확보도 중요한 과제였습니다. 예선대회와 본선대회 참가를 위한 참가비, 그리고 고가의 스파이크 프라임 구입을 위해 다양한 방법을 동원했습니다. 학교 예산을 활용하는 것은 물론이고, AI 정보교육중심학교를 운영하며 학생자율동아리를 적극적으로 지원하여 필요한 예산을 확보했습니다.

8월 초 대회 주제가 공개된 후, 우리는 방학 기간 동안 동아리 캠프를 열어 FLL 매트를 조립하고 미션을 파악하는 데 집중했습니다. 이 시간은 팀원들이 함께 미션을 분석하고 아이디어를 나누는 중요한 시간이었습니다. 11월 예선까지 3개월이라는 짧은 기간 동안 우리는 로봇 디자인과 로봇 게임에 모든 노력을 쏟아부었습니다. 매일 방과 후 시간을 활용해 연습했고, 주말에도 모여 프로그래밍을 개선하고 로봇을 테스트했습니다.

2023/2024 FLL 대회 매트 조립 및 미션 확인

로봇 게임 부문에서 우리는 어려움을 겪었습니다. 2분 30초라는 경기 시간이 생각보다 짧았고, 한 번의 출발로 최대한 많은 미션을 수행하려 했는데 로봇의 위치가 조금만 틀어져도 미션 성공률이 크게 떨어지는 문제에 직면했습니다. 문제 해결을 위해 우리는 실패를 두려워하지 않고 계속해서 새로운 방법을 시도했습니다.

이에 우리는 전략을 수정했습니다. 홈 구역에 가까운 미션부터 수행하고, 필요시 홈으로 돌아와 다시 출발하는 방식을 택했습니다. 이 방법을 통해 점수를 더 안정적으로 얻을 수 있었습니다. 또한, 15개 정도 되는 미션 중 왼쪽 홈 구역의 미션에 집중하여 준비했습니다. 이렇게 전략을 수정하는 과정에서 팀원들은 문제 해결 능력과 유연한 사고를 기를 수 있었습니다.

미션 해결 아이디어를 생각해 내는 것도 쉽지 않았습니다. 그래서 우리는 유튜브를 통해 그해의 주제와 관련된 미션 해결 방법 영상들을 참고하여 많은 아이디어를 얻었습니다. 이 과정에서 학생들은 정보 수집과 분석 능력을 키웠습니다.

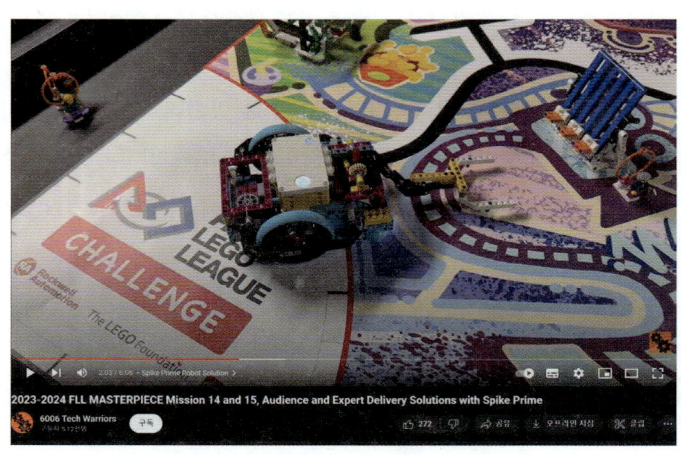

유튜브 채널의 미션 해결 아이디어 참고

<출처 : https://www.firstlegoleague.org/season#resources>

TIP
로봇 게임

1. 모터를 활용하여 정확하게 위치 보정을 하는 방법을 찾는 것이 중요하다.
2. 미션을 수행하기 위해서는 최대한 간단하고 안전한 방법을 택한다.
3. 마이 블록을 활용하여 블록 코딩을 최대한 단순화시킨다.
4. 회전 동작이 많이 들어가지 않도록 코딩해야 한다.
5. 배터리 잔량이 비슷한 배터리를 최대한 여러 개 준비한다.
6. 로봇은 조금 느리더라도 정확하게 움직이게 한다.
7. 드라이빙 베이스의 무게 배분이 적당히 나뉘도록 한다.
8. 대회용 로봇은 2대를 준비한다. 프로그램도 똑같이 준비하도록 한다.
   (경기 당일 오류가 있을 경우를 대비)

팀의 혁신 프로젝트 내용

혁신 프로젝트에서는 우리 지역의 특성을 살려 '완주 소개 메타버스'를 기획했습니다. 완주군의 맛과 관광 자원을 메타버스로 소개하고 가상 투어를 제공하여 실제 방문을 유도하는 아이디어였습니다. 이 과정에서 학생들은 지역 사회에 대한 이해를 높이고, 창의적 문제 해결 능력을 키울 수 있었습니다.

우리의 성공 전략을 요약하자면 다음과 같습니다:

1. 장기적 준비
1학기부터 전년도 미션으로 연습을 시작하여 기본기를 다졌습니다.

2. 예산 확보 노력
다양한 사업에 지원하여 필요한 예산을 마련했습니다.

3. 집중적인 훈련
방학 중 캠프와 방과 후 자율동아리 시간에 연습을 통해 실력을 키웠습니다.

4. 유연한 전략 수정
초기 전략의 문제점을 파악하고 더 효과적인 방식으로 전환했습니다.

5. 외부 자원 활용
유튜브 등의 자료를 적극 활용하여 아이디어를 얻고 발전시켰습니다.

6. 지역 특성 활용
혁신 프로젝트에 지역의 특성을 반영하여 독창성을 높였습니다.

7. 팀워크 강화
모든 과정에서 팀원 간의 협력과 의사소통을 중요시했습니다.

8. 지속적인 개선
실패를 두려워하지 않고 계속해서 개선점을 찾았습니다.

2023-2024 FLL 예선대회 참여 모습

이러한 노력과 전략을 통해 우리는 예선대회에서 좋은 성적을 거두고 본선 진출권을 획득할 수 있었습니다. FLL 대회 준비 과정은 로봇 프로그래밍 기술뿐만 아니라 학생들의 문제 해결 능력, 팀워크, 창의성, 그리고 끈기를 기르는 데 큰 도움이 되었습니다. 이러한 경험은 학생들의 미래 진로와 학업에도 긍정적인 영향을 미칠 것이라 확신합니다.

FLL Challenge 세계대회 사례

연구사 심재국 (2015년 당시 완주군 봉동초 근무)

2015/2016 FLL Challenge 세계대회 우승 사례를 소개하도록 하겠습니다. 세계대회에 참가한 학생들의 후기입니다.

> FLL은 나에게 참 많은것을 가르쳐준 것 같다
> 새로운 친구를 만드는 법, 동생들을 가르치는 법, 로봇에 관한 여러가지 원리 등을 알게되었다
>
> FLL 은 즐기라고 있는 대회다 ..
> 물론 승부도 중요하지만 승부는 그때만큼은 잊고 즐길 수 있었던 것 같다 ..
>
> 봉사자로써 참여한 FLL도 참 재미있었다. 참여하는 사람으로가 아닌 봉사자로 FLL을 보면서 이 대회를 위해 힘쓴 선생님들과 다른 봉사자들로 인해 FLL이 원활하게 진행되고 참가자들이 재미있게 대회를 즐길수 있도록 되는 것을 다시금 알게 되었다. 어느 선생님께서 FLL은 봉사자들이 만들어 나간다는 말씀을 하셨는데 그말이 맞는것 같다. 미국대회에 참가했을 때 할아버지 할머니들께서 봉사하시는 모습이 생각났다. 자원봉
>
> 우리의 첫번째 심사는 프로젝트 심사
> 나는 프로젝트 팀이기 때문에 긴장됬다. 그리고 또 첫번 째 심사라서 더욱 긴장이 많이 되었다.
> 나는 많은 대회에 나가봐서 여러 심사위원들을 많이 만나봤다. 그리고 지금까지 내가 만난 심사위원들은 다 무섭고 두려웠다.
> 하지만 이번 FLL 대회 심사위원 분들만큼은 달랐다.
> 우리 얘기를 끝까지 들어주시고, 실수를 해도 넓은 마음으로 이해해 주셨다.

FLL 세계대회는 단순한 로봇 경진대회를 넘어 학생들의 종합적인 능력과 글로벌 시야를 키우는 귀중한 경험의 장입니다. 여기서는 세계대회에서 성공을 거둔 팀의 사례와 전략을 상세히 소개합니다.

1. 효과적인 팀 구성과 역할 분담

세계대회 수준의 경쟁에서 성공하기 위해서는 체계적인 팀 구성이 필수적입니다. 팀원, 코치, 멘토, 학부모/보호자 각각의 역할을 명확히 정의하고, 모든 구성원이 자신의 책임을 이해하고 수행해야 합니다.

- **팀원 역할:** 로봇 게임, 로봇 디자인, 핵심 가치, 혁신 프로젝트 등 4개 핵심 분야에 팀원들을 적절히 배치합니다. 각 팀원의 강점을 고려하되, 모든 분야에 대한 기본적인 이해도 필요합니다. 예를 들어, 프로그래밍에 능숙한 학생은 로봇 게임을, 발표 능력이 뛰어난 학생은 혁신 프로젝트를 주로 담당하게 할 수 있습니다.

- **코치의 역할:** 직접적인 해답 제시보다는 팀원들이 스스로 문제를 해결할 수 있도록 유도합니다. 질문을 통해 학생들의 사고를 자극하고, 필요한 자원을 제공하는 것이 중요합니다. 또한 경험 많은 다른 팀이나 코치와 연락하여 조언을 구하는 것도 도움이 됩니다.

- **멘토의 활용:** 관련 분야의 전문가를 멘토로 초빙하여 프로젝트에 대한 전문적인 조언을 받을 수 있습니다. 이는 혁신 프로젝트의 질을 높이는 데 큰 도움이 됩니다.

사육사   수의사

소방서

- **학부모/보호자의 참여:** 모든 학부모에게 특정 역할을 부여함으로써 팀 전체의 지원 체계를 강화합니다. 예를 들어, 한 분은 이동과 숙박을 담당하고, 다른 분은 팀 유니폼 제작을, 또 다른 분은 간식 준비를 맡는 식으로 역할을 나눌 수 있습니다. 자금 조달에 방법을 계획하고 후원자를 유치합니다. 또 기술 과학 분야에서 일하시는 경우 멘토로 봉사를 합니다.

2. 체계적인 준비 과정

성공적인 세계대회 참가를 위해서는 장기적이고 체계적인 준비가 필요합니다.

- **명확한 목표 설정:** 첫 미팅에서 대회의 규정과 팀의 목표를 명확히 설명합니다. 이를 통해 모든 구성원이 같은 방향을 향해 나아갈 수 있습니다. 단기, 중기, 장기 목표를 설정하고 정기적으로 진행 상황을 점검합니다.

- **팀워크 강화:** 팀 규칙을 함께 만들고, 다양한 팀 빌딩 활동을 통해 협동심을 키웁니다. 예를 들어, 이름 외우기 게임, 즉석 과제 해결하기 등의 활동을 통해 팀원 간의 유대감을 형성할 수 있습니다.

- **팀 정체성 확립:** 팀 이름, 로고, 모자, 손수건, 행동 구호 등을 만들어 팀의 결속력을 높입니다. 이는 대회 당일 팀의 존재감을 높이는 데도 도움이 됩니다.

- **효율적인 시간 관리:** 훈련 스케줄을 미리 확정하고, 해외 일정을 체계적으로 계획합니다. 주간, 월간 계획을 세우고, 정기적인 팀 미팅을 통해 진행 상황을 점검합니다.

3. 전략적인 심사 준비

세계대회에서는 여러 부문의 심사가 진행되며, 각 부문에 대한 철저한 준비가 필요합니다.

- **심사 기준 분석:** 각 부문(혁신 프로젝트, 로봇 디자인, 로봇 게임)의 심사표를 세밀히 분석하여 높은 점수를 받을 수 있는 전략을 수립합니다. 예를 들어, 로봇 디자인 심사에서는 혁신적인 메커니즘 설명에 중점을 둘 수 있습니다.

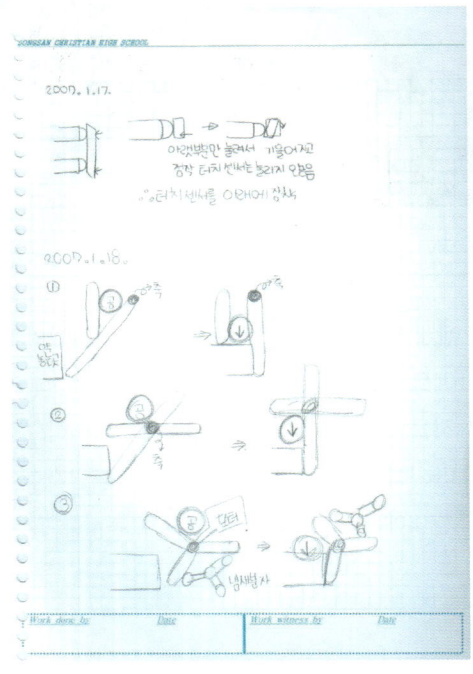 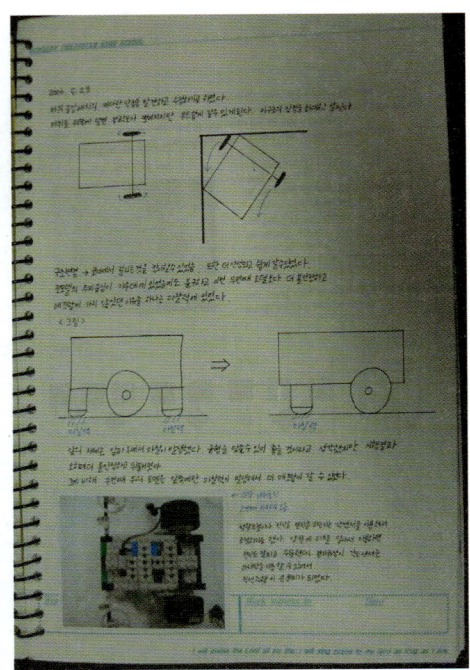

로봇 디자인 증빙자료

- **체크리스트 활용:** 준비 과정에서 중요한 항목들이 누락되지 않도록 체크리스트를 만들어 활용합니다. 대회 전날, 당일 아침, 각 심사 전 등 시점별로 체크리스트를 만들어 꼼꼼히 확인합니다.

- **창의적 프로젝트 준비:** 주제에 대한 심층적인 조사와 탐구를 바탕으로 창의적이고 혁신적인 아이디어를 개발합니다. 현장 조사, 전문가 인터뷰, 문헌 연구 등 다양한 방법을 활용합니다. 발표 방법도 창의성을 고려하여 준비합니다. 예를 들어, 역할극, 노래, 동영상 등을 활용할 수 있습니다.

FLL 세계대회 핵심 가치 발표모습

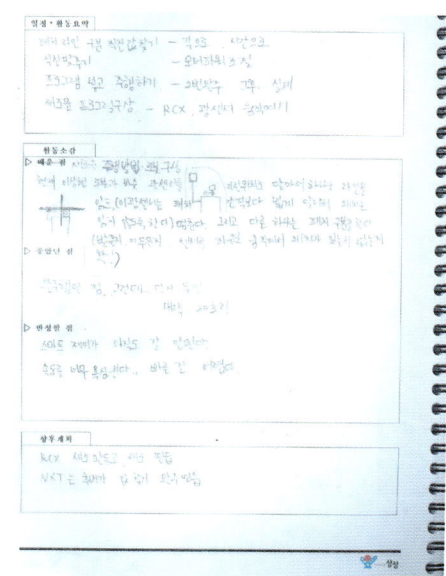

혁신 프로젝트 증빙자료

4. 대회 당일 전략

세계대회 당일에는 긴장된 분위기 속에서도 침착하게 대처해야 합니다.

- **효과적인 팀 부스 운영:** 팀을 잘 표현할 수 있는 부스를 준비하고 운영합니다. 팀의 journey 를 보여주는 포스터, 로봇 모형, 프로젝트 산출물 등을 전시합니다.

세계대회 팀 부스 공간 　　　　　　　세계대회 팀 부스 설치모습

- **적극적인 교류 활동:** 다른 나라 팀들과 활발히 교류하며 문화적 체험과 기술적 교류를 합니다. 팀 배지나 작은 선물을 준비해 교환하는 것도 좋은 방법입니다.

- **시간 관리와 규정 준수:** 각 심사 부문별 시간을 엄수하고 대회 규정을 철저히 준수합니다. 심사 일정을 미리 확인하고, 이동 시간을 고려하여 여유 있게 행동합니다.

FLL 세계대회 팀 퍼레이드 모습

- **긴급 상황 대비:** 로봇 오작동, 발표 자료 문제 등 긴급 상황에 대비한 계획을 세웁니다. 예비 부품, 백업 파일 등을 준비합니다.

FLL 세계대회 로봇 디자인 심사 모습

- FLL 대회 당일에는 코치, 팀원, 학부모 역할을 나누어서 체크리스트를 만들어 부족하거나 빠지는 항목이 없는지 코치, 팀원, 학부모 모두 같이 확인하였습니다.

코치
- ☐ 코치 미팅 참석
- ☐ 팀 일정(시간) 체크
- ☐ 심사 시간에 맞춰 팀 인솔
- ☐ 아름답고 소중한 프로정신을 실천하도록 지도함

팀원
- ☐ 우리는 팀이란 의식
- ☐ 아름답고 소중한 프로정신을 실천
- ☐ Opening Ceremony 준비
- ☐ 다른 팀의 부스 방문 & 교류
- ☐ 즐길 준비(장기자랑 등)

학부모
- ☐ 교통편 준비
- ☐ 점심 준비
- ☐ 학생들이 즐길 수 있도록 한발 물러서 관람하기

<대회 당일 체크리스트>

TIP
대회를 참가하는 코치를 위한 조언

1. 훌륭한 코치가 되기 위해 공학자가 될 필요는 없다.
2. 첫 번째 미팅에서 팀원과 지켜야 할 규칙들을 세운다.
3. 청소년들과 부모님들에게 열심히 하고 있다는 것을 알린다.
4. 아이디어를 주는 것보다 답을 스스로 찾을 수 있게 질문을 던진다.
5. 혼자 하려고 하지 말고 베테랑 팀이나 코치와 연락해서 조언을 많이 듣는다.
6. 자금 관리에 대해서 고민한다.
7. 시즌이 시작하기 전에 훈련 스케줄을 미리 확정한다.
8. 모든 학부모들에게 특정 역할을 맡긴다.
9. 시간 관리를 잘한다.
10. 무조건 즐긴다!!!!

- FLL 세계대회 당일 일정은 아침부터 오후까지 진행되기 때문에 아침 일찍부터 스케줄을 진행하였습니다.

FLL 세계대회 일정(예시)

시간	활동
8:00~8:30	팀 등록 시작, 부스설치
8:30~9:00	심사위원 미팅 후 코치 미팅
9:00~9:30	팀 퍼레이드
9:30~10:00	개회식
10:00~12:00	대회시작(로봇 게임 & 로봇 디자인 & 혁신 프로젝트)
12:00~13:00	점심
13:00~15:00	오후 대회 시작
15:00~16:00	로봇 게임 및 심사 종료, 콜백 심사 시작
16:00~17:30	폐회식
17:30~	대회종료

5. 주의사항 및 팁

- 코치의 과도한 개입은 금지됩니다. 학생들이 주도적으로 활동하도록 합니다.
- 대회 규정과 Q&A를 지속적으로 확인합니다. 규정은 변경될 수 있으므로 주의가 필요합니다.
- 자금 관리에 신경 씁니다. 후원 확보, 기금 마련 활동 등을 통해 필요한 예산을 준비합니다.

결론적으로, FLL 세계대회 성공의 핵심은 철저한 준비, 팀워크, 창의성, 그리고 열린 마음에 있습니다. 이 대회를 통해 학생들은 로봇 공학 기술뿐만 아니라 문제 해결 능력, 의사소통 능력, 글로벌 시민의식 등 미래 사회에 필요한 다양한 역량을 기를 수 있습니다.

세계대회 참가는 그 자체로 큰 성과이며, 이 과정에서 얻는 경험과 성장이 학생들의 미래에 큰 자산이 될 것입니다. 대회 결과에 연연하기보다는 전체 과정을 통해 얻는 배움과 경험에 초점을 맞추는 것이 중요합니다. 이러한 경험은 학생들의 진로 탐색과 미래 설계에 큰 도움이 될 것입니다.

Play IT! FLL 챌린지
FIRST® LEGO® League CHALLENGE

저자 :
심재국 전북특별자치도교육청미래교육원 교육연구사
이우진 청완초등학교 교사
온영범 청완초등학교 교사
이미영 장계초등학교 교사
이슬비 전주홍산초등학교 교사
박성현 영전초등학교 교사
유준희 전주완산초등학교 교사
조호근 봉동초등학교 교사
심지현 전주교육대학교 전주부설초등학교 교사
서한별 부안교육지원청 발명교육센터 파견교사
소한나 전주진북초등학교 교사
송민규 삼례초등학교 교사

발행일 : 초판 발행: 2024년 10월 25일
발행자 : 남이준
편집자 : 최소라
발행처 : (주)퓨너스 / 서울특별시 금천구 가산디지털2로 123(가산동, 월드메르디앙2차) 701,702호
전화 : 02-6959-9909
홈페이지 : www.funers.com
학습지원 커뮤니티 : cafe.naver.com/robotsteam
유튜브채널 : youtube.com/c/퓨너스

가격 : 18,000원
ISBN : 979-11-90918-29-9
* 발행처의 허락 없이 무단 전재나 복사를 금합니다.
* 파본이나 낙장본은 당사로 연락 주시면 교환해 드립니다.